AF225133

Antony C. Sutton

Wall Street y
Franklin D. Roosevelt

Antony C. Sutton
(1925-2002)

Economista y ensayista estadounidense de origen británico, Stanford Fellow en la Hoover Institution de 1968 a 1973. Fue profesor de economía en la UCLA. Estudió en Londres, Gotinga y UCLA y se doctoró en Ciencias por la Universidad de Southampton (Inglaterra).

Wall Street y Franklin D. Roosevelt

Wall Street and Franklin D. Roosevelt
Publicado por primera vez por New Rochelle, NY:
Arlington House - 1974

Traducido y publicado por Omnia Veritas Limited

www.omnia-veritas.com

© Omnia Veritas Ltd - 2025

Sobre el profesor Sutton

"Y si uno prevaleciere contra él, dos le resistirán; y cordón de tres no se rompe presto" (Eclesiastés 4:12).

Profesor Sutton (1925-2002).

Aunque fue un autor prolífico, el profesor Sutton siempre será recordado por su gran trilogía: *Wall St. y la revolución bolchevique, Wall St. y el ascenso de Hitler,* y *Wall St. y FDR.*

El profesor Sutton dejó la lluviosa y nublada Inglaterra por la soleada California en 1957. Era una voz que clamaba en el desierto académico cuando la mayoría de las universidades estadounidenses habían vendido sus almas por el dinero de la Fundación Rockefeller.

Por supuesto, llegó a este país creyendo que era la tierra de los *libres* y el hogar de los *valientes.*

ANTONY C. SUTTON nació en Londres en 1925 y estudió en las universidades de Londres, Gottingen y California. Ciudadano de Estados Unidos desde 1962, fue investigador en la Hoover Institution for War, Revolution and Peace de Stanford, California, de 1968 a 1973, donde elaboró el monumental estudio en tres volúmenes *Western Technology and Soviet Economic Development.*

En 1974, el profesor Sutton terminó *Suicidio nacional: Military Aid to the Soviet* Union, un estudio superventas sobre la ayuda tecnológica y financiera de Occidente, principalmente de Estados Unidos, a la URSS. *Wall Street and the Rise of Hitler* es su cuarto libro, en el que expone el papel de las empresas estadounidenses en la financiación del socialismo internacional. Los otros dos libros de esta serie son *Wall Street y la revolución bolchevique* y *Wall Street y FDR*.

El profesor Sutton ha colaborado con artículos en Human Events, The Review of the News, Triumph, Ordnance, National Review y muchas otras revistas. Actualmente trabaja en un estudio en dos partes sobre el Sistema de la Reserva Federal y la manipulación del sistema económico estadounidense. Casado y padre de dos hijas, vivía en California.

Capítulo 1

Roosevelts y Delanos

La verdad real del asunto es, como usted y yo sabemos, que un elemento financiero en los centros más grandes ha sido dueño del Gobierno desde los días de Andrew Jackson-y no estoy exceptuando totalmente la Administración de W.W.[1] El país está pasando por una repetición de la lucha de Jackson con el Banco de los Estados Unidos-sólo que sobre una base mucho mayor y más amplia.

Presidente Franklin Delano Roosevelt a Col. Edward Mandell House, 21 de noviembre de 1933, F.D.R.: His Personal Letters (Nueva York: Duell, Sloan and Pearce 1950), p. 373.

Este libro[2] retrata a Franklin Delano Roosevelt como un financiero de Wall Street que, durante su primer mandato como Presidente de los Estados Unidos, reflejó los objetivos de los elementos financieros concentrados en el establishment empresarial neoyorquino. Dada la larga asociación histórica -desde finales del siglo XVIII- de las familias Roosevelt y Delano con las finanzas neoyorquinas y la propia carrera de FDR entre 1921 y 1928 como

---

[1] W.W. es Woodrow Wilson-editor's not.

[2] Un volumen anterior, Antony C. Sutton, *Wall Street and the Bolshevik* Revolution, (New Rochelle, N.Y., Arlington House, 1974), en adelante citado como Sutton, *Bolshevik Revolution,* exploraba los vínculos entre los financieros de Wall Street y la Revolución Bolchevique. En gran parte, teniendo en cuenta las muertes y las caras nuevas, este libro se centra en el mismo segmento del establishment financiero neoyorquino.

banquero y especulador en el 120 de Broadway y el 55 de Liberty Street, este tema no debería sorprender al lector de. Por otra parte, los biógrafos de FDR Schlesinger, Davis, Freidel y otros comentaristas precisos de Roosevelt parecen evitar penetrar muy lejos en los vínculos registrados y documentados entre los banqueros neoyorquinos y FDR. Nos proponemos presentar los hechos de la relación, tal como constan en los archivos de cartas de FDR. Se trata de hechos nuevos sólo en el sentido de que no han sido publicados anteriormente; están fácilmente disponibles en los archivos para la investigación, y la consideración de esta información sugiere una reevaluación del papel de FDR en la historia del siglo XX.

Quizá siempre sea una buena política presentarse ante el electorado estadounidense como un crítico, cuando no un enemigo declarado, de la fraternidad bancaria internacional. Sin lugar a dudas, Franklin D. Roosevelt, sus partidarios y biógrafos presentan a FDR como un caballero de brillante armadura que blande la espada de la venganza justa contra los barones ladrones de los rascacielos del centro de Manhattan. Por ejemplo, la campaña presidencial de Roosevelt de 1932 atacó constantemente al presidente Herbert Hoover por su supuesta asociación con banqueros internacionales y por complacer las demandas de las grandes empresas. En plena Gran Depresión, Roosevelt arremetió contra el apoyo público de Hoover a las empresas y al individualismo, en un discurso de campaña pronunciado en Columbus, Ohio, el 20 de agosto de 1932:

Evaluando la situación en el amargo amanecer de una fría mañana después, ¿qué encontramos? Encontramos dos tercios de la industria estadounidense concentrados en unos cientos de empresas y gestionados en realidad por no más de cinco individuos humanos.

Encontramos más de la mitad de los ahorros del país invertidos en acciones y bonos de empresas, y convertidos en el deporte de la bolsa estadounidense.

Encontramos menos de tres docenas de casas bancarias privadas, y adjuntos de venta de acciones de bancos comerciales, dirigiendo el flujo de capital estadounidense.

En otras palabras, nos encontramos con un poder económico concentrado en unas pocas manos, justo lo contrario del individualismo del que habla el Presidente de.[3]

Esta afirmación hace aparecer a Franklin Delano Roosevelt como otro Andrew Jackson, que se enfrenta al monopolio de los banqueros y a su dominio sobre la industria estadounidense. Pero, ¿fue también FDR un instrumento involuntario (o posiblemente voluntario) de los banqueros de Wall Street, como podríamos deducir de su carta al coronel Edward House, citada en el epígrafe de este capítulo?

Está claro que si, como Roosevelt escribió a House, un "elemento financiero de las grandes ciudades ha sido dueño del Gobierno desde los tiempos de Andrew Jackson", entonces ni Hoover ni Roosevelt estaban siendo intelectualmente honestos en su presentación de las cuestiones al público estadounidense. Las cuestiones de fondo eran, presumiblemente, la identidad de este "elemento financiero" y cómo y por qué medios mantenía su "propiedad" del Gobierno de Estados Unidos.

Dejando temporalmente a un lado esta intrigante cuestión, la imagen histórica generalizada de FDR es la de un Presidente que lucha en nombre de los pequeños, del hombre de la calle, en medio del desempleo y la depresión financiera provocados por los grandes especuladores aliados con Wall Street. Descubriremos, por el contrario, que esta imagen distorsiona la verdad en la medida en que retrata a FDR como un enemigo de Wall Street; esto se debe simplemente a que la mayoría de los historiadores que indagan en las fechorías de Wall Street se han mostrado reacios a aplicar a Franklin D. Roosevelt las mismas normas de probidad que a otros líderes políticos. Lo que es un pecado para Herbert Hoover o incluso para el candidato presidencial demócrata de 1928, Al Smith, se presume una virtud en el caso de FDR. Tomemos el ejemplo de

---

[3] The Public Papers and Addresses of Franklin D. Roosevelt, Volume 1 (Nueva York: Random House, 1938), p. 679.

Ferdinand Lundberg en *The Rich and the Super-Rich*.[4] Lundberg también analiza a los presidentes y Wall Street y hace la siguiente afirmación:

En 1928 Al Smith tuvo su principal apoyo, financiero y emocional, del también católico John J. Raskob, primer ministro de los Du Pont. Si Smith hubiera ganado, habría sido mucho menos católico que un presidente de los Du Pont.[5]

Los Du-Pont contribuyeron mucho, muchísimo, a la campaña presidencial demócrata de Al Smith en 1928. Estas contribuciones se examinan en detalle en este volumen en el capítulo 8, "Wall Street compra el New Deal", y no se puede discutir esta afirmación. Lundberg pasa luego a considerar al oponente de Smith, Herbert Hoover, y escribe:

> *Hoover, el republicano, era una marioneta de J. P. Morgan; Smith, su oponente demócrata, estaba en el bolsillo de los Du-Pont, para quienes J. P. Morgan & Company era el banquero.*

Lundberg omite los detalles financieros, pero los Du-Pont y los Rockefeller constan en las investigaciones del Congreso como los mayores contribuyentes a la campaña de Hoover de 1928. Pero Wall Street retiró su apoyo a Herbert Hoover en 1932 y se pasó a FDR. Lundberg omite mencionar esta retirada crítica y fundamental. ¿Por qué cambió Wall Street? Porque, como veremos más adelante, Herbert Hoover no quiso adoptar el Plan Swope creado por Gerard Swope, presidente durante muchos años de General Electric. En cambio, FDR aceptó el plan, que se convirtió en la Ley de Recuperación Industrial Nacional de FDR. Así pues, mientras Hoover estaba en deuda con Wall Street, FDR lo estaba mucho más. Arthur M. Schlesinger Jr. en *The Crisis of the Old Order*: 1919-1933 se acerca más a la cuestión que cualquier historiador del

---

[4] Nueva York: Lyle Stuart, 1968.

[5] Ibídem, p. 172.

establishment, pero al igual que otros rooseveltofilos no lleva los hechos hasta sus últimas y lógicas conclusiones. Schlesinger señala que tras las elecciones de 1928 el Partido Demócrata tenía una deuda de 1,6 millones de dólares y "dos de los principales acreedores, John J. Raskob y Bernard Baruch, eran millonarios demócratas filántropos, dispuestos a ayudar a llevar el partido hasta 1932".[6] John J. Raskob fue vicepresidente de Du Pont y también de General Motors, la mayor corporación de Estados Unidos. Bernard Baruch estaba, según sus propias declaraciones, en el corazón mismo de la especulación de Wall Street. Schlesinger añade que, a cambio de la benevolencia de Wall Street, "naturalmente esperaban influencia en la configuración de la organización y la política del partido."[7] Desgraciadamente, Arthur Schlesinger, que (a diferencia de la mayoría de los biógrafos rooseveltianos) tiene el dedo en la llaga del problema, abandona la cuestión para continuar con un debate sobre las superficialidades de la política -convenios, políticos, toma y daca política y los enfrentamientos ocasionales que enmascaran las realidades subyacentes-. Obviamente, la mano que maneja el dinero es la que decide en última instancia qué políticas se aplican, cuándo y por quién.

En la biografía en cuatro volúmenes de Frank Freidel, *Franklin D. Roosevelt*, se puede encontrar una actitud protectora similar hacia FDR.[8] Al hablar de la estrepitosa quiebra del Banco de los Estados Unidos justo antes de la Navidad de 1930, Freidel pasa por alto la negligencia de FDR cuando era Gobernador del Estado de Nueva York. El Banco de los Estados Unidos tenía 450.000 depositantes, de los cuales 400.000 cuentas tenían menos de 400 dólares. En otras palabras, el Banco de los Estados Unidos era el banco de un hombre

---

[6] Boston: Riverside Press, 1957, p. 273.

[7] Ibid.

[8] Esta serie es: Frank Freidel, Franklin D. Roosevelt: The Apprenticeship. (1952), en adelante citado como Freidel, The Apprenticeship; Freidel, Franklin D. Roosevelt: The Ordeal (1954), en adelante citado como Freidel, The Ordeal; Freidel, Franklin D. Roosevelt: The Triumph (1956), en adelante citado como Freidel, The Triumph; Freidel, Franklin D. Roosevelt, Launching The New Deal (1973). Los cuatro volúmenes publicados en Boston por Little, Brown.

pequeño. Un informe del senador Robert Moses sobre la situación de una quiebra bancaria anterior -el City Trust- había sido ignorado por el gobernador F. D. Roosevelt, que nombró otra comisión que formuló recomendaciones más suaves para la reforma bancaria. Freidel plantea la cuestión:

¿Por qué [FDR] no había conseguido que se aprobara una reforma legislativa que habría evitado la debacle del Banco de Estados Unidos? Estas son las agudas preguntas que los críticos de Roosevelt se hicieron en su momento y más tarde.[9]

Freidel concluye que la respuesta está en la "confianza personal de FDR en la comunidad bancaria". ¿Por qué tenía FDR esta plena confianza? Porque, escribe Freidel,

> *Herbert Lehman era uno de los banqueros más sólidos y políticamente más liberales de Wall Street; en cuestiones bancarias Roosevelt parece haber seguido el ejemplo de Lehman, que consistía en cooperar en la medida de lo posible con los titanes de la banca.*[10]

Esto es algo así como decir que, si tu banquero es liberal y pierde tu dinero, no pasa nada, porque al fin y al cabo es liberal y partidario de FDR. Sin embargo, por otro lado, si su banquero pierde su dinero y resulta que no es liberal ni partidario de FDR, entonces es un delincuente y debe pagar el precio de sus pecados.

La biografía en cuatro volúmenes de Freidel no tiene más que un capítulo sobre FDR como "hombre de negocios", el mayor espacio concedido por cualquier biógrafo importante de FDR. Incluso Freidel reduce las empresas importantes a un mero párrafo. Por ejemplo, mientras que la empresa American Investigation Corporation no se nombra, una empresa asociada, General Air

---

[9] Freidel, El triunfo, op. cit., p. 187.

[10] Ibídem, p. 188.

Service, se menciona, pero se descarta con un párrafo:

En 1923, junto con Owen D. Young, Benedict Crowell (que había sido Subsecretario de Guerra con Wilson) y otras personalidades, organizó el General Air Service para operar dirigibles llenos de helio entre Nueva York y Chicago.[11]

Veremos que había mucho más en General Air Service (y sobre todo en la no mencionada American Investigation Corporation) de lo que indica este párrafo. En particular, la exploración de la frase de Freidel "y otros notables" sugiere que FDR tenía acceso a algunos elementos prominentes de Wall Street y trabajaba en cooperación con ellos.

¿Por qué Schlesinger, Freidel y otros biógrafos menores de FDR evitan el tema y se muestran reacios a seguir las pistas? Sencillamente porque, cuando se investigan los hechos, Roosevelt fue una creación de Wall Street, parte integrante de la fraternidad bancaria de Nueva York, y tenía muy presentes los intereses pecuniarios del establishment financiero.

Cuando la información se expone en detalle, es absurdo pensar que Wall Street dudara un segundo en aceptar a Roosevelt como candidato bienvenido a la presidencia: era uno de los suyos, mientras que el empresario Herbert Hoover había trabajado en el extranjero durante 20 años antes de ser llamado por Woodrow Wilson para hacerse cargo de la Administración Alimentaria en la Primera Guerra Mundial.

En concreto, Franklin D. Roosevelt fue, en algún momento de la década de 1920, vicepresidente de Fidelity & Deposit Company (120 Broadway); presidente de una asociación comercial del sector, American Construction Council (28 West 44th Street); socio de Roosevelt & O'Connor (120 Broadway); socio de Marvin, Hooker & Roosevelt (52 Wall Street); presidente de United European

---

[11] Freidel, La ordalía, op. cit., p. 149.

Investors, Ltd. (7 Pine Street); director de International German Trust Inc. (7 Pine Street); director de International Germanic Trust, Inc. (en el Standard Oil Building del 26 de Broadway); director de Consolidated Automatic Merchandising Corporation, una organización papelera; fideicomisario de Georgia Warm Springs Foundation (120 de Broadway); director de American Investigation Corporation (37-39 de Pine Street); director de Sanitary Postage Service Corporation (285 de Madison Avenue); presidente de General Trust Company (15 de Broad Street); director de Photomaton (551 de la Quinta Avenida); director de Mantacal Oil Corporation (Rock Springs, Wyoming); y constituyente de Federal International Investment Trust.

Es una buena lista de cargos directivos. Sin duda, le vale a FDR el título de Wall Streeter *por excelencia*. La mayoría de los que trabajan en "la calle" nunca alcanzan, y probablemente ni siquiera sueñan con alcanzar, un historial en de 11 cargos directivos en empresas, dos asociaciones de abogados y la presidencia de una importante asociación comercial.

Al examinar estos cargos directivos y sus actividades asociadas, descubrimos que Roosevelt era banquero y especulador, las dos ocupaciones que denunció enfáticamente en las elecciones presidenciales de 1932. Además, aunque la banca y la especulación tienen funciones legítimas en una sociedad libre -de hecho, son esenciales para un sistema monetario sano-, ambas pueden ser objeto de abuso. La correspondencia de FDR en los archivos depositados en la Biblioteca FDR de Hyde Park aporta pruebas -que uno lee con el corazón encogido de que FDR estuvo asociado con los elementos más desagradables de la banca y la especulación de Wall Street, y no se puede llegar a otra conclusión que la de que FDR utilizó la arena política, no el mercado imparcial, para obtener sus beneficios.[12]

---

[12] Esto plantea una cuestión legítima sobre el alcance de este libro y la naturaleza de las pruebas pertinentes. Al autor sólo le interesa establecer la

Así que no nos sorprenderá que los grupos de Wall Street que apoyaron a Al Smith y Herbert Hoover, ambos con fuertes vínculos con la comunidad financiera, también apoyaran a Franklin D. Roosevelt. De hecho, en la encrucijada política de 1932, cuando había que elegir entre Herbert Hoover y FDR, Wall Street eligió a Roosevelt y abandonó a Hoover.

Teniendo en cuenta esta información, ¿cómo se explica la carrera de FDR en Wall Street? ¿Y su servicio a Wall Street en la creación, en colaboración con Herbert Hoover, de las asociaciones comerciales de los años veinte tan buscadas por la fraternidad bancaria? ¿O la amistad de FDR con los principales operadores de Wall Street, John Raskob y Barney Baruch? Para situar esto en perspectiva debemos remontarnos en la historia y examinar los antecedentes de las familias Roosevelt y Delano, asociadas a la banca neoyorquina desde el siglo XVIII.

---

relación entre Wall Street y FDR y sacar conclusiones de esa relación. Por lo tanto, se omiten episodios ocurridos en 1921, mientras FDR estaba en Wall Street, pero no asociados directamente con sus actividades financieras. Por ejemplo, en 1921 la Comisión de Asuntos Navales del Senado emitió un informe con 27 conclusiones, casi todas críticas con FDR, y en el que se planteaban graves cuestiones morales. La primera conclusión del informe del Senado dice así: "Que se practicaron actos inmorales y lascivos bajo instrucciones o sugerencias, por parte de una serie de personal alistado de la Marina de los Estados Unidos, con y sin uniforme, con el fin de obtener pruebas contra pervertidos sexuales, y la autorización para el uso de estos hombres alistados como operadores o detectives fue dada tanto oralmente como por escrito al teniente Hudson por el subsecretario Franklin D. Roosevelt, con el conocimiento y consentimiento de Josephus Daniels, secretario de la Marina." Las 26 conclusiones relacionadas y el informe de la minoría figuran en United States Senate, Committee on Naval Affairs, 67[th]Congress, 1st Session, Alleged Immoral Conditions at Newport (R.I.) Naval Training Station (Washington: Government Printing Office, 1921). Sin embargo, aunque la conducta de FDR en la Marina de los EE.UU. puede haber sido inexcusable y puede o no reflejar su fibra moral, tal conducta no es pertinente para este libro, y estos incidentes se omiten. También hay que señalar que, en los casos en que la correspondencia de FDR es de importancia crítica para el argumento de este libro, la práctica es citar secciones textualmente, sin parafrasear, para permitir al lector hacer sus propias interpretaciones.

La familia Delano y Wall Street

La familia Delano remonta con orgullo sus antepasados a los Actii, una familia romana del 600 a.C. Están igualmente orgullosos de Franklin Delano Roosevelt. De hecho, los Delano afirman que la influencia de los Delano fue el factor predominante en la obra vital de FDR y explica sus extraordinarios logros. Sea como fuere, no cabe duda de que la parte Delano de la familia vincula a FDR con muchos otros gobernantes y otros políticos. Según la historia de la familia Delano,[13] "Franklin compartía ascendencia común con un tercio de sus predecesores en la Casa Blanca". Los presidentes vinculados a FDR por parte de los Delano son John Adams, James Madison, John Quincy Adams, William Henry Harrison, Zachary Taylor, Andrew Johnson, Ulysses S. Grant, Benjamin Harrison y William Howard Taft. Por parte de la familia Roosevelt, FDR estaba emparentado con Theodore Roosevelt y Martin Van Buren, que se casó con Mary Aspinwall Roosevelt. La esposa de George Washington, Martha Dandridge, figuraba entre los antepasados de FDR, y Daniel Delano afirma que Winston Churchill y Franklin D. Roosevelt eran "primos octavos, once removed".[14] Esto casi convierte a Estados Unidos en una nación gobernada por una familia real, una mini monarquía.

El lector debe hacer su propio juicio sobre las afirmaciones genealógicas de Delano; este autor carece de la capacidad para analizar las confusas y complejas relaciones familiares implicadas. Más concretamente y sin lugar a dudas, los Delano participaron activamente en Wall Street en las décadas de 1920 y 1930 y mucho antes. Los Delano destacaron en el desarrollo del ferrocarril en Estados Unidos y en el extranjero. Lyman Delano (1883-1944) fue un destacado ejecutivo ferroviario y abuelo materno de Franklin D. Roosevelt. Al igual que FDR, Lyman comenzó su carrera en el negocio de los seguros, en la Northwestern Life Insurance de

---

[13] Daniel W. Delano, Jr., *Franklin Roosevelt and the Delano Influence* (Pittsburgh, Pa.: Nudi Publications, 1946), p. 53.

[14] Ibídem, p. 54.

Chicago, a la que siguieron dos años en Stone & Webster.[15] Durante la mayor parte de su vida empresarial, Lyman Delano formó parte del consejo de la Atlantic Coast Line Railroad, como presidente en 1920 y como presidente del consejo de 1931 a 1940. Otras afiliaciones importantes de Lyman Delano fueron la de director (junto con W. Averell Harriman) de la Aviation Corporation, Pan American Airways, P & O Steamship Lines y media docena de compañías ferroviarias.

Otro Delano de Wall Street fue Moreau Delano, socio de Brown Brothers & Co. (después de 1933 absorbió a Harriman & Co. para convertirse en Brown Brothers, Harriman) y director de Cuban Cane Products Co. y de la American Bank Note Company.

El Delano realmente notable en Wall Street fue el "tío favorito" de FDR (según Elliott Roosevelt), Frederic Adrian Delano (1863-1953), que empezó su carrera en la Chicago, Burlington and Quincy Railroad y más tarde asumió la presidencia de la Wheeling & Lake Erie Railroad, la Wabash Railroad y, en 1913, la Chicago, Indianapolis and Louisville Railway. El "tío Fred" fue consultado en 1921 en un momento crítico del ataque de parálisis infantil de FDR, encontró rápidamente al Dr. Samuel A. Levine para un diagnóstico urgente , y organizó el tren privado especial para transportar a FDR de Maine a Nueva York cuando comenzaba el largo y arduo camino hacia la recuperación.[16]

En 1914, Woodrow Wilson nombró al tío Fred miembro de la Junta de la Reserva Federal. Las íntimas conexiones de Delano con la fraternidad bancaria internacional se ejemplifican en una carta confidencial del banquero central Benjamin Strong a Fred Delano

---

[15] Véase Sutton, *Bolshevik Revolution*, op. cit., pp. 128, 130-3, 136 sobre Stone & Webster.

[16] Elliott Roosevelt y James Brough, *An Untold Story: The Roosevelts of Hyde Park* (Nueva York: Putnam's, 1973), pp. 142, 147-8.

solicitando datos confidenciales del FRB:[17]

(Personal)

11 de diciembre de 1916

Estimado Fred: ¿Sería posible que me enviaras de forma estrictamente confidencial las cifras obtenidas por el Interventor en cuanto a la tenencia de valores extranjeros por parte de los bancos nacionales? Mi opinión sobre la situación actual se vería muy influida si pudiera disponer de estas cifras, que serían tratadas con la confianza que usted sugiere.

Si alguna vez puede escaparse una semana para cambiar de aires y descansar, ¿por qué no echa un vistazo a Denver y, de paso, me hace una visita? Me gustaría hablar de mil cosas con usted.

Atentamente,

Benjamin Strong
Hon. F. A. Delano
Junta de la Reserva Federal, Washington, D.C.

Tras la Primera Guerra Mundial, Frederic Delano se dedicó a lo que eufemísticamente se conoce como servicio público, al tiempo que continuaba con sus operaciones comerciales. En 1925 Delano fue presidente del Comité Internacional de la Sociedad de Naciones sobre la producción de opio; en 1927 fue presidente de la Comisión de Planificación Regional de Nueva York; después participó activamente en el patrocinio de la Comisión de Parques Nacionales.

---

[17] United States Senate, Hearings before the Special Committee Investigating the Munitions Industry, 74th Congress, Second Session, Part 25, "World War Financing and United States Industrial Expansion 1914-1915, J. P. Morgan & Company" (Washington: Government Printing Office, 1937), p. 10174, Exhibit No. 3896.

En 1934, FDR nombró al Tío Fred Delano presidente de la Junta de Planificación de Recursos Nacionales. El Comité Industrial de la Junta de Planificación de Recursos Nacionales, en cuya elección presumiblemente tuvo algo que ver Frederic Delano, era una alegre camarilla de planificadores socialistas, entre ellos Laughlin Currie, Leon Henderson, Isador Lublin (destacado en la transferencia de tecnología industrial a la URSS en la época anterior a la guerra de Corea) y Mordecai Ezekiel.

El asesor del Consejo fue Beardsley Ruml.

Luego, de 1931 a 1936, mientras participaba en planes de planificación socialista, Delano fue también presidente del consejo del Banco de la Reserva Federal de Richmond, Virginia. En resumen, Frederic Delano fue simultáneamente capitalista y planificador.

Delano dejó algunos escritos de los que podemos extraer algún concepto de sus ideas políticas. En ellos encontramos apoyo a la tesis de que los mayores defensores de la regulación gubernamental son los empresarios que van a ser regulados, aunque Delano advierte de que la propiedad gubernamental de los ferrocarriles puede llevarse demasiado lejos:

> *La propiedad gubernamental de los ferrocarriles es un bugaboo que, aunque se menciona a menudo, el público no demanda. Si la propiedad gubernamental de los ferrocarriles llega, lo hará porque los propietarios de los ferrocarriles lo prefieren a la regulación gubernamental, y será un día triste para la república cuando la regulación se lleve a tal extremo que los propietarios de los ferrocarriles no estén dispuestos a aceptar por más tiempo las responsabilidades de la gestión.*[18]

Sin embargo, en otro libro, escrito unos 20 años más tarde, Delano

---

[18] Frederic A. Delano, Are Our Railroads Fairly Treated? Discurso ante el Economic Club de Nueva York, 29 de abril de 1913, p. 11.

se muestra mucho más receptivo a la planificación gubernamental:

> *Un gran problema de la planificación es la educación de la población. Si el público se diera cuenta de que el esfuerzo dirigido puede reportar beneficios sociales y de que el momento de lograr más mediante la planificación llega antes de que se manifieste la necesidad de hacer cambios, los demás problemas de la planificación podrían resolverse más fácilmente.*[19]

Además:

> *La breve clasificación anterior del problema que plantea la planificación sirve de base para indicar la necesidad de un control social tanto directo como indirecto.*
>
> *Muy pocas personas saben realmente cuál es el mejor uso de la tierra para su propio beneficio, por no hablar de la planificación de su uso para el bien común. Las instituciones han hecho mucho por educar a los agricultores en cómo planificar las explotaciones individuales y, sin embargo, muchas de las explotaciones de este país están mal organizadas.*[20]

En resumen, la rama Delano de la familia ha emprendido empresas capitalistas y tiene intereses en Wall Street que se remontan hasta bien entrado el siglo XIX. Sin embargo, en la década de 1930, Frederic Delano había abandonado la iniciativa capitalista por la planificación socialista.

La familia Roosevelt y Wall Street

Franklin Delano Roosevelt también descendía por parte de

---

[19] Frederic A. Delano, ¿Qué pasa con el año 2000? Joint Committee on Bases of Sound Land Policy, s.f., pp. 138-9.

[20] Ibídem, p. 141.

Roosevelt de una de las familias bancarias más antiguas de Estados Unidos. El bisabuelo de FDR, James Roosevelt, fundó el Banco de Nueva York en 1784 y fue su presidente de 1786 a 1791. La empresa de banca de inversión Roosevelt & Son de Nueva York se fundó en 1797, y en la década de 1930 George E. Roosevelt, primo de FDR, fue el quinto miembro de la familia en sucesión directa al frente de la empresa. Así pues, las raíces bancarias neoyorquinas de la familia Roosevelt se remontan sin interrupción a finales del siglo XVIII. En el ámbito industrial, James Roosevelt construyó la primera refinería de azúcar estadounidense en la ciudad de Nueva York en la década de 1740, y los Roosevelt seguían teniendo conexiones con la refinería de azúcar cubana en la década de 1930. El padre de FDR, también llamado James Roosevelt, nació en Hyde Park, Nueva York, en 1828, en el seno de esta antigua y distinguida familia. Este James Roosevelt se graduó en la Facultad de Derecho de Harvard en 1851, se convirtió en director de la Consolidated Coal Company de Maryland y, al igual que los Delano en años posteriores, estuvo asociado al desarrollo del transporte, primero como director general de la Cumberland & Pennsylvania Railroad, y luego como presidente de la Louisville, New Albany & Chicago Railroad, la Susquehanna Railroad Co., la Champlain Transportation Co., la Lake George Steamboat Co. y la New York & Canada Railroad Co. James Roosevelt fue también vicepresidente y gerente de la Delaware & Hudson Canal Co. y presidente de la Maritime Canal Company de Nicaragua, pero lo más importante fue que fue uno de los organizadores de la Southern Railway Security Company, creada en 1871 y una de las primeras sociedades de cartera de valores creadas para comprar y consolidar ferrocarriles. La Southern Railway Security Company era un esquema de consolidación o cartelización similar en su principio monopolístico a las asociaciones comerciales formadas por Franklin D. Roosevelt en la década de 1920 y a la Ley de Recuperación Nacional, otro esquema de cartelización, del New Deal. La segunda esposa de James Roosevelt era Sara, hija de Warren Delano, y su hijo fue Franklin Delano Roosevelt, más tarde Presidente de los Estados Unidos.

Franklin se educó en Groton y Harvard, y luego estudió en en la

Facultad de Derecho de Columbia. Según su hijo Elliott,[21] FDR "nunca se graduó ni se licenció, pero pudo aprobar el examen de abogacía del Estado de Nueva York".[22] El primer trabajo de FDR fue en el antiguo bufete de abogados Carter, Ledyard and Milburn, establecido en el centro de la ciudad, cuyo principal cliente era J. Pierpont Morgan, y en tres años FDR ascendió desde puestos menores de investigación jurídica hasta las divisiones de tribunales municipales y almirantazgo del bufete. Cabe señalar de paso que, cuando FDR se trasladó por primera vez a Washington D.C. en 1916 para convertirse en Subsecretario de Marina, fue Thomas W. Lamont -banquero internacional y el más influyente de los socios de Morgan- quien alquiló la casa de FDR en Nueva York.[23]

Había otros Roosevelt en Wall Street. George Emlen Roosevelt (1887-1963) era primo de Franklin y Theodore Roosevelt. En 1908, George Emlen pasó a formar parte de la empresa bancaria familiar Roosevelt & Son. En enero de 1934, tras la aprobación de la Ley Bancaria de FDR de 1933, la empresa se dividió en tres unidades individuales: Roosevelt & Son, en la que George Roosevelt permaneció como socio principal, Dick & Merle-Smith, y Roosevelt & Weigold. George Emlen Roosevelt fue un destacado financiero ferroviario, implicado en no menos de 14 reorganizaciones de ferrocarriles, así como en la dirección de varias empresas importantes, entre ellas la Guaranty Trust Company, controlada por Morgan,[24] el Chemical Bank, y el Bank for Savings de Nueva York. La lista completa de los cargos directivos de George Emlen en 1930 requiere seis pulgadas de letra pequeña en el Poor's *Directory of*

---

[21] Elliott Roosevelt, An Untold Story, op. cit., p. 43.

[22] Ibídem, p. 67.

[23] Véase Sutton, Bolshevik Revolution, para numerosas citas de las conexiones de Thomas Lamont con la Revolución Bolchevique en 1917, mientras residía en la casa alquilada de FDR en Nueva York.

[24] Es importante señalar, mientras desarrollamos la historia de FDR en Wall Street, que Guaranty Trust ocupa un lugar destacado en la anterior Sutton, Bolshevik Revolution.

Directors.

Otro Roosevelt asociado a Morgan fue Theodore Roosevelt, 26º Presidente de los Estados Unidos y nieto de Cornelius Roosevelt, uno de los fundadores del Chemical National Bank. Al igual que Clinton Roosevelt, de quien hablaremos más adelante, Theodore fue asambleísta del estado de Nueva York entre 1882 y 1884; fue nombrado miembro de la Comisión de Administración Pública de Estados Unidos en 1889, comisario de policía de la ciudad de Nueva York en 1895 y subsecretario de Marina en 1897; y fue elegido vicepresidente en 1900 para convertirse en presidente de Estados Unidos tras el asesinato del presidente McKinley en 1901. Theodore Roosevelt fue reelegido Presidente en 1904, para convertirse en fundador del Partido Progresista, respaldado por el dinero y la influencia de J. P. Morgan, y lanzar así a Estados Unidos por la senda del Estado del bienestar. La sección más larga de la plataforma del Partido Progresista era la dedicada a los "Negocios" y dice en parte:

Por lo tanto, exigimos una fuerte regulación nacional de las corporaciones interestatales. La empresa es una parte esencial de los negocios modernos. La concentración de los negocios modernos, en cierto grado, es inevitable y necesaria para la eficacia de los negocios nacionales e internacionales.

La única diferencia realmente significativa entre esta afirmación respaldada por el dinero de Morgan y el análisis marxiano es que Karl Marx pensaba que la concentración de las grandes empresas era inevitable y no "necesaria". Sin embargo, el Partido Progresista de Roosevelt, que abogaba por la regulación empresarial, estaba financiado por Wall Street, incluida la International Harvester Corporation, controlada por Morgan, y los socios de J. P. Morgan. En palabras de Kolko:

En los registros financieros del partido de 1912 figuran C. K. McCormick, el Sr. y la Sra. Medill McCormick, la Sra. Katherine McCormick, la Sra. A. A. McCormick, Fred S. Oliver y James H. Pierce. Sin embargo, las mayores donaciones para los progresistas procedían de

> *Munsey, Perkins, los Willard Straight de la Morgan*
> *Company, Douglas Robinson, W. E. Roosevelt y Thomas*
> *Plant.*[25]

Existe, por supuesto, una larga tradición política de los Roosevelt, centrada en el Estado de Nueva York y en el gobierno federal de Washington, que es paralela a esta tradición de Wall Street. Nicholas Roosevelt (1658-1742) fue en 1700 miembro de la Asamblea del Estado de Nueva York. Isaac Roosevelt (1726-1794) fue miembro del Congreso Provincial de Nueva York. James I. Roosevelt (1795-1875) fue miembro de la Asamblea del Estado de Nueva York en 1835 y 1840 y miembro de la Cámara de Representantes de Estados Unidos entre 1841 y 1843. Clinton Roosevelt (1804-1898), autor en 1841 de un programa económico notablemente similar al New Deal de Franklin Roosevelt (véase el capítulo 6), fue miembro de la Asamblea del Estado de Nueva York en 1835. Robert Barnwell Roosevelt (1829-1906) fue miembro de la Cámara de Representantes de Estados Unidos en 1871-73 y Ministro de Estados Unidos en Holanda en 1888-1890. Luego, por supuesto, como hemos señalado, estaba el Presidente Theodore Roosevelt. Franklin continuó la tradición política de Theodore Roosevelt como Senador por el Estado de Nueva York (1910-1913), Subsecretario de Marina (1913-1920), Gobernador del Estado de Nueva York (1928-1930) y luego Presidente (1933-1945).

Mientras FDR estaba en el cargo, otros Roosevelt asumieron cargos menores. Theodore Roosevelt, Jr. (1887-1944) fue miembro de la Asamblea del Estado de Nueva York de 1919 a 1921 y luego continuó el monopolio virtual de la Marina de Roosevelt como Subsecretario de Marina de 1921 a 1924, Gobernador de Puerto Rico de 1922 a 1932 y Gobernador General de Filipinas de 1932 a 1933. Nicolás Roosevelt fue Vicegobernador de Filipinas en 1930. Otros Roosevelt han continuado esta tradición política desde la época del New Deal.

---

[25] Gabriel Kolko, The Triumph of Conservatism (Londres: Free Press, 1963), p. 202. Willard Straight era propietario de The New Republic.

En esta tradición de Roosevelt está implícita una alianza entre Wall Street y los cargos políticos. Las políticas aplicadas por los numerosos Roosevelt han tendido hacia una mayor intervención del Estado en los negocios, deseable para algunos elementos empresariales, y por lo tanto la búsqueda de cargos políticos por parte de Roosevelt en puede considerarse con justicia como un recurso de búsqueda personal. El eufemismo de "servicio público" es una tapadera para utilizar el poder policial del Estado con fines personales, una tesis que debemos investigar. Si la tradición de Roosevelt hubiera sido la del *laissez-faire* intransigente, la de sacar al Estado de los negocios en lugar de fomentar la intervención en las actividades económicas, nuestra valoración sería necesariamente muy distinta. Sin embargo, desde al menos Clinton Roosevelt en 1841 hasta Franklin D. Roosevelt, el poder político acumulado por el clan Roosevelt se ha utilizado para regular las empresas con el fin de restringir la competencia, fomentar el monopolio y desangrar así al consumidor en beneficio de una élite financiera. Además, debemos considerar la observación transmitida por Franklin D. Roosevelt a Edward House y citada en el epígrafe de este capítulo, de que "un elemento financiero de los grandes centros ha sido dueño del gobierno desde los tiempos de Andrew Jackson". En consecuencia, es pertinente concluir este capítulo introductorio con las observaciones de 1943 de William Allen White, un editor honesto donde los haya, que realizó una de las mejores críticas literarias sobre este establishment financiero en el contexto de la Segunda Guerra Mundial; esto, cabe señalar, fue después de diez años de FDR y en la cúspide del poder político de Roosevelt:

> *Uno no puede moverse por Washington sin toparse con el hecho de que estamos librando dos guerras: una exterior y otra interna. La guerra interna está en los diversos consejos de guerra. Todas las grandes industrias de materias primas de este país están organizadas a nivel nacional y muchas de ellas, quizás la mayoría, forman parte de grandes organizaciones nacionales, cárteles, acuerdos, que funcionan a ambos lados del frente de batalla.*
>
> *Aquí en Washington cada industria está interesada en salvarse a sí misma. Quiere salir de la guerra con el pellejo entero y con su organización intacta, legal o*

ilegalmente.

Uno se sorprende de encontrar hombres que representan a grandes trusts de materias primas o acuerdos o sindicatos plantados en los diversos consejos de guerra. Es una tontería decir que los New Dealers dirigen este espectáculo. Está dirigido en gran parte por propietarios ausentes de la riqueza industrial amalgamada de , hombres que directamente o a través de sus empleadores controlan pequeños bloques minoritarios, estrechamente organizados, que manipulan las plantas físicas de estos trusts.

En su mayor parte, estos magnates de la gestión son estadounidenses decentes y patriotas. Tienen grandes talentos. Si los tocas en nueve de cada diez relaciones de la vida son amables, corteses, caballeros cristianos. Pero en la décima relación, donde toca a su propia organización, están completamente locos, despiadados, sin control de Dios o del hombre, paranoicos, de hecho, tan malvados en su diseño como Hitler.

Están decididos a salir victoriosos de esta guerra para sus propios accionistas, lo cual no es sorprendente. También es comprensible que Hitler desee salir victorioso de esta guerra a cualquier precio para el pueblo alemán. Pero esta actitud de los hombres que controlan las grandes industrias de materias primas, y que se proponen dirigirlas según su propio criterio y su propia moral, no ofrece un bonito panorama para el bienestar del hombre común.

Estas combinaciones internacionales de capital industrial son feroces animales trogloditas con un tremendo poder y ningún cerebro social. Se ciernen como un viejo reptil silúrico sobre nuestra decente civilización más o menos cristiana, como grandes dragones en esta época moderna en la que se supone que los dragones están muertos.[26]

---

[26] Citado en George Seldes, *One Thousand Americans* (Nueva York: Boni & Gaer, 1947), pp. 149-150.

Capítulo 2

La política en el negocio de las fianzas[27]

Voy a aprovechar nuestra vieja amistad y preguntarte si puedes ayudarme [sic] en un esfuerzo por conseguir bonos de fidelidad y de contrato de los poderes fácticos de Brooklyn.

Franklin D. Roosevelt al congresista
J. A. Maher, 2 de marzo de 1922.

A principios de 1921, Franklin D. Roosevelt se convirtió en vicepresidente de la Fidelity & Deposit Company de Maryland y director residente de la oficina de la empresa en Nueva York, en el 120 de Broadway. Fidelity & Deposit of Maryland era una compañía de seguros consolidada que se especializaba en las pólizas de fianza y caución exigidas en contratos gubernamentales y corporativos y en una serie de empleos individuales que iban desde secretario de un sindicato hasta empleados de casas de bolsa. De hecho, existe un potencial de negocio de fianzas siempre que un contratista o empleado pueda violar una confianza fiduciaria o incumplir un contrato, como en los proyectos de construcción. En resumen, la caución es un campo especializado del seguro que cubre el riesgo de incumplimiento. En 1921, Fidelity & Deposit era la cuarta aseguradora de este tipo en Estados Unidos, pero no hay que confundirla con Fidelity and Casualty Company of New York, otra compañía de seguros que, por cierto, contaba con W. Emlen

---

[27] Este capítulo se basa en los *papeles de* FDR *en Hyde Park*, Nueva York: concretamente el Grupo 14, archivo titulado "Fidelity & Deposit Co. of Maryland, Correspondencia de FDR como Vicepresidente, 1921-1928".

Roosevelt, primo de FDR, en su consejo de administración.

¿Por qué Van-Lear Black, propietario de The Baltimore Sun y presidente del consejo de Fidelity & Deposit, contrató al novato en seguros Franklin D. Roosevelt como vicepresidente de la importante oficina de Nueva York? Es casi seguro que contrató a FDR porque el negocio de las fianzas depende extraordinariamente de la influencia política. Leyendo los archivos de cartas de Fidelity & Deposit de FDR de 1921 a 1928, encontramos que sólo en raras ocasiones el precio o el servicio aparecen como elementos competitivos en las fianzas. Las principales armas competitivas son "¿A quién conoce?" y "¿Cuál es su política?". En otras palabras, la política es un sustituto del mercado. La política era el fuerte de FDR y Van-Lear Black conocía su mundo de vinculación cuando adquirió a FDR. Es importante señalar la naturaleza política del negocio de los bonos porque los biógrafos de FDR han sugerido, en algunos casos, que FDR, un novato en los negocios, era relativamente inútil para Van-Lear Black. Por ejemplo, Frank Freidel escribe

> *Es imposible determinar si Van-Lear Black le contrató porque fue una decisión empresarial inteligente o simplemente para cobrar una celebridad. Lo peor que pudieron acusar los Wall Streeters poco amigos de Roosevelt fue que la empresa malgastó los veinticinco mil dólares anuales que le pagaba de sueldo.*[28]

¿Cuál era entonces el papel de la política y los políticos en el negocio de los bonos en el Estado de Nueva York en la década de 1920?

Los políticos como creadores de bonos

La omnipresente naturaleza política del negocio de las fianzas se refleja en un recorte de prensa contemporáneo, pero anónimo,

---

[28] Freidel, *The Ordeal*, op. cit., p. 138. Freidel es injusto con Roosevelt. No hay pruebas de que Wall Street criticara el nombramiento. Las críticas son improbables, dada la naturaleza política del negocio, que la política era el punto fuerte de FDR, y la larga tradición de Roosevelt en "the Street".

encontrado en los archivos de cartas de FDR y cuidadosamente marcado por el propio FDR. El recorte hace referencia a los funcionarios del gobierno del Estado de Nueva York que negociaban contratos estatales al tiempo que actuaban como miembros de empresas privadas emisoras de bonos que vendían bonos de seguridad a contratistas estatales. El periódico titulaba acertadamente la columna "Todos bajo el mismo techo" e informaba de que Daniel P. O'Connell, miembro de la empresa de fianzas de Albany O'Connell Brothers & Corning y encargado simultáneamente de los asuntos públicos de la ciudad y el condado de Albany, se esforzaba por ejercer una influencia a escala estatal sobre la emisión de sus bonos, para consternación de los emisores de bonos de la competencia:

> *Considerando que, anteriormente Daniel P. ha estado algo ocupado yendo sobre los bonos de varios y diversos constituyentes, a partir de ahora hará todo lo posible, se dice, para desear sus bonos en otras personas, especialmente los contratistas que hacen negocios con la ciudad y el condado.*

Su llegada al mundo de la emisión de fianzas ha sido tan bien recibida como lo sería una tormenta de nieve para una novia ruborizada en una mañana soleada de junio. Se dice que los aseguradores locales, tanto demócratas como republicanos, que se han dedicado durante muchos años a suscribir fianzas de contratistas, resienten la entrada de Daniel P. en su campo, aunque tal vez admiren su ambición y su despliegue de valor y todo ese tipo de cosas; y en los círculos políticos del estado se dice que Royal K. Fuller, comisionado estatal de la oficina de canales y vías fluviales, teme que si Daniel P. tiene éxito en el campo local [será] en detrimento suyo (del Sr. Fuller), o más bien en detrimento de la empresa de fianzas con la que está relacionado y para cuyo beneficio, se dice, utiliza la influencia de su posición.

A continuación, O'Connell, redactor de bonos y titular de cargos, escribió cartas a todos los contratistas de la ciudad y el condado de Albany en las que solicitaba que se le permitiera trabajar en el negocio de los bonos en el edificio de la City Savings Bank, propiedad, por cierto, del alcalde de Albany, Hackett, y que también era la sede de la organización demócrata del condado de Albany. La carta de O'Connell a los contratistas del Estado concluía con el siguiente llamamiento:

> *Le agradecería que permitiera a esta oficina la oportunidad de servirle. Una llamada telefónica o una carta dirigida a mí en esta oficina recibirá pronta atención.*

Es importante destacar este uso predominante y aparentemente aceptable del cargo político y la influencia para engrosar el propio nido. A la luz de las pruebas que se presentan a continuación, sugiere que FDR simplemente seguía las costumbres contemporáneas de su entorno. El uso de la política para obtener negocios de fianzas se refleja en los archivos de cartas de FDR y esencialmente es la única forma en que obtuvo negocios de fianzas mientras era vicepresidente de Fidelity & Deposit Company. Por supuesto, sus cartas solicitando negocios a los otros Roosevelt de Wall Street son totalmente legítimas. Encontramos, por ejemplo, una carta al "Querido primo Emlen" (W. Emlen Roosevelt de Roosevelt & Son, 30 Pine Street) fechada el 10 de marzo de 1922 para interesarse por la obtención de la fianza programada para la Buffalo, Rochester and Pittsburgh Railway Company, una fianza suscrita entonces por la competidora National Surety Company. Emlen contestó rápidamente el 16 de marzo que "podía hablar con el Presidente sobre el asunto". Esto debió de despertar la imaginación de FDR, porque el 16 de marzo de 1922 escribió a "Dear George" (George E. Roosevelt), también de Roosevelt & Son, preguntando por la fianza global suscrita por la propia empresa para su propia protección.

Los sindicatos eran un objetivo especial de FDR para los negocios; como a cada secretario y tesorero local del sindicato se le exige una fianza, éste era un campo lucrativo. El 13 de diciembre de 1921 el secretario general tesorero E. C. Davison de la Asociación Internacional de Maquinistas escribió a FDR:

> *En la actualidad, la mayor parte de nuestro negocio de fianzas lo realizamos con su empresa, en lo que nos ha*

influido en gran medida su relación con este negocio.

Luego, el 26 de enero de 1922, Joseph F. Valentine, presidente del Sindicato Internacional de Moldeadores de Norteamérica, escribió a FDR que estaba muy agradecido por todos los esfuerzos de FDR para el sindicato mientras actuaba como Subsecretario de la Marina y tengo el deseo de dar a la Fidelity and Deposit Company de Maryland la mayor parte posible de nuestros negocios... tan pronto como nuestros bonos existentes hayan caducado, será un placer personal tener a su Compañía manejando nuestros negocios en el futuro.

Los funcionarios sindicales de Washington y otros lugares no tardaron en pedir a sus sindicatos locales que desviaran el negocio hacia su viejo amigo FDR y lo alejaran de otras compañías de fianzas. A su vez, los funcionarios sindicales locales informaron rápidamente de sus acciones de desvío, información que a su vez se transmitió rápidamente a FDR. Por ejemplo, el presidente de la Asociación Internacional de Caldereros escribió al secretario Berres del Departamento de Oficios Metalúrgicos, A. F. of L., en Washington, D.C.:

... Puede estar seguro de que cualquier cosa que pueda hacer para servir al Sr. Roosevelt en su nuevo cargo será un placer por mi parte, y hoy le escribo al Sr. Roosevelt.

Naturalmente, FDR explotó a sus viejos amigos políticos al máximo y con una atención al detalle encomiable. En un argumento de venta fechado el 2 de marzo de 1922 y dirigido al congresista J. A. Maher, FDR escribió dos cartas, no una. La primera carta decía en parte:

Howe [Louis Howe, mano derecha de FDR] me habló de su conversación telefónica con usted y le adjunto una carta más formal a efectos de exposición. Se trata de una pequeña nota amistosa para que no piense que de repente me he vuelto formal desde que he adoptado Wall Street como dirección profesional.

Venga a verme. Sé que le hará bien a su alma escuchar el lenguaje que el Hermano Berres y otras personas relacionadas con la Oficina de Trabajo están utilizando con respecto a la actual administración en general y a los congresistas en particular. Si la señora no puede oírlo cuando usted llegue, repetiré algunos de los extractos más célebres.

FDR adjuntó para el congresista Maher una carta más formal, obviamente para mostrarla a los amigos de Maher, en la que decía exactamente qué era lo que quería: "bonos de fidelidad y contratos de los poderes fácticos de Brooklyn:"

Voy a aprovecharme de nuestra vieja amistad y preguntarles si pueden ayudarme en un esfuerzo por conseguir fianzas de fidelidad y de contrato de los poderes fácticos de Brooklyn. Hay un gran número de fianzas necesarias en relación con el trabajo del gobierno de la ciudad, además de las fianzas personales que todo funcionario de la ciudad tiene que dar, y tengo la esperanza de que algunos de mis viejos amigos estén dispuestos a acordarse de mí. Desgraciadamente, en este momento no puedo tratar este asunto con ellos, pero como todos mis amigos son amigos suyos, creo que si tienen tiempo y ganas, pueden serme de verdadera ayuda. Le aseguro que el favor no se olvidará pronto.

Más adelante veremos el éxito que tuvo este planteamiento para F&D.

Influencia política y adjudicación de contratos

Los contactos e influencias políticas de FDR eran, por supuesto, bien conocidos dentro de Fidelity & Deposit, y otros miembros de la empresa le pidieron en repetidas ocasiones que utilizara su experiencia política y su crédito personal para generar negocio de bonos, incluso fuera de Nueva York. Esto puede ejemplificarse con una carta fechada el 23 de agosto de 1928 del director de F & D, F. A. Price, a cargo de la oficina de Chicago, sobre negocios de políticos locales de Chicago. Price escribió "Querido Franklin" con el mensaje de que, desde la muerte del líder político de Chicago George Brennan, varios nombres habían sido propuestos como líderes de la maquinaria local del Partido Demócrata. Antes de su muerte, Brennan pidió que M. L. Igoe fuera su sucesor, escribe Price a FDR:

> *Sin duda usted se puso en contacto con él durante su estancia en Houston y, en caso de que lo conozca personalmente, me gustaría que me diera una carta de presentación lo más enérgica posible.*

Price señaló que recientemente, cuando estuvo en Baltimore, mantuvo conversaciones con el presidente de la compañía F & D, Charles Miller, sobre "la idea de hacer algún trato con el nuevo líder demócrata de Illinois. Es con esta idea en mente que deseo la carta de presentación". Como la política maquinista en Chicago ha sido notoria por sus bajos estándares éticos, requiere poca imaginación visualizar el tipo de trato que Price estaba sugiriendo y para el que FDR utilizó su nombre e influencia.

Que la amistad personal por sí sola era insuficiente para conseguir negocios de bonos y que se utilizaba algún tipo de edulcorante se pone de manifiesto en una carta sobre la situación política de Nueva York fechada el 23 de septiembre de 1925 y dirigida por John Griffin, encargado de la división de contratos de la oficina de Nueva York, a "Mi querido Sr. Roosevelt". En ella se habla de las complejas interconexiones entre las oficinas políticas de Nueva York y el negocio de corretaje de bonos. En parte la carta dice:

> *La gran victoria de Walker sobre Hylan supondrá, por supuesto, una nueva configuración en la situación de los agentes de bonos. Sinnott & Canty, de quien pudimos obtener algunos bonos al principio de la Administración Hylan y en la última parte no fueron muy favorecidos, estarán sin duda fuera de juego y Charles F. Murphy, Jr., Hyman & McCall, Jim Hoey, o un hombre llamado McLaughlin, un hermano del Superintendente Bancario, será el favorecido. Tal y como yo lo veo, nuestra conexión más fuerte será a través de Al Smith con Charlie Murphy, McCall o McLaughlin, ya que Hoey tiene su propia compañía, la Columbia Casualty Company.*

Tal vez Murphy reciba de la National Surety Company, o de la compañía a la que le da negocios ahora, una comisión mayor de la que estaríamos dispuestos a darle por sus negocios directos, pero una palabra a su oído a través de usted y, por supuesto, a través del Gobernador y posiblemente de Jimmie Walker, nos pondría al menos bajo la cláusula de la nación más favorecida o [para] cualquier división de estos bonos ya que usted sabe que todos ellos deben ser divididos entre dos o más compañías.

Conozco a todas estas personas bastante bien y favorablemente, pero la mera amistad personal no será suficiente.

Una lectura meticulosa de esta carta interna de la compañía sugiere que los sobornos eran la forma habitual de conseguir negocios de fianzas de las agencias gubernamentales de Nueva York; obsérvese el párrafo: "Tal vez Murphy reciba de la National Surety Company, o de la compañía a la que da negocio ahora, una comisión mayor de la que estaríamos dispuestos a darle por su negocio directo". La frase final, "... la mera amistad personal no será suficiente" tiene un tono ominoso.

La politización del negocio de las fianzas, tan evidente en Chicago y Nueva York, se extendió también al ámbito de los contratos del gobierno federal en Washington D.C. El 5 de mayo de 1926, el segundo vicepresidente de F & D, F. A. Bach, escribió a FDR desde Baltimore acerca de un edificio de la Oficina de Veteranos de 11/4 millones de dólares cuya construcción estaba prevista para esa primavera:

> *Querido Franklin,*
>
> *Entre otros proyectos de la Oficina de Veteranos de esta primavera hay uno que implica aproximadamente un millón y cuarto de dólares en Bedford, Massachusetts, y tengo la secreta esperanza de que a través de influencias como la de conocer a la Sra. Rogers, Representante de Massachusetts, podamos tener alguna oportunidad de conseguir una parte de ese negocio aunque, por supuesto, el mayor proyecto será en North Port, Long Island.*

Del mismo modo, Roosevelt escribió a un contacto de una "empresa con contratos de la Marina":

> *Una referencia casual en una carta de uno de mis viejos amigos del Departamento de Marina a la adjudicación de algunas piezas forjadas para cañones de 8 pulgadas a su empresa, me trajo a la memoria las relaciones tan agradables que mantuvimos durante mi mandato como Subsecretario de Marina, y me preguntaba si no le importaría dejar que mi empresa escribiera algunos de los bonos de contrato que se ve obligado a entregar al gobierno de vez en cuando. Me gustaría mucho que viniera uno de nuestros representantes.*

Louis Howe, la mano derecha de FDR, también trabajaba en las oficinas de F & D, también solicitaba bonos activamente y no era nada reacio a hacer prospecciones. La carta de Howe a Homer Ferguson, de la Newport News Shipbuilding Company, en diciembre de 1921, señalaba que la empresa había presentado ofertas para la construcción del buque Leviathan y agradecía a Ferguson la fianza:

> *Si por casualidad el hecho de que ésta fuera la empresa del Sr. Roosevelt influyera en usted a la hora de conceder este premio, alegraría enormemente al Sr. Roosevelt si pudiera escribirle una pequeña línea a tal efecto.*

Estos métodos políticos de hacer negocios están, por supuesto, muy lejos del mercado competitivo de los libros de texto universitarios. Sería ingenuo pensar que las preferencias políticas y la amistad personal no desempeñan ningún papel, o sólo un papel menor, en las relaciones empresariales. Sin embargo, al revisar el negocio de fianzas de FDR, es difícil visualizar otro negocio en el que la política desempeñe un papel tan omnímodo como lo hizo en el negocio de fianzas y avales en la década de 1920. La moralidad de los sobornos y del uso de cargos políticos para generar negocios personales es cuestionable, y la legalidad es definitivamente dudosa. Mucho menos obvia es la consiguiente pérdida de eficiencia económica y la pérdida para la sociedad en su conjunto. Si la compra y venta de tales bonos se determina por el precio y el rendimiento pasado -y el conocimiento personal puede ser un factor legítimo para juzgar el rendimiento pasado- entonces el mercado producirá los máximos beneficios económicos y la máxima eficiencia para la sociedad. En una atmósfera empresarial politizada, estos factores competitivos imparciales se eliminan, se renuncia a la eficiencia económica y se reducen los beneficios. Tenemos, en efecto, un microcosmos de una economía socialista en la que todas las decisiones están politizadas en detrimento de la sociedad en su conjunto. En resumen, las operaciones de vinculación de FDR eran hasta cierto punto antisociales.

Sin embargo, otras cartas de los archivos de Roosevelt ofrecen auténticos atisbos de la trastienda de la política de la era de 1920, los tejemanejes que tan a menudo han degenerado en corrupción descarada. Por ejemplo, una carta de FDR fechada el 11 de julio de 1928 y dirigida al vicepresidente primero George L. Radcliffe en Baltimore, relativa a la forma en que John J. Raskob se convirtió en presidente del Comité Nacional Demócrata. Raskob era vicepresidente de Du Pont y de General Motors y, por consiguiente, miembro de la clase dirigente de Wall Street:

> *En una reunión celebrada anoche, el Gobernador [Smith] se decidió definitivamente por John J. Raskob como Presidente del Comité Nacional. Dijo que quería un organizador y un hombre que llevara al Partido Demócrata al favor de los intereses comerciales del país. Mi primer juicio es que se trata de un grave error, ya que es católico; en segundo lugar, es aún más mojado que Smith, buscando la derogación de la Decimoctava Enmienda: y en tercer lugar, es el jefe de la mayor organización empresarial del mundo. Me temo que ahuyentará permanentemente a un montón de gente del sur y del oeste, y del este rural que no son particularmente favorables a Smith, pero que hasta hoy se han ido filtrando de nuevo al Partido.*

No conozco muy bien a Raskob, pero espero tener una conferencia con él dentro de unos días, y mencionaré entre otras cosas la posibilidad de V. L. B. [Van-Lear Black].

Más adelante en este libro registraremos los enormes fondos vertidos en el Partido Demócrata por Raskob y el quid pro quo para las grandes empresas: el New Deal y la National Recovery Administration (NRA).

El 24 de agosto de 1927, otra carta dirigida a George Radcliffe esbozaba la forma en que el sector de las fianzas podía unirse en nombre de James Beha, entonces Superintendente de Seguros del Estado de Nueva York. Esta cita confirma el hecho de que las industrias "reguladas" no son más que dispositivos políticos para mantener a raya a la competencia no deseada y que los reguladores pueden estar en el bolsillo y actuar en nombre de la industria supuestamente regulada:

> *Vic Cullen[29] y yo acabamos de hablar sobre el Superintendente Beha. Vic dice que cree que hay algún movimiento en marcha iniciado por Joyce, para que Beha se incorpore a la Nacional en alguna capacidad y Cullen hace lo que a mí me parece una sugerencia muy valiosa. Es que Beha podría convertirse en el jefe de la Asociación de Caución. A todos nos gusta Beha y confiamos en él; es un hombre valiente e independiente, y no se me ocurre nadie más adecuado para el cargo. Por supuesto, costaría un sueldo elevado -yo creo que 35.000 dólares al año-, pero dividido entre todos los miembros, no sería más que una gota de agua en un cubo.*

Si le parece bien esta sugerencia, tanto Cullen como yo pensamos que usted es el hombre indicado, más que cualquiera de nosotros, para dirigirse de manera informal y confidencial a los jefes de American, U. S. F. & G. y a uno o dos más.

Por otra parte, en Nueva York hubo intentos de eliminar los abusos en el negocio de las fianzas. Uno de esos intentos fue el del arquitecto estatal Sullivan W. Jones de eliminar un requisito estatal para las fianzas. Al principio, se indujo al gobernador Al Smith a

---

[29] Cullen era director de la oficina de producción de Nueva York.

dar su aprobación al plan de Jones. Esto provocó una rápida carta a FDR de R.H. Towner, del 160 de Broadway, en la que decía que el plan Jones sería desastroso y (si) "el gobernador Smith (se ha descarriado) algunos de sus amigos deberían ponerle en su sitio". La pronta respuesta de FDR a Towner fue: "Espero ver al Gobernador en las próximas dos semanas y entonces hablaré con él como un tío holandés sobre el plan de Jones". No leemos más en los archivos de FDR sobre la abolición de las fianzas obligatorias en el Estado de Nueva York.

Que la oficina de F & D era dura con sus propios intereses se refleja incluso en asuntos relativamente menores: por ejemplo, ninguna asociación empresarial de Nueva York consiguió que F & D le prestara apoyo financiero. El 5 de agosto de 1926, una solicitud de suscripción de la Better Business Bureau de Nueva York suscitó una fría respuesta de F & D. FDR pasó la carta al vicepresidente Cullen para que preparara una "respuesta adecuada", y Cullen rechazó rápidamente la solicitud de la Better Business Bureau. Este rechazo fue apoyado por el presidente Charles R. Miller en Baltimore, "No estoy muy dispuesto a hacer una contribución a la Better Business Bureau en este momento....". Entonces la Asociación de Comerciantes de Nueva York escribió a FDR el 23 de mayo de 1925 sobre la pertenencia de F & D a su asociación. De nuevo Cullen argumentó que "la Asociación de Comerciantes no nos beneficia en absoluto". Ninguna ley exige la afiliación a las mejores asociaciones empresariales, pero estos desplantes hacen sospechosos los llamamientos sociales bienhechores de estos no afiliados.

La recompensa para Fidelity & Deposit Company

Este breve repaso de la carrera de Franklin D. Roosevelt de 1921 a 1928 como vicepresidente de Fidelity & Deposit Company en Nueva York sugiere el camino filosófico que siguió Roosevelt durante las dos décadas siguientes. El negocio de los bonos era omnipresentemente político, y FDR en política era como un pato en el agua. Aprovechó al máximo los contactos políticos que había hecho durante su servicio como Subsecretario de la Marina, estableció nuevos contactos políticos, alentado por la dirección de Baltimore de F & D, y FDR tuvo siete años para practicar este arte de la política en los negocios. Los resultados para F & D fueron excepcionalmente buenos. El negocio creció, en cierta medida quizás porque casi todos los negocios crecieron en los años veinte, pero casi con toda seguridad en gran medida gracias a las actividades políticas de FDR. En el periodo comprendido entre el 1 de enero de 1923 y el 1 de enero de 1924, Fidelity & Deposit registró una ganancia de 3 millones de dólares en el año y ascendió al tercer puesto entre las compañías de fianzas, un buen salto por delante de U.S. Fidelity and Casualty Co., su competidora desplazada. Las cifras son las siguientes:

Fianzas de compañías de seguros en el Estado de Nueva York

	1 de enero de 1923	1 de enero de 1924	Ganancias/pérdidas
Fidelity & Deposit Co.	$7,033,100	$10,184,600	+ $3,151,500
National Surety Co.	$14,993,000	$15,677,550	+ $684,550
Fidelity & Casualty Co. Surety Co. of New York	$3,211,900	$3,215,150	+ $3,250
Aetna Casualty & Surety Co.	$5,517,200	$4,799,500	$ 717-.700
U.S. Fidelity & Casualty Co.	$8,064,500	$6,817,000	$ 1-.247.500
American Surety Co.	$13,263,125	$12,127,400	$ 1-.125.725

La oficina de Fidelity & Deposit en el 120 de Broadway fue la base de operaciones de FDR en la década de 1920, pero el negocio de las fianzas, por exitoso que fuera, no era la única actividad empresarial de FDR. En capítulos posteriores se analizarán otras actividades interesantes. Estos siete años en un ambiente empresarial políticamente cargado -un microcosmos de una sociedad socialista, porque las sociedades socialistas son también economías políticamente dirigidas- fueron sin duda una influencia determinante en los posteriores planteamientos de FDR para solucionar los problemas económicos nacionales. Este fue el primer contacto de FDR con el mundo empresarial. No fue una exposición a los elementos del mercado competitivo del precio y la calidad del producto ; fue una exposición a los negocios sobre la base de "¿A quién conoces?" y "¿Cuál es tu política?". - en última instancia, las bases más ineficaces y poco rentables posibles para la empresa comercial.

Capítulo 3

FDR: Especulador internacional

Uno de los aspectos más dañinos para la moral de la inflación fue el "saqueo de Alemania" que se produjo en el punto álgido de la inflación [de 1923]. Quien poseía dólares o libras esterlinas era rey en Alemania. Unos pocos dólares americanos permitían a un hombre vivir como un millonario. Los extranjeros entraban en tropel en el país, comprando tesoros familiares, fincas, joyas y obras de arte a precios increíblemente bajos.

Marjori Palmer, 1918-1923 German Hyperinflation,
(Nueva York: Traders Press, 1967)

Franklin D. Roosevelt fue organizador y presidente de varias empresas financieras internacionales especulativas que vinculaban a Alemania y Estados Unidos, y en particular de una empresa para beneficiarse de la ruinosa hiperinflación alemana de 1922-23. En 1922 FDR se convirtió en presidente y fue uno de los organizadores de United European Investors, Ltd., con estatuto canadiense, pero con sede en el 160 de Broadway, Nueva York. En 1927 FDR fue también organizador de la International Germanic Trust Company, Inc. y de la Federal International Investment Trust, que nunca llegaron a despegar. Con mucho, la más importante de estas empresas especulativas en el mundo de las finanzas internacionales fue United European Investors, Ltd., creada para acumular marcos alemanes depositados en Estados Unidos y reinvertirlos en Alemania mediante la compra de propiedades a alemanes indigentes. Para comprender plenamente el alcance y el significado de United European y seguir las actividades de International Germanic Trust Company, debemos hacer un breve repaso de las condiciones financieras alemanas a principios de la década de 1920.

La hiperinflación alemana de 1922-23

Lionel Robbins, destacado economista británico, ha descrito la inflación alemana de 1922-23:

Fue el acontecimiento más colosal de su clase en la historia y, probablemente después de la Gran Guerra, es responsable de muchas de las dificultades políticas y económicas de nuestra generación. Destruyó la riqueza de los elementos más sólidos de la sociedad alemana y dejó tras de sí un desequilibrio moral y económico, caldo de cultivo para los desastres que han seguido. Hitler es el hijo adoptivo de la inflación.[30]

El Tratado de Versalles impuso una enorme carga de reparaciones a una Alemania derrotada, un país ya débil financieramente por haber luchado contra la Primera Guerra Mundial con gastos deficitarios y una reducción territorial de posguerra, con la consiguiente reducción de recursos naturales. Las reparaciones tienen un efecto en la balanza de pagos similar al de las importaciones. Requieren impuestos o gastos deficitarios para compensar la sangría. Si se sigue el camino del gasto deficitario, el resultado será inflacionista, y éste fue el camino seguido en Alemania.

Los Aliados obligaron a Alemania a indemnizar todos los daños causados a la propiedad privada, excepto en Rusia, y a pagar todos los gastos de las tropas aliadas en suelo alemán, pero no se fijó ningún límite máximo a las exigencias. Alemania tuvo que entregar inmediatamente 100.000 millones de marcos de oro, con pagos de 1.000 millones de marcos de oro anuales a partir de 1921. El plan final de pagos elaborado en el "Ultimátum de Londres" en mayo de 1921 reflejaba estas duras e imposibles condiciones y, por tanto, constituía un claro incentivo para inflar la moneda con el fin de

---

[30] Constantino Bresciani-Turroni, The Economics of Inflation: a Study of Currency Depreciation in Post War Germany, 1914-1923 (Londres: Allen & Unwin, 1937), "Prólogo", p. 5.

eliminar la carga de los pagos directos.

Lo extraordinario del programa de reparaciones es la identidad de los llamados expertos que se dedicaron a hacer los arreglos de las reparaciones, creando de paso el caos monetario y social al que alude Lionel Robbins. El Comité de Reparaciones de 1923 tenía como miembros estadounidenses al general de brigada Charles G. Dawes y a Owen D. Young, de la General Electric Company.

El Comité de Expertos de 1928 sobre el Plan Young estaba compuesto, por parte estadounidense, por Owen D. Young y J.P. Morgan, con Thomas N. Perkins y Thomas W. Lamont como suplentes. Por parte alemana, los miembros eran Hjalmar Schacht y A. Voegler, con C. Melchior y L. Kastl como suplentes.

En resumen, los elementos de General Electric-Morgan prominentes en la Revolución Bolchevique y, como veremos, también prominentes en el New Deal, fueron los negociadores de un plan generalmente considerado como una de las causas principales de la Segunda Guerra Mundial y, por cierto, un plan del que estos mismos financieros, así como Franklin Delano Roosevelt, iban a beneficiarse.

También es digno de mención que los empresarios de la parte alemana de las negociaciones sobre las reparaciones estaban asociados con el ascenso del nacionalsocialismo en Alemania.

Testigo de ello es Hallgarten en su ensayo "Adolf Hitler y la industria pesada alemana".

> *... en noviembre de 1918 un grupo de los hombres de negocios más prominentes del Reich, formado por Stinnes, Albert Voegler (entonces director de la Gelsenkirchen Mining Co., Ltd.), Carl Friedrich von Siemens, Felix Deutsche (de la General Electric alemana), el director Mankiewitz del Deutsche Bank, y el director Salomonsohn, de la Diskontogesellschaft, financiaron el movimiento de un precursor de Hitler, un tal Dr. Eduard Stadtler, que exigía el establecimiento de*

un estado nacionalsocialista alemán.[31]

El punto pertinente es que el Felix Deutsche mencionado era director de la General Electric alemana y entre los representantes americanos de las reparaciones se encontraba Owen D. Young, de General Electric, mientras que el Albert Voegler mencionado por Hallgarten era el representante alemán en las negociaciones del Plan Young.

La depreciación del marco alemán en papel moneda sin valor como resultado de esta carga de reparaciones impuesta por estos hombres se ilustra en la siguiente tabla:

El marco alemán en términos[32]

Fecha	Divisas	Precios al por mayor en Alemania
	(1913=1.00)	
Enero de 1913	1.0	1.0
Enero de 1920	15.4	12.6
Enero de 1921	15.4	14.4
Enero de 1922	45.7	36.7
Julio de 1922	117.0	101.0

La inflación se aceleró tras la constitución de United European Investors, Ltd., con Franklin D. Roosevelt como Presidente y John von Berenberg Gossler como miembro del consejo asesor alemán:

Enero de 1923	4,279.0	2,785.0
Julio de 1923	84,150.0	74,787.0
Agosto de 1923	1,100,100.0	944,041.0

La inflación se descontroló por completo tras la destitución del canciller Wilhelm Cuno, que volvió como presidente de HAPAG, y de los codirectores John von Berenberg Gossler y Max Warburg:

Septiembre de	23,540,000.0	23,949,000.0

---

[31] George W. F. Hallgarten, "Adolf Hitler and German Heavy Industry" en Journal of Economic History, verano de 1952, p. 224.

[32] Fuente: Statistisches Jahrbuch für das Deutsche Reich.

1923		
Octubre de 1923	6,014,300,000.0	7,095,500,000.0
Noviembre de 1923	1,000,000,000,000.0	750,000,000,000.0

Las políticas que condujeron a la ruinosa inflación alemana se iniciaron bajo el canciller Wilhelm Cuno, que era, inmediatamente antes de convertirse en canciller, presidente de Hamburg-America Line (HAPAG). Dos de los codirectores de Cuno en HAPAG eran Max Warburg, banquero de Hamburgo y hermano de Paul Warburg, miembro del Consejo Asesor del Sistema de la Reserva Federal en Estados Unidos, y John von Berenberg Gossler, miembro del consejo asesor alemán de United European Investors, Ltd., de Franklin D. Roosevelt.

Cuno fue destituido como canciller alemán en agosto de 1923, pero en el cuadro se observa que la inflación ya estaba fuera de control y que en noviembre de ese año el marco se había depreciado hasta cero. Lo que hay que señalar es que Wilhelm Cuno fue canciller en 1922-23, cuando el marco se depreciaba rápidamente, y que Cuno procedía de un círculo empresarial que podía y quería aprovecharse pecuniaria y personalmente de la inflación alemana.

Esta aterradora inflación monetaria y el colapso final del marco alemán en 1923 arruinaron a la clase media alemana y beneficiaron a tres grupos: unos pocos grandes empresarios alemanes, unos pocos empresarios extranjeros que estaban en posición de sacar provecho de la inflación y el naciente movimiento hitleriano. Como presidente de United European Investors, Ltd., Franklin D. Roosevelt se encontraba entre esos hombres de negocios extranjeros que se aprovecharon de la miseria de Alemania para su propio beneficio.

La trayectoria de William Schall

Desgraciadamente, hay una perspectiva más profunda en esta cuestión de lo que podría llamarse un grupo elitista que se aprovecha de la desgracia del mundo. En el volumen anterior de esta serie, *Wall Street y la revolución bolchevique*, identificamos los vínculos personales entre los financieros de Wall Street y los revolucionarios bolcheviques. Algunos de estos mismos vínculos personales pueden extenderse a FDR y a los Inversores Europeos Unidos. Los vínculos establecidos con precisión implicaban anteriormente al entonces embajador alemán en Estados Unidos, el conde von Bernstorff, y a su amigo Adolph von Pavenstedt, socio principal de Amsinck & Co., que fue "durante muchos años el principal pagador del sistema de espionaje alemán en este país."[33] Amsinck & Co. estaba controlada por J. P. Morgan, John D. Rockefeller y otros intereses financieros neoyorquinos a través de American International Corporation. Con Guaranty Trust Company, la American International Corporation constituyó los puntos centrales de financiación del espionaje alemán y bolchevique en Estados Unidos y Norteamérica durante la Primera Guerra Mundial. Adolph von Pavenstedt y Edmund Pavenstedt, los dos socios de Amsinck, eran también miembros de otra casa financiera, Müller, Schall & Company. Y es en Müller, Schall donde encontramos en 1922 a Franklin D. Roosevelt y su United European Investors, Ltd.

Tras la revelación pública en 1918 de la conexión entre Amsinck & Co. y el espionaje alemán, los intereses alemanes en Müller, Schall & Co. fueron representados por Edmund S. Payne, un abogado de Nueva York. Müller, Schall & Co. fue liquidada formalmente, y una "nueva" firma -William Schall & Co.- ocupó su lugar en la misma dirección, 45 William Street, Nueva York. La nueva firma, formada en enero de 1918, incluía a los dos socios originales, William Schall y Carl Müller, a los que ahora se unían John Hanway de Harris, Forbes & Co, Frank M. Welty, vicepresidente del American Colonial Bank de Puerto Rico, y el abogado Edmund S. Payne, socio del bufete Rounds, Hatch, Dillingham & Debevoise, que representaba los intereses alemanes de la antigua Müller, Schall & Co.

Los Pavenstedt también estaban "muy interesados en las propiedades azucareras de Puerto Rico y poseían y controlaban la

---

[33] Véase Sutton, Bolshevik Revolution, op. cit., pp. 64-67, y Johann-Heinrich von Bernstorff, My Three Years in America (Nueva York: Scribner's, 1920), p. 261.

Central Los Canos."[34] William Schall fue presidente del Banco Colonial de Puerto Rico y presidente de la South Puerto Rico Sugar Company. Del mismo modo, la familia Roosevelt tenía intereses en la industria azucarera caribeña que se remontaban a finales del siglo XVIII, y George Emlen Roosevelt era en 1918 director de Cuban Cane Products Co. en Nueva York. Por lo tanto, es concebible que a través de este interés común en el azúcar caribeño los Pavenstedt y los Roosevelt se conocieran. En cualquier caso, fue el grupo Schall-Pavenstedt, que anteriormente formaba parte de la operación de espionaje alemán en Estados Unidos, el que en 1921-22 se fusionó con Franklin D. Roosevelt y varios empresarios financieros de dudosa reputación para formar United European Investors, Ltd. con el fin de beneficiarse de la aplastante carga de la inflación alemana.

United European Investors, LTD.

El grupo organizador original de United European Investors, Ltd. estaba formado por los ya mencionados William Schall y Franklin D. Roosevelt, a los que se unieron A. R. Roberts, Charles L. Gould y Harvey Fisk & Sons. Las 60.000 acciones preferentes emitidas estaban en manos de Harvey Fisk & Sons (25.000 dólares), Franklin D. Roosevelt (10.000 dólares) y Schall, Roberts y Gould (5.000 dólares cada uno). En resumen, FDR era el mayor accionista individual preferente del grupo constituyente.

A United European Investors, Ltd. se le concedió una inusual carta canadiense que otorgaba a la empresa poderes únicos, incluido el derecho a promover el comercio entre Canadá y cualquier otro país; adquirir títulos de propiedad; suscribir o negociar bonos, acciones y participaciones; actuar como corredores y agentes; llevar a cabo todo tipo de funciones en relación con la compra, el intercambio y la transferencia de acciones y participaciones; prestar dinero; llevar a cabo cualquier actividad, "manufacturera o de otro tipo"; y comprar y vender propiedades. De hecho, al leer los estatutos, es

---

[34] Paul Haber, The House of Roosevelt (Nueva York: Authors Publishing Co., 1936), p. 71.

difícil imaginar alguna actividad que no pueda llevarse a cabo al amparo de sus numerosas cláusulas.[35]

El capital social se dividió en dos segmentos: 60.000 dólares canadienses divididos en 60.000 acciones preferentes y 60.000 acciones ordinarias, denominadas en 10.000 marcos alemanes. El objetivo de la empresa, tal y como señalaba la prensa contemporánea, era invertir los muchos miles de millones de marcos alemanes que entonces había en Estados Unidos y Canadá en propiedades inmobiliarias alemanas:

Una vez invertidos los marcos en propiedades en Alemania, los fondos deberían empezar a ganar dinero inmediatamente y los fondos no pueden desaparecer, ya que están representados por la propiedad de bienes tangibles, y aún se puede aprovechar una posible subida del valor de cambio. En comparación con esto, la tenencia de marcos o letras de cambio es una operación muy arriesgada y los fondos están ociosos o ganan muy poco. Además, si la cotización se aproxima al punto de desaparición, no quedará nada tangible para los tenedores de marcos o letras. El capital de la empresa se invertirá en mejoras inmobiliarias, hipotecas, financiación de mercancías en tránsito y participación en empresas industriales y comerciales rentables.[36]

El cuadro precedente, en el que se registra la depreciación del marco alemán (página 39), confirma la notable oportunidad de United European Investors, Ltd. (UEC). En julio de 1922 el marco, con base 100 en 1913, estaba a 117 en divisas. Esto refleja una fuerte tasa de inflación del marco, pero nada que la distinga de la inflación de muchos otros países. Sin embargo, el folleto de la U.E.I. menciona específicamente la posibilidad de que el marco "se acerque al punto

---

[35] La copia de la carta de la U.E.I. en los archivos de FDR lleva una enmienda de A. B. Copp, Secretario de Estado canadiense, que prohíbe la construcción de ferrocarriles y la emisión de papel moneda.

[36] Este texto procede de un comunicado de prensa titulado "From Hon. Franklin D. Roosevelt" que figura en los archivos FDR.

de fuga", que alcanzó un año más tarde, en noviembre de 1923.

La inversión real de U.E.I. fue llevada a cabo en Alemania por un consejo asesor alemán que ocupaba una oficina en Hamburgo dirigida por el senador August Lattman, antiguo socio de G. Amsinck & Company de Nueva York (véase la página 41). El segundo miembro de este consejo alemán era el senador John von Berenberg Gossler, jefe de la empresa bancaria Berenberg, Gossler & Co. de Hamburgo. Berenberg, Gossler era también miembro del consejo de administración de la Hamburg-America Line (HAPAG); otros miembros eran Wilhelm Cuno, en aquel momento Canciller de Alemania y responsable de la política económica de su país, y Max Warburg, hermano de Paul Warburg, miembro de la Junta de la Reserva Federal en Estados Unidos.

En una carta fechada el 11 de noviembre de 1922 dirigida a la U.E.I., el Consejo Consultivo alemán hizo constar sus inversiones iniciales: "Todas las inversiones realizadas hasta ahora son de acciones industriales de primera clase". Sin embargo, el prospecto emitido en EE.UU. hacía hincapié en la inversión en bienes inmuebles, y sobre este punto el consejo alemán escribió:

> *En cuanto a la inversión en hipotecas, entendemos su punto de vista, pero volveremos sobre la cuestión en caso de que podamos ofrecerle hipotecas con una cláusula oro, que podría ser posible, y excluiría cualquier riesgo adicional en caso de que el marco siguiera bajando.*

En el expediente de United European Investors no se menciona en ninguna parte la compra de bienes inmuebles ni ningún otro de los bienes tangibles mencionados en los estatutos de la empresa y en los anuncios públicos.

Las inversiones realizadas por la Junta durante los años siguientes fueron acciones de empresas alemanas. Además, los precios de las inversiones se citaban de una manera inusual, no en marcos alemanes ni en cifras absolutas de ningún tipo, sino como incremento porcentual, presumiblemente a partir de una base de 1913, lo que permitió al Consejo alemán escribir a Nueva York: "las acciones que ustedes han comprado hasta ahora han subido considerablemente con la depreciación del marco."

Estas acciones y el porcentaje de aumento citado incluían, por ejemplo:

Deutsche Maschinen A.G.	compró al 1350% ahora cotiza al 1805%.
Allgemeine Elektricitäts Gesellschaft	compró a 740% ahora cotiza a 5000%.
Nobel Dynamit	compró al 1119% ahora cotiza al 3975%.

El Consejo alemán no mencionó el hecho de que la depreciación del marco en términos del dólar estadounidense había sido mayor que el avance de los precios de las acciones que compraron cotizadas en marcos alemanes. En efecto, las afirmaciones de que los precios de las acciones habían subido eran ilusorias. Un escritor anterior lo describió de esta manera: "dirección falsa y pura de bunco, evidentemente destinada a engatusar a otros poseedores de marcos alemanes para que los invirtieran en una empresa que podía hacer tales milagros".[37]

Sin embargo, esto no preocupaba a la junta directiva de Nueva York. En la reunión ordinaria del consejo celebrada el 15 de enero de 1923, Franklin D. Roosevelt convocó la reunión y George W. Muller actuó como secretario. Se hizo constar entonces que el valor en marcos de las inversiones en acciones alemanas efectuadas hasta entonces por la compañía ascendía más o menos a 73 millones de marcos, y que esta inversión se cotizaba actualmente en 420 millones de marcos.

En los archivos de FDR hay una interesante carta del profesor Homer B. Vanderblue, catedrático de Economía de la Empresa en la Universidad de Harvard, en la que pedía explicaciones sobre el programa de inversiones de la U.E.I.. La carta iba dirigida a FDR,

---

[37] Haber, *La casa de Roosevelt,* op. cit., pp. 81-2.

como presidente de la compañía, pero fue contestada por Edmund S. Paine, quien afirmaba que la idea original de invertir en bienes tangibles, como inmuebles, había resultado impracticable ya que "conllevaría unos gastos generales muy elevados debido a la necesidad de supervisión y operación", por lo que se decidió invertir únicamente en acciones alemanas "que representaran la propiedad indirecta en activos tangibles". Paine añadió que la teoría se justificaba hasta un "grado notable":"

Tomando como prueba los primeros 60.000.000 de marcos invertidos por la empresa, vemos que la revalorización de los títulos ha superado en algo la depreciación del valor de cambio del marco. En otras palabras, los títulos adquiridos podrían venderse probablemente hoy por un precio en marcos que supondría algo más en dólares de lo que habrían obtenido los titulares de los marcos si los hubieran vendido en el momento de la inversión, a pesar de que el valor de sus marcos ha bajado enormemente.

Sin embargo, Paine afirma lo contrario, un "Estado de situación a 31 de enero de 1923" localizado en los archivos de FDR registra que el valor contable por acción de las acciones ordinarias en ese momento era de 2,62 dólares por acción, mientras que el valor contable medio en el momento de la inversión era de 2,64 dólares, es decir, un ligero descenso.

En la reunión de directores del 19 de septiembre de 1923 se confirmó que el valor total en dólares de la inversión era de unos 120.000 dólares, y en mayo de 1925 esta seguía siendo aproximadamente la cantidad registrada en la tesorería. Sin embargo, en los años siguientes a la estabilización de la marca, las condiciones mejoraron y una declaración fechada el 12 de mayo de 1926 muestra un patrimonio neto de 147.098,07 dólares, con 17.275 acciones en circulación, y entonces igual a 8,50 dólares por acción. El 21 de mayo de 1926 la empresa ofreció comprar todas las acciones ofrecidas en un plazo de 90 días a 7,50 $ por acción. En mayo de 1926 FDR dimitió como presidente y aceptó la oferta de 7,50 $ por unidad por sus 1005 acciones ordinarias.

¿Los titulares estadounidenses de marcos alemanes que invirtieron en United European ganaron o perdieron con su inversión? Si suponemos que mantuvieron sus acciones hasta 1926 y aceptaron la oferta de la empresa a 7,50 dólares por unidad de acción ordinaria, entonces comprando al precio de emisión de 10.000 marcos alemanes en septiembre de 1922 (fecha de la oferta) habrían perdido considerablemente. En septiembre de 1922, el tipo de cambio dólar-marco era de 1 $ por 764 marcos alemanes. Así pues, una acción de 10.000 marcos equivaldría a 13,00 $ por acción, y una acción mantenida de 1922 a 1926 habría supuesto una pérdida de aproximadamente 5,50 $ por acción; por otro lado, un accionista habría evitado una depreciación total y una pérdida de todos sus fondos por mantenerse.

Investigación de United European Investors, LTD.

El elemento Roberts-Gould que se unió a FDR y Schall en el Consejo de U.E.I. tenía una mala reputación en "la calle". De hecho, Roberts y Gould estaban siendo investigados por presuntas actividades delictivas. En julio de 1922, cuando United European estaba en las primeras fases de su constitución, un tal Crary, antiguo investigador de Proudfoot's Mercantile Agency -la agencia de investigación de más alto rango utilizada por prestigiosas firmas de Wall Street- se acercó a la secretaria de FDR, la señorita Le Hand. Crary transmitió a "Missy" información sobre lo que denominó una "banda de estafadores con oficinas en el número 7 de Pine Street" y con una placa en la puerta con la inscripción "United European Investors, Ltd". Missy Le Hand llevó la información a Louis Howe, mano derecha de FDR, quien a su vez planteó el problema a Müller, el anterior socio de Schall. A través de Müller y otras fuentes, Howe se enteró de que Roberts y Gould formaban parte de esta supuesta "banda de ladrones" que, según Crary, "se dedicaban a todo tipo de promociones de dudosa reputación y... está seguro de que tienen como miembro de su fuerza a un ex convicto con un nombre falso y una reputación de lo más desagradable".[38] Cuando el nombre de United European Investors, Ltd. apareció en la puerta de su oficina

---

[38] Información extraída de la carta Howe-FDR, 29 de junio de 1922 en los archivos de United European Investors, Ltd.

en el número 7 de la calle Pine, el investigador Crary, que llevaba un año vigilando rutinariamente la oficina, empezó a sondear discretamente a Roberts y Gould. Aunque Roberts nunca estuvo en la oficina del número 7 de la calle Pine, Crary descubrió que Gould "tenía la costumbre de utilizar esa oficina desde hacía al menos un año, y era considerado uno de sus (es decir, de los estafadores) amigos de toda la vida". La asociación de Gould con "los ladrones" hizo sospechar a Crary porque, aunque la Agencia Proudfoot había dado anteriormente a Gould "un historial bastante limpio", también lo había incluido en "la clase de los promotores profesionales."

La investigación de Crary se llevó a cabo en nombre de los propietarios del edificio del número 7 de la calle Pine, "que tienen la intención de desposeer a todo el grupo en poco tiempo." Fue durante la investigación cuando la Agencia Proudfoot dio con una circular en la que figuraba el nombre de Franklin D. Roosevelt como presidente de United European Investors, Ltd. y William Schall como su banquero. Las pruebas descubiertas por la Agencia Proudfoot fueron confirmadas a Louis Howe por el Sr. Hanway, miembro de la empresa de corretaje de valores Harris, Forbes. Hanway dijo que había "estado familiarizado con Mr.

las actividades de Gould durante varios años, y que desconfiaba tan profundamente de él que le llevó a hacer todo lo posible para evitar que se reuniera originalmente con Schall".

Aún más, la Agencia Proudfoot sospechaba que Gould había intentado obtener información confidencial de ellos y que Gould estaba actuando como "espía de los delincuentes para averiguar qué conocimiento tenía Proudfoot & Company de sus negocios deshonestos."

Toda esta información fue debidamente comunicada por Howe en una carta ("Querido jefe") a FDR (29 de julio de 1922). Probablemente, la mayoría de los hombres de negocios enfrentados a un socio de este calibre abandonarían cualquier operación propuesta como United European Investors, pero el memorándum de Howe a FDR no recomienda nada de eso. Dice en parte:

> *Mis recomendaciones son las siguientes: Que se ordene a Gould y Roberts que encuentren inmediatamente nuevos cargos, preferiblemente en una iglesia o en algún otro lugar respetable. Que nos deshagamos de Roberts, que de todos modos es un salvaje de la publicidad, y que no tiene ninguna función importante en este juego, y que se vigile de cerca a Gould. Si el Sr. Crary hace aparecer la circular, yo arrancaría el tejado que la cubre y me aseguraría de que se deje de utilizar hasta que estemos preparados para hacer un anuncio formal. Creo que sería prudente insistir en que durante el verano se me nombrara miembro del Consejo de Administración, sobre todo porque tanto Jenks como Rogers estarán fuera la mayor parte del tiempo y alguien querrá vigilar todas las medidas que se tomen.*

En otras palabras, Howe sugiere que bastará con tomar precauciones contra el doble juego y que la mejor manera de hacerlo es poner a Louis Howe en el consejo de administración.

En cualquier caso, la empresa siguió adelante según lo previsto; Roberts se convirtió en secretario de la U.E.I., y Gould, presunto espía de los estafadores, mantuvo su papel de promotor activo y continuó informando periódicamente a FDR por carta sobre el progreso de sus esfuerzos de recaudación de fondos. El 20 de julio, antes de que Howe informara a FDR del contenido de la investigación de Proudfoot, Gould había escrito a FDR desde el Southern Hotel, Baltimore, sobre sus conversaciones con Edward Clark & Co, los banqueros de Baltimore, cuyo socio Herbert Clark conocía FDR desde sus días en Harvard. Luego, el 13 de agosto de 1923, Gould escribió a FDR desde el Canadian Club de Nueva York para transmitirle telegramas recibidos de William Schall en Europa y concluyó:

> *Lamento saber que has vuelto a sentirte mal. Probablemente se haya excedido demasiado, no se debe intentar ir a (sic) toda prisa después de una enfermedad así. En cualquier caso, espero tener el placer de verte antes de mi regreso a Europa a principios de septiembre.*

No hay ninguna pista de que FDR se comunicara de alguna manera con Gould, y la siguiente carta en los archivos es de Gould a FDR, fechada el 14 de septiembre de 1923 y escrita también desde el Club Canadiense de Nueva York. Esta carta criticaba la

> *"Banqueros celosos a los que perjudicamos y cuyos planes se vieron alterados. Si no hubiéramos emitido hoy, habríamos fracasado".*

Gould concluye,

> *"Gracias por la gran y noble manera en que nos ha apoyado, y personalmente siento que fue su fuerte actitud la que está haciendo que nuestro proyecto sea un éxito total", añadiendo que cuando él (Gould) llamó a los grandes bancos y compañías fiduciarias para presentar "su propuesta" se encontró con que "En todas partes su nombre [FDR] fue aplaudido como la mente maestra en asegurar la operación adecuada para ayudar al desafortunado inversor estadounidense", y que si FDR hubiera podido escuchar estos comentarios de "las mayores casas financieras" le habría dado "una gran satisfacción".*

Sobre la base de estas cartas, debemos concluir que FDR llegó conscientemente a un acuerdo comercial con personas cuya reputación era, como mínimo, dudosa, y que este acuerdo comercial continuó después de que Missy Le Hand y Louis Howe pusieran en conocimiento de FDR las pruebas de incorrección.

Sólo hay pruebas superficiales de que toda la operación de United European Investors fue diseñada por Roosevelt. Cuando Gould le dice a FDR que su "nombre fue aplaudido por ser la mente maestra", es razonable suponer que Gould estaba halagando a Roosevelt para sus propios fines. En realidad, no hay pruebas, ni en los archivos ni en ninguna otra parte, de que los antecedentes y conocimientos financieros de Roosevelt fueran suficientes para originar un plan tan ingenioso como U.E.I.

El Canciller Wilhelm Cuno y HAPAG

La desastrosa depreciación del marco alemán que fue la razón de ser de los Inversores Europeos Unidos se concentró en el periodo comprendido entre mediados de 1922 y noviembre de 1923. El cuadro indica cómo la inflación se les fue completamente de las manos después de mediados de 1922. El Canciller alemán entre mediados de 1922 y agosto de 1923 fue Wilhelm Cuno (1876-1933). Cuno era originalmente funcionario, siempre activo en política, y en noviembre de 1917 fue elegido director de la Hamburg-America Line (HAPAG).

Cuando Ballin, presidente de HAPAG, se suicidó en 1918, Cuno se convirtió en su presidente. Después del 10 de mayo de 1921, Karl Wirth fue canciller alemán y Walter Rathenau, presidente de German General Electric (A.E.G.), ministro de Reparaciones. A continuación se sucedieron una serie de acontecimientos dramáticos. El ministro alemán de Finanzas, Matthias Erzberger, fue asesinado el 26 de agosto de 1921. En enero de 1922 Rathenau se convirtió en Ministro de Asuntos Exteriores y el 24 de junio de 1922 también fue asesinado. En octubre de 1922 Friedrich Ebert fue nombrado Canciller del Reich y Wilhelm Cuno, del HAPAG, Canciller alemán. La depreciación del marco se produjo bajo el mandato de Cuno y culminó en la crisis financiera y su destitución en agosto de 1923. Cuno volvió a la presidencia de la Hamburg-America Line. Cabe señalar de paso la prevalencia de presidentes de empresas en la política contemporánea: por ejemplo, Rathenau, de General Electric alemana, y Cuno, de HAPAG. Owen D. Young, de General Electric en Estados Unidos, fue también el creador del Plan Young de Reparaciones Alemanas, y el presidente de General Electric alemana (A.E.G.), Rathenau, fue ministro alemán de Reparaciones en 1922. Estos nombramientos suelen explicarse sobre la base de "el mejor hombre para el puesto" pero, dadas las pruebas presentadas en el último capítulo sobre la política de en el negocio de los bonos, podemos expresar justificadamente nuestro escepticismo sobre esta explicación. Es mucho más probable que los Young, los Cunos, los Rathenaus -y los Roosevelt- mezclaran negocios y política para su propio beneficio pecuniario. Desgraciadamente, aunque debemos dejar sin respuesta la pregunta clave de hasta qué punto estos grupos elitistas utilizaron el aparato del Estado para sus propios fines, está claro que, cuando indagamos en los antecedentes de Wilhelm Cuno, llegamos de nuevo a Franklin D. Roosevelt y a la formación de United European Investors, Ltd., una sociedad de capital riesgo. Cuno, bajo cuyos auspicios se desencadenó la gran inflación alemana, era director de la Hamburg-America Line; John von Berenberg Gossler, el asesor de United European Investors en Alemania, era también miembro del consejo de esa compañía.

En resumen, Cuno y Gossler estaban en el mismo consejo de administración de HAPAG. Las políticas de Cuno fueron esencialmente responsables de la inflación alemana de 1922-23, mientras que su codirector Gossler, en cooperación con Franklin D. Roosevelt, se beneficiaba de las mismas políticas inflacionistas. Esto nos hace reflexionar.

Compañía fiduciaria germánica internacional

La International Germanic Trust Company, fundada en 1927, fue impulsada, según sus promotores, por la demanda de instituciones bancarias estadounidenses en Europa central. Franklin D. Roosevelt, Herman A. Metz, director de I. G. Farben, James A. Beha, Superintendente de Seguros del Estado de Nueva York, y E. Roland Harriman, de la firma bancaria internacional W. A. Harriman & Co., fueron algunos de los organizadores del trust, aprobado por el Departamento Bancario del Estado de Nueva York. El presidente de la empresa asociada International Germanic Company y presidente del comité ejecutivo de la sociedad fiduciaria era Harold G. Aron, que había tenido más de un pleito relacionado con la promoción de acciones. Las oficinas principales de la International Germanic Trust se encontraban en la planta baja del 26 de Broadway, el Standard Oil Building de Nueva York. El capital autorizado consistía en 30.000 acciones para proporcionar un capital de 3 millones de dólares y un superávit de 2 millones de dólares. En su solicitud al departamento bancario, la empresa estuvo representada por el senador Robert F. Wagner; aunque no figuraba entre los organizadores, el viejo amigo de FDR, James A. Beha, Superintendente de Seguros del Estado de Nueva York, se convirtió en miembro del consejo de administración.

Los objetivos de la empresa declarados por su presidente, Harold G. Aron, eran:

> *Parece haber una necesidad real de una institución de suficiente tamaño y respaldo, para tomar el lugar de las instituciones que existían antes de la guerra y se ocupaban principalmente de la financiación de las relaciones comerciales entre Estados Unidos y el mundo de los negocios de Europa Central. A través de sus constituyentes, la sociedad fiduciaria mantendrá y desarrollará relaciones tanto con los estadounidenses de origen alemán de todo el país como con las instituciones comerciales y bancarias de Alemania. Es la intencion de la compania acentuar particularmente el desarrollo de sus departamentos extranjeros y fiduciarios, y proporcionar una agencia fiscal eficaz en la liquidacion esperada de propiedades alemanas y fideicomisos todavia en custodia del Gobierno.*

Desde el principio, la compañía tendrá asegurado el apoyo de importantes organizaciones y sociedades de este país, y el pequeño depositante, tanto dentro como fuera de la ciudad de Nueva York, será bienvenido. Su objetivo será distribuir sus acciones ampliamente y en cantidades comparativamente pequeñas. No habrá fideicomiso de voto ni control individual o de grupo.

Roosevelt participó en la salida a bolsa de la empresa propuesta. Un telegrama fechado el 7 de abril de 1927 de Julian Gerrard, presidente de la compañía fiduciaria, a FDR le pedía que telegrafiara a Frank Warder, Superintendente de Bancos del Estado de Nueva York, para comunicarle que él (Roosevelt) estaba interesado en la compañía fiduciaria. Se preveía que esta intervención solucionaría el retraso en la concesión de la carta constitutiva. Las reuniones del consejo de administración se celebraron en el Standard Oil Building, en el despacho de FDR y en el Bankers Club, ambos situados en el 120 de Broadway. La primera reunión del comité de organización se celebró en el Bankers Club el viernes 27 de mayo de 1927; aunque FDR no pudo asistir, escribió a Julian M. Gerrard: "¿Qué noticias hay de la compañía fiduciaria?". De nuevo, el 15 de agosto de 1927, FDR preguntó a Gerrard: "¿Cómo va el trabajo de organización y qué se está haciendo en relación con las suscripciones de acciones?".

Una parte considerable de los archivos de cartas de FDR de esta promoción consiste en solicitudes de empleo, acciones de la empresa propuesta o favores relacionados. Por ejemplo, el National Park Bank de Nueva York escribió a FDR el 26 de julio de 1927 que estaba interesado en la creación de la International Germanic Trust Company y que estaría encantado de que "uno de nuestros funcionarios se dirigiera a ese organismo, entrando en detalles sobre nuestras instalaciones". En otras palabras, el National Park Bank buscaba depósitos. FDR prometió tratar el asunto con el comité de organización de la nueva compañía fiduciaria. Entonces, el 12 de agosto de 1927, Basil O'Connor, socio de Roosevelt, le dejó una nota: "Querido Franklin: Sobre el Banco Germánico, a ver si puedes conseguirme 100 acciones". La emisión de acciones en sí fue muy sobresuscrita. Estaba previsto emitir 30.000 acciones, pero el total de solicitudes hasta el 12 de septiembre superaba las 109.000 acciones, y el 20 de septiembre las solicitudes superaban las 200.000 acciones de aproximadamente 1.900 particulares. El fideicomiso notificó a FDR el 3 de octubre de 1927 que su asignación era de 120 acciones a 170 dólares por acción y que debía ser aceptada antes del 5 de octubre. El telegrama añadía que la emisión estaba muy sobresuscrita y cotizaba a 187 de compra y 192 de venta, lo que daría a FDR un beneficio en una reventa inmediata. Este telegrama de Howe añadía: "Quisiera diez de tus acciones para Grace si estás dispuesto".

FDR fue debidamente elegido miembro de la junta directiva y se le notificó el 4 de noviembre de 1927 que la primera reunión de la junta se celebraría el viernes 11 de noviembre en el Bankers Club del 120 de Broadway. Sin embargo, Basil O'Connor, socio de Roosevelt en el bufete de abogados, aparentemente se arrepintió o recibió información adversa sobre la promoción porque escribió a FDR el 14 de noviembre:

No sé cuál es nuestra posición ahora en este asunto pero si es como cuando me separé me siento muy mal por ello. La proposición no nos ha ayudado en nada (con) otras conexiones bancarias en las que he estado trabajando un año y francamente tiene todos los visos de que Gerrard (sic) piense que puede "engañarte".

O'Connor sugirió que el FDR debía dimitir de la junta porque "hasta ahora he podido decir que no tenemos afiliaciones bancarias, que estaba equivocado. Ahora no puedo decir eso". Al parecer, FDR no siguió inmediatamente este consejo, porque el 19 de enero de 1928 se le notificó su reelección como director para el año siguiente, pero en una carta fechada el 27 de enero de 1928 FDR escribió a Gerrard lo siguiente:

Querido Julian,

> *Cuanto más considero mi cargo de director y la sociedad fiduciaria y la Compañía Germánica Internacional, más me inclino a pensar que es algo inútil. Ya le he hablado de mis sentimientos y los de mi socio en lo que respecta a las conexiones extrañas por parte de cualquiera de nosotros que implican simplemente asistir a reuniones ocasionales y nada más. Es algo difícil para mi ir a las reuniones en el 26 de Broadway en vista de los pasos pero, francamente, siento que conservando mi direccion estoy logrando poco para mi o para la sociedad fiduciaria o la sociedad germanica internacional.*

FDR presentó entonces su dimisión. Es notable que las razones para dimitir fueran "Estoy logrando poco ni para mí ni para la empresa fiduciaria". En vista de la reputación más bien desagradable de los promotores, esta explicación es un poco débil.

Capítulo 4

FDR: Promotor empresarial

Las mallas de nuestras leyes bancarias se han entretejido de forma tan laxa que permiten la evasión de aquellos criminales más mezquinos que dilapidan los fondos de cientos de pequeños depositantes en especulaciones imprudentes para beneficio propio. Toda la Ley Bancaria necesita una revisión y el Departamento Bancario necesita inmediatamente instalaciones de inspección mucho más adecuadas.

Franklin Delano Roosevelt, Mensaje anual a la Asamblea Legislativa del Estado de Nueva York, 1 de enero de 1930.

Aparte de las empresas especulativas de flotación en el campo de las finanzas internacionales, FDR estaba íntimamente involucrado en flotaciones nacionales, al menos una de las cuales era de cierta importancia. La más importante de estas empresas fue organizada por un grupo prominente que incluía a Owen D. Young de General Electric (el siempre presente Young del Plan Young para las reparaciones alemanas descrito en el último capítulo) y S. Bertron de Bertron Griscom, banqueros de inversión en Nueva York. Este sindicato creó la American Investigation Corporation en 1921. En 1927 siguió Photomaton, Inc. y en 1928 la Sanitary Postage Service Corporation. A continuación, Roosevelt se convirtió en director de CAMCO, Consolidated Automatic Merchandising Corporation, pero sólo brevemente, dimitiendo al ser elegido Gobernador del Estado de Nueva York. Como leemos en el epígrafe anterior, en 1930 FDR ya se había replanteado jugar con el dinero de los demás.

Corporación Americana de Investigación

Los científicos e ingenieros alemanes empezaron pronto y con éxito a utilizar vehículos más ligeros que el aire o dirigibles para el transporte de pasajeros y mercancías. Ya en 1910, Alemania ofrecía servicios regulares de transporte de pasajeros en dirigibles. En la Primera Guerra Mundial, el Gobierno de Estados Unidos confiscó las patentes de dirigibles en virtud de la Ley de Comercio con el Enemigo de 1917 y, tras la guerra, la Comisión de Reparaciones prohibió a Alemania la construcción de dirigibles. Esto dejó el campo libre a la empresa estadounidense. Un grupo de financieros de Wall Street observó las oportunidades que ofrecían las restricciones de trabajo y desarrollo en Alemania: S.R. Bertron de Bertron, Griscom & Co. (40 Wall Street) y, como era de esperar, dado que estaba íntimamente relacionado con las reparaciones alemanas, por Owen D. Young de General Electric (120 Broadway). Este grupo estaba especialmente interesado en las rentables oportunidades de desarrollo del transporte aéreo en Estados Unidos. El 10 de enero de 1921, mientras FDR deshacía sus maletas en las oficinas de la Fidelity & Deposit Company en 120 Broadway, recibió una carta de Bertron que decía en parte:

Mi querido Sr. Roosevelt:

> *En representación del pequeño grupo de hombres prominentes aquí que se están interesando grandemente en la cuestión del transporte aéreo, tuve una larga conferencia con oficiales del Ejército en Washington la semana pasada al respecto. Me han informado de que usted, como Subsecretario de Marina, está muy familiarizado con este tema y me gustaría mucho discutirlo con usted....*

FDR y Bertron se reunieron para hablar del transporte aéreo durante un almuerzo en la Down Town Association. Podemos suponer que Bertron informó a Roosevelt de los avances técnicos hasta ese momento. Sabemos por los archivos que también hubo una reunión entre Owen D. Young, S.R. Bertron y el ingeniero-abogado Fred S. Hardesty, representante de los titulares de patentes alemanas, que tenía buenos contactos en Washington, donde las patentes incautadas estaban bajo custodia del Custodio de Propiedad Extranjera y aún no habían sido liberadas.

Esta segunda reunión dio lugar a un pacto preliminar fechado el 19 de enero de 1921 conocido como el acuerdo Hardesty-Owen-Bertron que planificó el camino hacia el desarrollo de las operaciones comerciales de dirigibles en EE.UU. Posteriormente, Owen-Bertron formó un sindicato para "investigar todas las fases de la navegación aérea, la legislación necesaria y los métodos de recaudación de fondos". Hardesty y sus socios entregaron al sindicato todos sus datos y derechos a cambio del reembolso de los gastos en que habían incurrido hasta entonces, que ascendían a 20.000 dólares, y de una participación en el sindicato. El papel de FDR fue el de recaudador de fondos, utilizando sus numerosos contactos políticos en todo Estados Unidos. Louis, Cincinnati y Chicago, mientras que Stanley Fahnestock, socio de su empresa, había estado haciendo rondas por California y Chicago. Lewis Stevenson, otro miembro del sindicato, estaba trabajando entre sus contactos del Medio Oeste. Bertron pidió a FDR que le presentara personalmente a posibles contribuyentes:

> *Stevenson está muy ansioso de que le envíes una carta a Edward Hurley, E. F. Carey y Charles Piez, a todos los cuales conoces. También quiere una carta para Edward Hines, R.P. Lamont y H.C. Chatfield-Taylor. Me temo que es un pedido grande. ¿Hará lo que pueda?*

FDR reconoció la petición de Bertron, en el sentido de que estaba enviando cartas a Stevenson "presentándole a Edward Hurley y a Charles Piez y E.F. Carey. Me temo que no conozco a los demás". Charles Piez, presidente de Link-Belt Company en Chicago, se excusó de participar alegando que "... estoy practicando la economía más rígida, haciendo oídos sordos a las perspectivas más atractivas y seductoras", y citando la "deplorable forma" de la industria. (Este alegato de pobreza fue apoyado por la carta de Piez a FDR, en papelería antigua, con la nueva dirección impresa sobre la antigua, lo que no es propio de un presidente de una gran empresa como Link-Belt Company). Edward N. Hurley escribió que "no era muy activo en los negocios", pero que la próxima vez que fuera a Nueva York "me propondré visitarle y revisar el pasado".

El 1 de junio, Lewis Stevenson informó a Roosevelt sobre sus progresos en la recaudación de fondos en el Medio Oeste. Confirmó el hecho de que Piez carecía de fondos y que Hurley quería hablar más tarde, pero que Carey podría tener algún interés:

> *Charles Swift y Thomas Wilson, ambos empacadores, están considerando la proposición, al igual que Potter Palmer, Chauncey McCormick y una docena más. Desde que conseguí a Marshall Field, he añadido a nuestra lista a C. Bai Lehme, un fundidor de zinc con grandes medios; al Sr. Wrigley, miembro junior de la gran empresa de chicles; a John D. Black, de Winston, Strawn & Shaw; a B.M. Winston y Hampton Winston, de Winston & Company, y a Lawrence Whiting, presidente del nuevo Boulevard Bridge Bank. Poco a poco estoy reuniendo un grupo deseable, pero debo confesar que es un trabajo desalentadoramente lento y duro. Mi experiencia me dice que puedo convencer a un individuo de la viabilidad de este plan, pero en cuanto lo discute con sus amigos, que no saben nada de la propuesta, surgen serias dudas en su mente que tengo que combatir de nuevo. Gracias a mis observaciones en el extranjero, creo firmemente que puede ser un éxito.*

Stevenson concluyó solicitando una carta de presentación al destacado abogado de Chicago Levy Meyer. Está claro que a finales de junio de 1921 Stevenson había inducido a varios ciudadanos destacados de Chicago, entre ellos Marshall Field, Philip N. Wrigley y Chauncey McCormick, a firmar en la línea de puntos.

Por lo que respecta a FDR, sus cartas de venta sobre este proyecto harían honor a un vendedor profesional. Como su carta al coronel Robert R. McCormick, del imperio periodístico de Chicago:

Querido Bert:

Como usted es una persona de mentalidad progresista, le pido al Sr. Lewis G. Stevenson que hable con usted sobre algo que a primera vista puede parecer una idea descabellada. Sin embargo, en realidad se trata de algo muy diferente y todo lo que puedo decirle es que muchos de los aquí presentes, como Young, de la General Electric Company, Bertron, de Bertron Griscom & Co, y una serie de otros ciudadanos perfectamente respetables, han mostrado suficiente interés como para seguir estudiando la cuestión. Todo esto está relacionado con el establecimiento de líneas comerciales de dirigibles en los Estados Unidos...

Cartas similares se enviaron a Chauncey McCormick, Frank S. Peabody, de Peabody Coal, y Julius Rosenwald, de Sears, Roebuck. Estas iniciativas fueron seguidas de cenas personales. Por ejemplo, el 21 de abril de 1921 FDR escribió a Frank Peabody:

... ¿hay alguna posibilidad de que pueda cenar con el Sr. Bertron, el Sr. Snowden Fahnestock y algunos otros de nosotros en el Union Club el próximo lunes a las 7:30 de la tarde? Bertron acaba de regresar del otro lado y tiene algunos datos muy interesantes respecto a estos dirigibles comerciales, que han tenido éxito en Alemania.

FDR añadió que el grupo "prometerá no retenerle contra su voluntad". A lo que un reticente Peabody telegrafió: "Imposible estar allí, no temería en absoluto ser retenido habría disfrutado inmensamente de la visita con usted".

A Edsel B. Ford, FDR le escribió: "Le envío esta nota de parte del Sr. G. Hall Roosevelt, mi cuñado, que conoce todo el asunto". G. Hall Roosevelt, que casualmente trabajaba para General Electric como director de división, demostró ser un negociador despierto, pero no lo suficiente como para ganarse a Ford durante las primeras etapas.

Sin embargo, el 18 de febrero de 1922 la American Investigation Corporation había recopilado una lista muy saludable de suscriptores, como confirma la siguiente lista parcial:[39]

Nombre	Afiliación	Ubicación
W.E. Boeing	Presidente de Boeing Airplane Co.	Seattle
Edward H. Clark	Presidente de Homestake Mining Co.	Nueva York
Benedict Crowell	Crowell & Little Construction Co.	Cleveland
Arthur V. Davis	Presidente, Aluminum Co. of America	Pittsburgh
L.L. Dunham	Asociación Equitable Building	Nueva York
Snowden A. Fahnestock	Bertron, Griscom & Co.	Nueva York
Marshall Field, III	Capitalista	Chicago
E.M. Herr	Presidente de Westinghouse Electric & Mfg. Co.	Pittsburg
J.R. Lovejoy	Vicepresidente, General Electric Company	Nueva York
John R. McCune	Presidente, Union National Bank	Pittsburgh
Samuel McRoberts	Capitalista	Nueva York
R.B. Mellon	Presidente, Mellon National Bank	Pittsburgh
W.L. Mellon	Presidente de Gulf Oil Co.	Pittsburgh
Theodore Pratt	Standard Oil Company	Nueva York
Franklin D. Roosevelt	Vicepresidente, Fidelity & Deposit Co.	Nueva York
Philip N. Wrigley	Vicepresidente, Wm. Wrigley Co.	Chicago
Owen D. Young	Vicepresidente, General Electric Co.	Nueva York

El consejo de administración inicial incluía al vicepresidente del

---

[39] Lista fechada el 18 de febrero de 1922 en los archivos de FDR.

National City Bank, Samuel McRoberts[40] , William B. Joyce, presidente de National Surety Company -uno de los competidores de FDR en el negocio de fianzas y avales- y Benedict Crowell, ex subsecretario de Guerra y presidente del consejo de la constructora Crowell & Little Construction de Cleveland. Snowden A. Fahnestock, de Bertron, Griscom, era hijo del financiero neoyorquino Gibson Fahnestock y socio de la empresa de corretaje de valores Fahnestock & Company. El hermano de Gibson, William Fahnestock, socio de la misma empresa, fue director de varias empresas importantes, entre ellas Western Union y, con Allen Dulles, de Gold Dust Corporation. David Goodrich, otro de los suscriptores, fue presidente del consejo de administración de B.F. Goodrich Company y director de American Metals Company de Nuevo México.

Hay que tener muy en cuenta que se trataba de una empresa privada en la que el riesgo y los beneficios fueron asumidos por capitalistas experimentados y con visión de futuro. No se puede criticar la financiación de esta empresa; lo criticable es la forma en que adquirió su principal activo, las patentes alemanas.

El informe del presidente para el año 1922, publicado el 8 de enero de 1923, resume los logros de la A.I.C. hasta esa fecha.

La Comisión Alemana de Reparaciones se negó a permitir la construcción de grandes dirigibles en Alemania, y se produjo un retraso en la terminación y prueba del nuevo aparato diseñado por la Oficina de Minas de Estados Unidos para la fabricación económica de gas helio, pero se consideró que la A.I.C. estaba a pocos meses de llegar el momento de solicitar ayuda financiera al público. Según este informe, la primera etapa de los trabajos había concluido con la firma, el 11 de marzo de 1922, de un contrato entre la American Investigation Corporation y la Schuette-Lanz Company por el que la American Investigation Corporation se aseguraba los derechos mundiales de patente sobre los diseños y métodos de

---

[40] Samuel McRoberts ocupa un lugar destacado en Sutton, *Bolshevik Revolution,* op. cit.

construcción de dirigibles rígidos de Schuette. El contrato preveía pagos a plazos e incluía un acuerdo con Schuette-Lanz para construir un dirigible o proporcionar los servicios de los expertos para emprender la construcción en Estados Unidos.

La compañía había "determinado definitivamente a través del Departamento de Estado que la Comisión de Reparaciones y el Consejo de Embajadores no consentirían la construcción en Alemania de la nave de tamaño completo considerada por la American Investigation Corporation", por lo que se solicitó a la visita del Dr. Schuette a EE.UU. para llegar a un acuerdo definitivo. El objetivo final, continúa el informe, es el establecimiento de la industria de dirigibles en los EE.UU. y "nunca se pierde de vista; sin embargo, obtener la primera nave de Alemania a menor costo y construida por los mejores expertos es altamente deseable."

La destrucción de los dirigibles R. 38 británico y *Roma* italiano puso de manifiesto la importancia de garantizar el suministro de helio a los dirigibles. Tras consultar a la Junta del Helio y al químico jefe de la Oficina de Minas, se aplazó la decisión sobre la cuestión del helio hasta la finalización del aparato mejorado que la Oficina estaba diseñando para la producción de helio comercial. Según los términos del acuerdo entre la American Investigation Corporation y el ingeniero de Washington Hardesty y sus asociados, además de los 20.000 dólares proporcionados para cubrir su trabajo antes de la formación de la American Investigation Corporation, debían reembolsarse ciertos gastos reales por la asistencia en la organización de la corporación. Sin embargo, el acuerdo final estaba condicionado a la firma de un contrato relativo a la participación que el Sr. Hardesty y sus asociados iban a recibir en la American Investigation Corporation y en cualquiera de sus empresas filiales a cambio de su labor de promoción: sobre todo, exigía que las patentes alemanas que el Alien Property Custodian tenía en nombre del público estadounidense fueran entregadas a la A.I.C.

Política, patentes y derechos de aterrizaje

Por consiguiente, el sindicato A.I.C. tenía que superar un obstáculo importante antes de poder empezar a trabajar en el desarrollo comercial de dirigibles en EE.UU. Este obstáculo político -adquirir los derechos de las patentes de construcción de dirigibles de Schuette-Lanz- requería la astuta ayuda política de FDR. Estos derechos eran alemanes, pero estaban bajo el control del Gobierno de Estados Unidos. Según la legislación estadounidense, la propiedad extranjera incautada sólo puede enajenarse mediante subasta y licitación. Sin embargo, encontramos en el informe del presidente de A.I.C. fechado el 26 de mayo de 1922 que A.I.C. era entonces "el propietario de las actuales patentes Schuette-Lanz" y enumeraba 24 patentes y 6 solicitudes de patentes originarias de Alemania, 6 solicitudes originarias de Inglaterra y 13 patentes y 6 solicitudes originarias de Estados Unidos. El informe continuaba: "En EE.UU. 7 patentes están sujetas a devolución por el Custodio de Propiedad Extranjera. A través de las cesiones de presentación todas las nuevas patentes de EE.UU. se están emitiendo directamente a cargo de A.I.C.". Entonces, ¿cómo obtuvo el sindicato de la A.I.C. las patentes alemanas custodiadas por los EE.UU.? Esto es especialmente importante porque no existe ningún registro de subastas o concursos. El informe de la A.I.C. sólo señala:

> *Los intereses de A.I.C. estaban protegidos por la colaboración en la redacción de los contratos y cesiones del Sr. J. Pickens Neagle (Procurador del Departamento de Marina) Franklin Roosevelt, el Sr. Howe y Blackwood Brothers.*

Esto ciertamente plantea la cuestión de la conveniencia de que un abogado del Departamento de Marina de EE.UU. actúe en nombre de un sindicato privado. Las patentes alemanas fueron liberadas del Gobierno de EE.UU. para A.I.C. por la intervención personal de Franklin D. Roosevelt. Veamos cómo hizo el trabajo.

Franklin D. Roosevelt fue Subsecretario de la Marina, uno de la serie de Roosevelts que ocuparon el cargo, y por consiguiente tenía buenos contactos políticos en el Departamento de Marina. A mediados de 1921, FDR empezó a sondear entre sus antiguos amigos de la Marina sobre dos cuestiones: (1) la posición de las patentes Schuette y (2) la posibilidad de adquirir el uso privado para el sindicato de la A.I.C. de la base naval de Lakehurst para los dirigibles de la A.I.C.. El 4 de mayo de 1921, el almirante R.R. Byrd, de la Oficina de Operaciones Navales, acusó recibo de una invitación para visitar la finca de FDR en Campobello. Nueve meses después, el 23 de mayo de 1922, el comandante E.S. Land, de la Oficina de Aeronáutica de la Marina, también acusó recibo de una invitación para visitar a FDR la próxima vez que estuviera en Nueva York. Land añadió que "parece poco probable que vaya a Nueva York en las próximas tres o cuatro semanas. Si pudiera informarme sobre la naturaleza de sus preguntas, podría darle alguna información en la línea deseada".

FDR contestó al comandante Land en una carta marcada como *Personal*, pero enviada al Departamento Naval, en el sentido de que su consulta no podía hacerse por teléfono ni por carta. A continuación, FDR repasó brevemente la posición de A.I.C. y declaró que la compañía "está a punto de seguir adelante con la construcción y operación de dirigibles", pero necesitaba saber más sobre el programa del gobierno de EE.UU. para este tipo de naves: "No busco ninguna información confidencial, sino simplemente los datos que estoy seguro podría obtener sin mucha dificultad si pudiera ir yo mismo a Washington".

Esta información es, escribió FDR a Land, "para el bien de la causa en general", y a continuación ofreció sufragar los gastos del Comandante Land si visitaba Nueva York. Al parecer, esto tuvo poco éxito porque el 1 de junio FDR volvió a solicitar la información y presionó aún más: "Por cierto, ¿habría alguna objeción a que obtuviéramos una copia del contrato Zeppelin? Teóricamente todos son documentos públicos".

En última instancia, fue Pickens Neagle, de la Oficina del Abogado General de la Marina, el principal impulsor de la obtención de las patentes alemanas necesarias para el A.I.C.; obviamente, Neagle también estaba siendo útil a FDR en otras áreas. El 15 de mayo de 1922, FDR escribió a Neagle acerca de Hardesty, el ingeniero-abogado que llevaba las negociaciones de patentes en Washington:

> *Tanto el Sr. Fahnestock como yo aprobamos sin rechistar la modestísima suma que Hardesty propuso*

> *para ti [Neagle] y estoy seguro de que los Directores lo*
> *aprobarán cuando se reúnan, lo que no tardará mucho.*

El Procurador de la Marina Neagle respondió a esto el 16 de junio para dar información al FDR sobre posibles negocios de fianzas:

> *Me avergüenza mencionar algo tan insignificante como*
> *la fianza que acompañaría a un contrato de 29.000*
> *dólares, pero las cosas están muy aburridas en la línea*
> *de contratación del Gobierno en estos momentos. La*
> *Midvale Steel and Ordnance Company acaba de recibir*
> *la adjudicación de un contrato para piezas forjadas de*
> *cañones de 8" por un total de algo menos de 29.000*
> *dólares. La fianza será por un importe equivalente a algo*
> *así como el 15 o 20 por ciento del importe del contrato.*

De nuevo, el 9 de agosto de 1922 Neagle escribió a Louis Howe y remitió a los papeles de la Marina de FDR, que al parecer estaban siendo sometidos al examen habitual dentro del departamento antes de ser entregados a FDR. El problema de FDR era evitar que los papeles "pasaran por las manos de archiveros o de personas inquisitivas con poco sentido de la responsabilidad o de novatos entrometidos". El Departamento de Marina no entregaría los papeles sin un examen adecuado, incluso después de la intervención personal de Neagle. Escribe Neagle a FDR:

> *No vi forma alguna de inducir al Sr. Curtis a cambiar su*
> *opinión sobre el tema, así que lo dejé así, con la reserva*
> *mental, sin embargo, de que usted mismo vendría pronto*
> *y tal vez lo sacudiría.*

El expediente hasta este punto sugiere que Pickens Neagle, Procurador de la oficina del Juez Abogado General de la Marina trabajaba más en nombre de FDR que del contribuyente y del Departamento de Marina. El contenido de este archivo pasa entonces al intento de adquirir el uso de las patentes alemanas para A.I.C.; estas cartas ya no están en papel de la Marina, sino en papel normal, sin dirección impresa pero firmadas por Neagle. El 16 de febrero de 1922, una carta de Neagle a Howe relata que nuestra oficina devolvió a la Oficina de Aeronáutica el formulario de contrato sugerido con un endoso que decía que la estación podría ser alquilada a la A.I.C. y los empleados [de la Marina] despedidos para que la corporación los empleara.

Neagle añade que, aunque los oficiales de la marina no pueden dirigir y supervisar a los empleados de la A.I.C., pueden ser destinados a la industria privada para aprender el negocio de la construcción de dirigibles. A esta información privada le sigue una carta formal dirigida a Fahnestock de la A.I.C. por Neagle (ahora con su gorra oficial de abogado de la Marina de los EE.UU.) para confirmar el hecho de que la Marina estaba dispuesta a arrendar la estación y la planta de Cape May, un permiso revocable sin previo aviso. Otro fechado el 6 de enero de 1923 informa de que Hardesty ha firmado un contrato que "debería ser aceptable para la Corporación".

Está claro que las patentes de Schuette se transfirieron sin subasta pública ni licitación competitiva, sino mediante un acuerdo privado entre el gobierno estadounidense y abogados que actuaban en nombre de una empresa privada. Esto constituyó una violación de la Ley de Comercio con el Enemigo.

Los archivos también registran a otro empleado del Departamento de Marina que se apresuró a ayudar a FDR. Una carta fechada el 31 de marzo de 1923 de M.N. McIntyre, jefe de la Oficina de Noticias de la Marina, a Louis Howe sugería que A.I.C. se hiciera con el "dirigible alemán que se estaba construyendo para la Marina", así como con el acceso a la base naval de Lakehurst. McIntyre es refrescantemente abierto sobre su propuesta de ayuda política: Si me hace saber cuál es su postura sobre la propuesta de Lakehurst, quizá pueda hacer algo para ayudar a 'engrasar' el camino". Lo mismo vale para la otra sugerencia".

De los archivos se desprende que FDR y su sindicato pudieron recurrir a fuentes de información y ayuda dentro del Departamento de Marina. ¿Cómo consiguió entonces la A.I.C. el control de las patentes de Schuette-Lanz? Se suponía que se trataba de propiedad pública que debía enajenarse mediante licitación. El informe Hardesty de febrero de 1921 explica la situación jurídica de las patentes y arroja más luz sobre su transferencia.

Las patentes habían sido incautadas por el Custodio de la Propiedad Extranjera y hasta ese momento sólo se habían concedido licencias a los Departamentos de Guerra y Marina. El 10 de enero de 1921, Fred Hardesty presentó una solicitud en la que informaba de que se iba a constituir una sociedad (presumiblemente A.I.C.) que necesitaba las patentes, pero Hardesty negó "que las patentes en sí tuvieran un gran valor intrínseco". En otras palabras, Hardesty caminaba por la cuerda floja. La A.I.C. tenía absoluta necesidad de las patentes para protegerse de extraños. Al mismo tiempo, argumenta Hardesty, las patentes no tenían realmente un gran valor. Se necesitan, escribió al Custodio de la Propiedad Extranjera, "para formar un baluarte moral para nosotros contra la agresión de terceros". Hardesty argumentó que el interés público estaba vitalmente implicado y que estaría "encantado de recibir información sobre el valor que se ha fijado a las patentes, si se ha tasado su valor, y sobre los términos y condiciones en que podrían vendérnoslas."

Adjunto a esta carta en los archivos de FDR hay un "Memorándum para el Sr. Hardesty" sobre las patentes de Johann Schuette que parece haberse originado en la Oficina del Custodio de Propiedad Extranjera. El memorándum de confirma el hecho de que las patentes fueron retenidas en virtud de la Ley de Comercio con el Enemigo de 1917, que el único derecho que le quedaba al titular alemán era el derecho a reclamar la liberación, y que tales reclamaciones deben ser resueltas según lo dispuesto por el Congreso. Es poco probable, afirma el memorándum, que las patentes sean vendidas por el Custodio de la Propiedad Extranjera pero, si las patentes se pusieran a la venta, "habría poca o ninguna competencia, ya que probablemente haya muy pocas empresas en existencia o propuestas que contemplen usarlas, y que por lo tanto los precios ofrecidos no serían muy altos". A continuación, el memorándum llega al quid del problema al que se enfrenta A.I.C.:

La A.P.C. realiza ventas de patentes, distintas de las ventas al Gobierno, únicamente a ciudadanos estadounidenses en venta pública al mejor postor tras anuncio público, a menos que el

Presidente determine otra cosa. La compra de bienes de la A.P.C. para un principal no declarado o para su reventa a una persona que no sea ciudadana de los Estados Unidos, o en beneficio de una persona que no sea ciudadana de los Estados Unidos, está prohibida bajo severas penas.

Esto deja abierta la posibilidad de que el Secretario de Guerra o el Secretario de Marina puedan recomendar la venta inmediata al Presidente "como una cuestión de sana política comercial en el interés público."

El sindicato intentó entonces la vía presidencial, aparentemente con éxito. El 4 de febrero de 1921, FDR en Nueva York escribió a Hardesty en Washington, D.C., "Estoy de acuerdo con usted en que deberíamos hacer algo inmediatamente con respecto a las patentes Schuette, y al menos intentarlo antes de que se vaya la actual administración."

A continuación, un memorando de servicios prestados en los archivos registra que tanto el 9 como el 17 de febrero de 1921 FDR fue a Washington y al menos se reunió con el Custodio de la Propiedad Extranjera. Posteriormente, Schuette otorgó un poder a Hardesty, y las patentes fueron liberadas por el Custodio de la Propiedad Extranjera, aunque no inmediatamente. Los archivos de FDR no contienen documentos originales firmados sobre la liberación, sólo borradores de documentos, pero como las patentes fueron finalmente liberadas a A.I.C. se puede suponer que estos borradores de trabajo son razonablemente cercanos al documento final firmado. Un documento firmado tanto por , el Custodio de la Propiedad Extranjera, como por el titular alemán de la patente, Johann Schuette, dice lo siguiente:

> *Por la presente se entiende y acuerda además por y entre las partes del presente que el precio o precios a los que las patentes de Johann Schuette enumeradas anteriormente pueden ser vendidas a la American Investigation Corporation por el Custodio de la Propiedad Extranjera son y se considerarán sólo un valor nominal de dichas patentes fijado y acordado por*

y entre las partes del presente y el valor real de las mismas; y que dicho agente otorgará, ejecutará y entregará al Custodio de la Propiedad Extranjera una liberación sin reservas por y de parte del mencionado Johann Schuette y su mencionado agente y sus y cada uno de sus herederos y cesionarios y representantes legales de todas las reclamaciones, demandas, etc.

Está claro de este documento (1) que el Custodio de Propiedad Extranjera vendió las patentes a A.I.C., (2) que cobró a A.I.C. sólo un "precio nominal," (3) que no había ninguna licitación competitiva para las patentes, y (4) que el poseedor anterior alemán Schuette fue concedido un interés directamente o indirectamente. Las cuatro acciones parecen ser contrarias a los requisitos de la Ley de Comercio con el Enemigo de 1917 (véase p. 100), incluso si hubiera autoridad presidencial para los procedimientos (1) y (2).

Posteriormente, el 9 de mayo de 1922 se firmó un contrato entre American Investigation Corporation y Johann Schuette. En él se pagaban a Schuette 30.000 dólares en efectivo y otros 220.000 dólares en plazos mensuales, el último de los cuales debía efectuarse a más tardar el 1 de julio de 1923. En caso de impago por parte de A.I.C., todos los derechos sobre las patentes pasarían a Schuette. También hay en los archivos de FDR un memorándum interno que parece estar escrito en la máquina de escribir normalmente utilizada para las cartas de FDR; por lo tanto, es posiblemente un memorándum redactado por FDR o más probablemente por Louis Howe. Este memorándum resume la estrategia de la AIC. Enumera "Lo que tenemos que vender" y responde a esta pregunta de la siguiente manera:

1. Las patentes Schuette-Lanz, calificadas de fundamentales y necesarias por los ingenieros de Ford que también trabajaban en la construcción de dirigibles.
2. "Un contrato tentativo a la Marina por el que se ahorra más de un millón de dólares en la construcción de una planta y hangar de construcción. Esta es nuestra propiedad como contrato propuesto es a cambio de la licencia de uso de las patentes Schuette por la Marina." En otras palabras, la A.I.C. no sólo pudo adquirir las patentes sin licitación pública

mediante maniobras políticas entre bastidores, sino que también adquirió el derecho a venderlas de nuevo a la Marina. Este es el tipo de trato con el que la mayoría de los pobres contribuyentes ni siquiera sueñan, aunque al final paguen las facturas.

3. Todos los datos, diseños y pruebas de las patentes Schuette-Lanz.

4. Un dispositivo para la producción de helio.

5. "Una lista de accionistas compuesta por hombres de espíritu público y medios considerables".

6. Esto no fue suficiente, porque la siguiente sección se titula "Lo que necesitamos" y enumera (1) fondos y (2) trabajo. El memorándum propone fusionar el trabajo de A.I.C. con el de los ingenieros de Ford.

Podemos resumir el acuerdo de la American Investigation Corporation de FDR de la siguiente manera:

> *En primer lugar, la A.I.C. pudo, gracias a la intervención personal de Franklin D. Roosevelt, obtener patentes incautadas como regalo o a un precio simbólico. La ley exigía que dichas patentes incautadas se ofrecieran a licitación pública y no en beneficio del antiguo propietario alemán. En la práctica, se liberaron a puerta cerrada como resultado de un entendimiento privado entre FDR y el Custodio de la Propiedad Extranjera, posiblemente con intervención presidencial, aunque no se encuentra rastro alguno de dicha ayuda. Estas patentes, anteriormente descritas como sin valor, se convirtieron entonces en el objeto de un contrato que implicaba el pago de 250.000 dólares al ciudadano alemán Schuette y en el principal activo de una empresa para promover la construcción de dirigibles en EE.UU. A la vista de los documentos de los expedientes, existe una violación prima facie de la ley tanto por parte de FDR como del Custodio de la Propiedad Extranjera.*

En segundo lugar, estas patentes parecen haber sido liberadas en beneficio indirecto de una parte extranjera, un procedimiento sujeto a severas sanciones en virtud de la ley.

En tercer lugar, la A.I.C. pudo obtener el uso de instalaciones de la Armada valoradas en un millón de dólares e información oficial del Departamento de Marina.

En cuarto lugar, el único riesgo asumido por los operadores de Wall Street fue montar la empresa. Las patentes se obtuvieron nominalmente, los fondos procedían de fuera de Nueva York y los expertos eran alemanes o de la Ford Motor Company. Franklin Delano Roosevelt proporcionó la influencia política necesaria para llevar a cabo un acuerdo que, a primera vista, era ilegal y, desde luego, estaba muy lejos de la "confianza pública" que a FDR y sus socios les gustaba promover en sus escritos y discursos.

FDR en el negocio de las máquinas expendedoras

Las ventas de máquinas automáticas de sellos postales comenzaron en 1911, pero no tuvieron una salida realmente eficaz hasta el desarrollo de la máquina Shermack en la década de 1920. En 1927 se constituyó la Sanitary Postage Stamp Corporation para comercializar las máquinas Shermack para la dispensación automática de sellos de correos, que antes se vendían en las tiendas sueltos y exponían al usuario, según los folletos de venta de la empresa, a la transmisión de enfermedades. El consejo de administración de la empresa estaba formado por el inventor Joseph J. Shermack, Edward S. Steinam, J.A. de Camp (120 Broadway), el banquero George W. Naumburg, A.J. Sach, Nathan S. Smyth y Franklin D. Roosevelt.

En abril de 1927, la empresa vendía unas 450 instalaciones de máquinas a la semana. Según una carta escrita por FDR a A.J. Sach, vicepresidente de la empresa, había grandes problemas con los cobros; de hecho, hacía más de seis meses que no se tenía noticias de diez puntos de venta de sellos, y el efectivo escaseaba. FDR hizo la sugerencia, eminentemente sensata, de que los vendedores dejaran de vender durante una semana y dedicaran el tiempo liberado a cobrar en efectivo. Aparte de estas sugerencias ocasionales de , el papel de FDR en el Sello Postal Sanitario fue nominal. Henry Morgenthau, Jr. le metió en ella originalmente e incluso pagó la suscripción original de 812,50 dólares por las 100 acciones iniciales de FDR: "Puedes enviarme un cheque por el mismo importe cuando quieras". FDR envió su cheque por correo el mismo día. Los patrocinadores emitieron a FDR 3000 acciones ordinarias "en consideración a los servicios que ha prestado", obviamente para utilizar su nombre como cebo para los inversores. FDR dimitió a finales de 1928 tras su elección como Gobernador de Nueva York.

FDR también fue director de CAMCO (Consolidated Automatic Merchandising Corporation), pero nunca participó activamente en su salida a bolsa. CAMCO era un holding destinado a hacerse con el 70% del capital social en circulación de una serie de empresas, entre ellas Sanitary Postage Stamp Corporation, y destaca porque en su consejo de administración figuraban, además de FDR, Saunders Norwell, que de 1926 a 1933 fue presidente de Remington Arms Company. En 1933 Remington Arms fue vendida a Du Pont Company. En el capítulo 10 investigaremos el asunto Butler, un intento frustrado de instalar una dictadura en la Casa Blanca. Tanto Remington Arms como Du Pont aparecen nombradas en el testimonio suprimido del comité de investigación del Congreso. Sin embargo, en 1928 encontramos a FDR y a Saunders Norvell como codirectores de CAMCO.

Fundación Georgia Warm Springs

La personal y encomiable lucha de FDR por recuperar el uso de sus piernas tras un ataque de polio en 1921 le llevó a las aguas minerales de Georgia Warm Springs. Recuperadas algunas fuerzas, FDR decidió convertir los manantiales, abandonados y casi sin uso, en una propuesta de negocio para ayudar a otras víctimas de la polio.

Por desgracia, no es posible determinar el origen exacto de los principales fondos utilizados para desarrollar Georgia Warm Springs a partir de los archivos del FDR tal y como existen en la actualidad. La carpeta FDR sobre Georgia Warm Springs es relativamente escasa y es muy poco probable que contenga todos los documentos relacionados con el desarrollo del proyecto. La carpeta da la impresión de haber sido revisada antes de su entrega a los archivos de Hyde Park. No hay constancia pública de la financiación de Georgia Warm Springs. Dadas las ajustadas finanzas personales de FDR durante la década de 1920, es poco probable que los fondos procedieran de sus recursos personales. Tenemos pruebas de tres fuentes de financiación. En primer lugar, es más que probable que lo fuera su madre, la señora James Roosevelt. De hecho, Eleanor Roosevelt escribió a FDR: "No te permitas poner demasiado dinero y no hagas que mamá ponga mucho, ¡porque si perdiera nunca lo superaría!".[41] En segundo lugar, se dice que Edsel B. Ford aportó fondos para construir el recinto de la piscina, pero no era patrono de la fundación. En tercer lugar, y lo más importante, la propiedad original pertenecía al socialista corporativo George Foster Peabody. Según el hijo de FDR, Elliott Roosevelt, existía un considerable pagaré personal sobre la propia propiedad, y este pagaré probablemente estaba en manos de Peabody:

El 29 de abril de 1926, adquirió la propiedad en ruinas, donde Loyless se endeudaba cada vez más. En el punto álgido de sus obligaciones como nuevo propietario, el padre tenía precisamente 201.667,83 dólares invertidos en el lugar en forma de pagaré a la vista, que no se saldó completamente hasta después de su muerte, y entonces sólo con una póliza de seguro de vida que había suscrito a favor de Warm Springs. Los más de 200.000 dólares representaban más de dos tercios de todo lo que poseía. Fue la única vez que asumió un riesgo tan monumental. A mi madre le aterrorizaba la idea de que, si esto seguía el mismo camino que muchos de sus negocios, ninguno de nosotros podría ir a la universidad, un destino que yo, por mi parte, estaba más que dispuesto a afrontar.[42]

Es significativo que Elliott Roosevelt informe de la existencia de un pagaré a la vista de 200.000 dólares que no se pagó hasta la muerte de FDR. Es razonable suponer, además, que los fondos fueron aportados por algunos o todos los fideicomisarios. Esto coloca a FDR en la misma posición que Woodrow Wilson, en deuda con sus acreedores de Wall Street. Como estos fideicomisarios se

---

[41] Elliott Roosevelt, *The Untold Story*, op. cit., p. 232.

[42] Ibid.

encontraban entre los hombres más poderosos de Wall Street, la acusación de que FDR estaba "en las garras de los banqueros" es al menos plausible.

Por lo tanto, es razonable suponer que los fondos para Georgia Warm Springs fueron puestos, o estaban bajo el control de, los fideicomisarios de la Fundación Georgia Warm Springs y la Reserva Meriweather asociada. A continuación se enumeran los fideicomisarios de la fundación en 1934 y sus principales afiliaciones empresariales:

Fundación Georgia Warm Springs: Fideicomisarios en 1934[43]

Nombre del administrador[44]	Afiliaciones principales
Franklin D. Roosevelt	Presidente de los Estados Unidos de América
Basilio O'Connor	Abogado, 120 Broadway, antiguo socio de FDR
Jeremiah Milbank	Director, Chase National Bank of N.Y.
James A. Moffett	Vicepresidente y director de Standard Oil of New Jersey
George Foster Peabody	Propietario original de la propiedad y titular del pagaré sobre Georgia Warm Springs
Leighton McCarthy	Director de Aluminum, Ltd (filial canadiense de ALCOA)
Eugene S. Wilson	Presidente, American Telephone & Telegraph (195 Broadway)
William H. Woodin	Secretario del Tesoro con FDR
Henry Pope	Director de Link-Belt Company
Cason J. Callaway	Presidente de Callaway Mills, Inc. de Nueva York

---

[43] Tomado de la carta fechada el 5 de marzo de 1932 de Fred Botts, director comercial de Warm Springs, a FDR en la Casa Blanca.

[44] Entre los fideicomisarios también se encontraban Frank C. Root, de Greenwich (Connecticut), Keith Morgan, de Nueva York, y el fideicomisario residente Arthur Carpenter.

Los fideicomisarios de Georgia Warm Springs vinculan obviamente a FDR con Wall Street. El más destacado de ellos fue Eugene Smith Wilson (1879-1973), vicepresidente de American Telephone and Telegraph, de 195 Broadway, Nueva York. Wilson también ocupó cargos directivos en otras muchas compañías telefónicas, como Northwestern y Southwestern Bell y la Wisconsin Telephone Company. En 1919 fue abogado de Western Electric, luego pasó a ser consejero de A. T. & T. antes de ser nombrado vicepresidente en 1920. Wilson colaboró durante mucho tiempo en la campaña contra la poliomielitis, se asoció con Franklin D. Roosevelt y, a mediados de la década de 1930, fue miembro del comité de inversiones de la Georgia Warm Springs Foundation. Entre sus compañeros en A.T. & T. se encontraba John W. Davis, que aparece en el caso Butler (véase el capítulo 10).

Otro de los administradores de Georgia Warm Springs era James A. Moffett, vicepresidente de Standard Oil de Nueva Jersey. Walter Teagle, de la misma empresa, fue uno de los principales administradores de la NRA.

El fideicomisario Jeremiah Milbank fue director del Chase National Bank, controlado por Rockfeller, y de la Equitable Trust Company.

El administrador William H. Woodin fue director del Banco de la Reserva Federal de Nueva York de 1926 a 1931 y fue nombrado Secretario del Tesoro por Franklin D. Roosevelt tras apoyar firmemente la candidatura electoral de FDR en 1932. Woodin dimitió a los seis meses, pero por motivos de salud, no por falta de interés en ocupar el cargo del Tesoro.

El fideicomisario George Peabody ha sido identificado en el volumen anterior[45] y estuvo prominentemente asociado con la Revolución Bolchevique de 1917 en Rusia y el Banco de la Reserva Federal de Nueva York.

---

[45] Sutton, *Revolución bolchevique*, op. cit.

Capítulo 5

La génesis del socialismo de empresa

Mientras la sociedad lucha hacia la libertad, estos hombres famosos que se ponen a su cabeza están llenos del espíritu de los siglos XVII y XVIII. Sólo piensan en someter a la humanidad a la tiranía filantrópica de sus propias invenciones sociales.

Frederic Bastiat, The Law, (Nueva York: Fundación for Economic Education, 1972), p. 52

Hemos descrito la carrera de siete años de Franklin D. Roosevelt en "la calle", que terminó con su elección como Gobernador de Nueva York en 1928. Esta descripción se ha extraído de los archivos de cartas del propio FDR. Para evitar posibles interpretaciones erróneas, se han reproducido partes de estas cartas textualmente y en extenso. Sobre la base de estas cartas, no hay duda de que FDR utilizó la influencia política casi exclusivamente para obtener negocios de vinculación mientras era vicepresidente de Fidelity & Deposit Co.; que aparecen vínculos financieros y políticos internacionales significativos y cuestionables en el caso de United European Investors e International Germanic Trust; y que sus socios íntimos iban desde Owen D. Young, presidente de General Electric, miembro del elitista establishment financiero, hasta hombres descritos por un agente de la Agencia Proudfoot como una "banda de maleantes".

Hay un tema persistente en el método de hacer negocios de FDR: utilizó la vía política en un grado extraordinario. En otras palabras, FDR empleó para su beneficio personal el poder policial del Estado tal y como lo aplicaban las agencias reguladoras, la normativa gubernamental y los funcionarios públicos a través de su intercesión, por ejemplo, con el Custodio de la Propiedad Extranjera, la Marina de los EE.UU., el Sistema de la Reserva Federal y el Superintendente de Seguros del Estado de Nueva York. Todos estos contactos políticos establecidos en el servicio público dieron a FDR su ventaja competitiva en los negocios. Se trata de dispositivos políticos, no de dispositivos nacidos del mercado. Son dispositivos que reflejan la coerción política, no el intercambio voluntario en el mercado libre.

Los cuatro capítulos siguientes que componen la segunda parte de este libro profundizan en este tema de la politización de la empresa. En primer lugar, lanzamos una red más amplia para formular la tesis del socialismo empresarial e identificar a algunos destacados socialistas empresariales, en su mayoría asociados a FDR. Luego retrocedemos en el tiempo hasta la década de 1840, hasta uno de los antepasados de FDR, el asambleísta Clinton Roosevelt de Nueva York y su primera versión de la NRA. Este esquema se compara con la Junta de Industrias de Guerra de Baruch en 1917, el funcionamiento del Sistema de la Reserva Federal y el Consejo Americano de la Construcción Roosevelt-Hoover de los años veinte. Finalmente, en el último capítulo de esta parte se detalla la inversión financiera de Wall Street en el New Deal.

Los orígenes del socialismo de empresa

El viejo John D. Rockefeller y sus compañeros capitalistas del siglo XIX estaban convencidos de una verdad absoluta: que no se podía acumular una gran riqueza monetaria bajo las reglas imparciales de una sociedad competitiva de laissez faire. La única vía segura para la adquisición de riqueza masiva era el monopolio: expulsar a los competidores, reducir la competencia, eliminar el laissez-faire y, sobre todo, conseguir la protección del Estado para su industria a través de políticos complacientes y de la regulación gubernamental. Esta última vía produce un monopolio legal, y un monopolio legal siempre conduce a la riqueza.

Este esquema de barón ladrón es también, bajo diferentes etiquetas, el plan socialista. La diferencia entre un monopolio estatal corporativo y un monopolio estatal socialista es esencialmente sólo la identidad del grupo que controla la estructura de poder. La esencia del socialismo es el control monopolístico por parte del Estado mediante planificadores contratados y esponjas académicas. Por otra parte, Rockefeller, Morgan y sus amigos corporativos pretendían adquirir y controlar su monopolio y maximizar sus beneficios mediante la influencia en el aparato político estatal; esto, aunque sigue necesitando planificadores contratados y esponjas académicas , es un proceso discreto y mucho más sutil que la propiedad estatal absoluta en el socialismo. El éxito de la táctica Rockefeller ha dependido especialmente de centrar la atención pública en creaciones históricas en gran medida irrelevantes y superficiales, como el mito de la lucha entre capitalistas y comunistas, y del cuidadoso cultivo de las fuerzas políticas por parte de las grandes empresas. A este fenómeno de monopolio legal corporativo -el control del mercado adquirido mediante el uso de la influencia política- lo llamamos socialismo corporativo.

La descripción más lúcida y franca del socialismo corporativo y de sus costumbres y objetivos se encuentra en un folleto de 1906 de Frederick Clemson Howe, *Confessions of a Monopolist*.[46]

El papel de Frederick Howe en la revolución bolchevique de 1917 y sus secuelas se describe en *Wall Street y la revolución bolchevique*.[47] Howe también aparece en el New Deal de Roosevelt como consejero de consumo en la Administración de Ajuste Agrícola. Así pues, el interés de Howe por la sociedad y sus problemas abarca desde principios del siglo XX, desde su asociación con Newton D. Baker, más tarde Secretario de Guerra, hasta el comunista Lincoln Steffens. Como comisario especial de Estados Unidos, Howe realizó estudios sobre la propiedad municipal de los servicios públicos en Inglaterra y en 1914 fue nombrado por el presidente Wilson comisario de Inmigración de Estados Unidos.

---

[46] Frederic C. Howe, *Confessions of a Monopolist* (Chicago: Public Publishing Co. 1906). El patrocinador del libro de Howe fue el mismo editor que en 1973 publicó un canto fúnebre colectivista de John D. Rockefeller III titulado *The Second American Revolution*.

[47] Sutton, *Revolución bolchevique*, op. cit.

¿Cuál es el secreto para hacer grandes fortunas? Howe responde a la pregunta de la siguiente manera: "El Sr. Rockefeller puede pensar que hizo sus cientos de millones por economía, ahorrando en sus facturas de gas, pero no fue así. Consiguió que los habitantes del planeta trabajaran para él....".[48]

En resumen, el socialismo corporativo está íntimamente relacionado con hacer que la sociedad funcione para unos pocos.

Poner la sociedad al servicio de unos pocos

Este es el tema significativo del libro de Howe, expresado una y otra vez, con ejemplos detallados del sistema "deja que otros trabajen para ti" en funcionamiento. ¿Cómo consiguieron Rockefeller y sus colegas monopolistas que el mundo trabajara para ellos? Según Howe, fue así:

> *Esta es la historia de algo a cambio de nada, de hacer pagar al prójimo. Esto de hacer pagar al otro, de conseguir algo a cambio de nada, explica el ansia de franquicias, derechos mineros, privilegios arancelarios, control ferroviario, evasión de impuestos. Todas estas cosas significan monopolio, y todo monopolio se basa en la legislación.*

> *Y las leyes de monopolio nacen en la corrupción. El mercantilismo de la prensa, o de la educación, incluso de la dulce caridad, es parte del precio que pagamos por los privilegios especiales creados por la ley. El deseo de algo a cambio de nada, de hacer pagar al prójimo, del monopolio en una u otra forma, es la causa de la corrupción. Monopolio y corrupción son causa y efecto.*

> *Juntos, trabajan en el Congreso, en nuestras Mancomunidades, en nuestros municipios. Siempre es así. Siempre ha sido así. El privilegio engendra la*

---

[48] Howe, op. cit., p. 145.

> *corrupción, igual que la cloaca envenenada engendra la enfermedad. La igualdad de oportunidades, un campo justo y sin favores, el "trato justo" nunca son corruptos. No aparecen en las salas legislativas ni en las Cámaras del Consejo. Porque estas cosas significan trabajo por trabajo, valor por valor, algo por algo. Por eso el pequeño empresario, el comerciante al por menor y al por mayor, el obrero y el fabricante no son los hombres de negocios cuyos negocios corrompen la política.[49]*

Howe describe lo opuesto a este sistema de monopolio corrupto como "trabajo por trabajo, valor por valor, algo por algo". Pero estos valores son también las marcas esenciales de un sistema de mercado, es decir, un sistema puramente competitivo, en el que los precios de equilibrio del mercado se establecen por la interacción imparcial de la oferta y la demanda en el mercado. Este sistema imparcial no puede, por supuesto, verse influido o corrompido por la política. El sistema económico monopolista basado en la corrupción y los privilegios descrito por Howe es una economía dirigida políticamente. Es al mismo tiempo también un sistema de trabajo forzoso encubierto, llamado por Ludwig von Mises el sistema *Zwangswirtschaft*, un sistema de compulsión. Este elemento de compulsión es común a todas las economías dirigidas políticamente: el Nuevo Orden de Hitler, el Estado corporativo de Mussolini, la Nueva Frontera de Kennedy, la Gran Sociedad de Johnson y el Federalismo Creativo de Nixon. La compulsión también fue un elemento en la reacción de Herbert Hoover a la depresión y, de forma mucho más evidente, en el New Deal de Franklin D. Roosevelt y en la Administración de Recuperación Nacional.

Es este elemento de compulsión el que permite a unos pocos -los que detentan y se benefician del monopolio legal- vivir en sociedad a expensas de la mayoría. Aquellos que controlan o se benefician de las franquicias legislativas y la regulación y que influyen en las burocracias gubernamentales al mismo tiempo están determinando las normas y reglamentos para proteger su riqueza actual,

---

[49] Howe, op. cit., pp. V-VI.

aprovecharse de la riqueza de los demás y mantener fuera de su negocio a nuevos participantes. Por ejemplo, para que quede claro, la Comisión Interestatal de Comercio, creada en 1880, existe para restringir la competencia en la industria del transporte, no para conseguir el mejor trato posible para los cargadores. Del mismo modo, la Junta de Aeronáutica Civil existe para proteger la industria de la aviación nacional, no al viajero de avión. Para un ejemplo actual, entre cientos, véase la incautación por el CAB en julio de 1974 de un DC-10 de Philippines Air Lines (PAL) en el aeropuerto de San Francisco. ¿Qué pecado había cometido PAL? La compañía aérea se limitó a sustituir un avión DC-10, para el que el CAB no había concedido permiso, por un DC-8. ¿Quién ganó? ¿Quién salió ganando? Las aerolíneas nacionales estadounidenses, al haber menos competencia. ¿Quién perdió? El viajero al que se le niegan asientos y la posibilidad de elegir equipo. Cualquier duda sobre de qué lado podía estar el CAB quedó disipada por un artículo publicado unas semanas más tarde en *The Wall Street Journal* (13 de agosto de 1974) titulado "CAB Is an Enthusiastic Backer of Moves to Trim Airline Service, Increase Fares". Este artículo contenía una joya de Whitney Gillilland, vicepresidente del CAB ( ): "En el pasado hemos hecho demasiado hincapié en la comodidad de los pasajeros". Gillilland añadía que el CAB debe ser más tolerante con los aviones repletos de capacidad, "aunque eso pueda significar que alguien tenga que esperar un día para conseguir un vuelo."

En resumen, las agencias reguladoras son dispositivos que utilizan el poder policial del Estado para proteger a las industrias favorecidas de la competencia, proteger sus ineficiencias y garantizar sus beneficios. Y, por supuesto, estos dispositivos son defendidos con vehemencia por sus pupilos: los empresarios regulados o, como nosotros los llamamos, "los socialistas corporativos".

Este sistema de compulsión legal es la expresión moderna de la máxima de Frederic Bastiat de que el socialismo es un sistema en el que todos intentan vivir a expensas de todos los demás. En consecuencia, el socialismo corporativo es un sistema en el que los pocos que detentan los monopolios legales del control financiero e industrial se benefician a expensas de todos los demás miembros de la sociedad.

En la América moderna, la ilustración más significativa de la sociedad en su conjunto trabajando para unos pocos es la Ley de la Reserva Federal de 1913. El Sistema de la Reserva Federal es, de hecho, un monopolio bancario privado, que no responde ante el Congreso ni ante el público, pero con un control monopolístico legal sobre la oferta monetaria sin permiso ni impedimento, ni siquiera auditoría por parte de la Oficina General de Contabilidad.[50] Fue la manipulación irresponsable de la oferta monetaria por parte de este Sistema de la Reserva Federal lo que provocó la inflación de la década de 1920, la Depresión de 1929 y, por tanto, la presunta necesidad de un New Deal de Roosevelt. En el próximo capítulo examinaremos más de cerca el Sistema de la Reserva Federal y sus creadores. Por el momento, veamos más de cerca los argumentos esgrimidos por los financieros-filósofos de Wall Street para justificar su credo de "hacer que la sociedad funcione para unos pocos".

Los socialistas de empresa defienden sus argumentos

Se puede trazar un camino literario por el que destacados financieros han presionado en favor de la planificación y el control nacionales en beneficio propio y que, en última instancia, evolucionó hacia el New Deal de Roosevelt.

En los años que siguieron a la publicación en 1906 de *Confesiones de un monopolista*, de Howe, los financieros de Wall Street hicieron contribuciones literarias en forma de libro, ninguna tan específica como la de Howe, pero todas abogando por las instituciones legales que concederían el monopolio deseado y el control que se deriva de este monopolio. A partir de estos libros, podemos rastrear las ideas del New Deal y la base teórica sobre la que más tarde se justificaría el socialismo corporativo. Dos temas son comunes en estos

---

[50] En 1974, el Congreso aprobó una auditoría muy limitada del Sistema de la Reserva Federal.

esfuerzos literarios de Wall Street. En primer lugar, que el individualismo, el esfuerzo individual y la iniciativa individual están pasados de moda y que la competencia "destructiva", normalmente denominada "competencia ciega" o "competencia perro-come-perro" es anticuada, indeseada y destructiva de los ideales humanos. En segundo lugar, podemos identificar un tema que se desprende de este ataque al individualismo y la competencia en el sentido de que la cooperación aporta grandes ventajas, que la cooperación hace avanzar la tecnología y que la cooperación evita los "despilfarros de la competencia". Estos filósofos financieros concluyen entonces que las asociaciones comerciales y, en última instancia, la planificación económica -en otras palabras, la "cooperación" forzada- son un objetivo primordial para los empresarios modernos responsables e ilustrados.

Estos temas de cooperación y rechazo de la competencia se expresan de diferentes maneras y con distintos grados de lucidez. Los empresarios no son escritores persuasivos. Sus libros tienden a ser ampulosos, superficialmente interesados y algo pesadamente pedantes. Sin embargo, algunos ejemplos de este tipo demostrarán cómo los socialistas corporativos de Wall Street exponen sus argumentos.

Bernard Baruch fue el destacado socialista corporativo cuyas ideas examinaremos en el próximo capítulo. Después de Baruch y los Warburg, también analizados en el próximo capítulo, el siguiente escritor más prolífico fue el influyente banquero Otto Kahn, de Kuhn, Loeb & Co.

Kahn destaca por su apoyo tanto a la revolución bolchevique como a Benito Mussolini, apoyo que concretó en expresiones totalitarias como: "El enemigo más mortífero de la democracia no es la autocracia, sino la libertad enloquecida".[51] Sobre el socialismo, Otto Kahn manifestó su simpatía hacia sus objetivos en numerosas ocasiones. Por ejemplo, su discurso ante la Liga Socialista de la

---

[51] Otto H. Kahn, Libertad frenética: The Myth of a Rich Man's War, discurso en la Universidad de Wisconsin, 14 de enero de 1918, p. 8.

Democracia Industrial en 1924 incluía lo siguiente:

> *Permítanme señalar que medidas como, por ejemplo, el impuesto progresivo sobre la renta, la negociación colectiva de los trabajadores, la jornada de ocho horas, la supervisión y regulación gubernamental de los ferrocarriles y de monopolios o semimonopolios naturales similares, son aprobadas por el sentido de justicia de la comunidad empresarial, siempre que la aplicación de tales medidas se mantenga dentro de los límites de la razón, y que no serían derogadas por las empresas si tuvieran poder para derogarlas.*
>
> *En lo que diferís vosotros, los radicales, y nosotros, los que mantenemos puntos de vista opuestos, no es tanto en el fin como en los medios, no tanto en lo que debe lograrse como en cómo debe y puede lograrse, creyendo, como creemos, que precipitarse tras lo utópico no sólo es infructuoso e ineficaz, sino que estorba y retrasa el progreso hacia la realización de mejoras alcanzables.*
>
> *Con el debido respeto, me atrevo a sugerir que el Radicalismo tiende con demasiada frecuencia a dirigirse más a la perfección teórica que a la mejora concreta; a agravios fantasmas, o agravios del pasado, que han perdido su realidad, más que a los asuntos reales del día; a eslóganes, dogmas, profesiones, más que a los hechos.*[52]

Varios de estos financieros-filósofos de Wall Street fueron patronos de la Brookings Institution de Washington D.C., responsable de muchas de las guías políticas para lograr este sistema deseado. Robert S. Brookings, fundador de la Brookings Institution, suele ser calificado de economista, pero el propio Brookings escribió: "Yo ciertamente no tengo derecho a ese título profesional. Escribo sólo como alguien que, a través de una larga experiencia empresarial de

---

[52] Otto H. Kahn, *Of Many Things*, (Nueva York: Boni & Liveright, 1925), p. 175.

más de sesenta años, ha tenido mucho que ver con la fabricación y la distribución..."[53] En su autodescrito papel de hombre de negocios, Brookings publicó tres libros: *Industrial Ownership, Economic Democracy* y *The Way Forward*. En estos tres libros, Brookings argumenta que la economía política clásica, tal como se refleja en la obra de Adam Smith y su escuela, aunque lógicamente convincente, era en realidad incompleta en el sentido de que no tenía en cuenta el desarrollo moral e intelectual del hombre y su dependencia del nacionalismo para su expresión, tan hábilmente presentada más tarde por Adam Müller y Frederick List, ni la influencia económica de la producción mecánica en la relación del capital con el trabajo.[54]

En consecuencia, pero sin presentar sus pruebas, Brookings rechaza las ideas de libre empresa de Adam Smith y acepta las ideas estatistas de List -también, por cierto, reflejadas en el Estado corporativo hitleriano. A partir del rechazo de la libre empresa, Brookings encuentra bastante fácil deducir un sistema "moral" que rechaza el mercado y lo sustituye por una aproximación a la teoría marxista del valor del trabajo. Por ejemplo, Brookings escribe

> *Un sistema sólido de moralidad económica exige, por lo tanto, que en lugar de pagar al trabajo meramente un salario de mercado, el mínimo necesario para asegurar sus servicios, el capital debería recibir el salario de mercado necesario para asegurar sus servicios, y el resto debería ir al trabajo y al público consumidor.*[55]

A partir de este argumento cuasi marxista, Brookings construye, de forma bastante vaga y sin apoyo detallado, las líneas generales de las propuestas necesarias para combatir los "males" del sistema de mercado imperante. De estas propuestas, "La primera es la revisión

---

[53] R. S. Brookings, Economic Democracy, (Nueva York: Macmillan, 1929), p. xvi.

[54] Ibídem, pp. XXI-XXII.

[55] R. S. Brookings, Industrial Ownership (Nueva York: Macmillan, 1925), p. 28.

de las leyes antimonopolio de forma que permitan una amplia cooperación".[56] Esto, argumenta Brookings, tendría dos efectos: impulsar la investigación y el desarrollo y aplanar el ciclo económico. Brookings no explica cómo se derivan estos objetivos de la "cooperación", pero cita extensamente a Herbert Hoover para apoyar su argumento, y en particular el artículo de Hoover, "If Business Doesn't, Government Will".[57]

Luego, como buen socialista, Brookings concluye: "Las corporaciones gestionadas eficientemente no tienen nada que temer de una supervisión pública inteligente diseñada para proteger al público y al comercio por igual de minorías codiciosas e intratables".[58] Esto es necesario porque, argumenta Brookings en otro lugar, las estadísticas indican que la mayoría de las empresas funcionan de forma ineficiente, "por lo que sabemos por triste experiencia que la competencia ciega o ignorante no ha logrado hacer su contribución razonable a través de las ganancias a nuestras necesidades económicas nacionales."[59]

En 1932 Brookings salió de su caparazón en *The Way Forward* para hablar aún más abiertamente de la evolución del comunismo soviético:

> *La condena verbal del comunismo, ahora tan popular en Estados Unidos, no nos llevará a ninguna parte. La decisión entre capitalismo y comunismo depende de un punto. ¿Puede el capitalismo adaptarse a esta nueva era? ¿Puede salir de su viejo individualismo, dominado por el egoísta afán de lucro, y crear así una nueva época cooperativa con planificación y control social, que pueda servir, mejor que hasta ahora, al bienestar de todo el pueblo? Si puede, puede sobrevivir. Si no puede, alguna*

---

[56] Ibídem, p. 44.

[57] The Nation's Business, 5 de junio de 1924, pp. 7-8.

[58] Brookings, Industrial Ownership, op. cit., p. 56.

[59] Brookings, Economic Democracy, op. cit., p. 4.

> *forma de comunismo será impuesta a nuestros hijos. ¡Asegúrese de eso!*[60]

Y en el mismo libro Brookings tiene buenas palabras sobre otro sistema de trabajos forzados, el fascismo italiano:

> *Aunque Italia es una autocracia bajo la dictadura del Duce, todos los intereses económicos del país tienen la oportunidad de discutir y negociar para que puedan, de mutuo acuerdo, llegar a un compromiso justo de sus diferencias. El gobierno no permitirá, sin embargo, ni a través de cierres patronales ni de huelgas, ninguna interferencia con la productividad de la nación, y si, en última instancia, los grupos no consiguen ponerse de acuerdo entre ellos, el gobierno, a través de su ministro o del tribunal laboral, determina la solución de todos los problemas. En Italia como en otras partes, sin embargo, la autocracia del capital parece existir, y el sentimiento general entre las clases trabajadoras es que el gobierno favorece a los empresarios.*[61]

Lo que predomina en los escritos de Brookings es su predilección por cualquier sistema social, comunismo, fascismo, llámese como se quiera, que reduzca la iniciativa y el esfuerzo individuales y los sustituya por la experiencia y el funcionamiento colectivos. Lo que Brookings y sus colegas filósofos financieros no dicen es la identidad de los pocos que dirigen el colectivo de trabajos forzados.

Está implícito en sus argumentos que los operadores del sistema serán los propios socialistas corporativos.

De las propuestas puramente teóricas de Brookings podemos pasar a las de George W. Perkins, que combinaba propuestas paralelas con algunas formas efectivas, pero poco morales, de llevarlas a la

---

[60] R. S. Brookings, The Way Forward (Nueva York: Macmillan, 1932), p. 6.

[61] Ibídem, p. 8.

práctica.

George W. Perkins fue el enérgico constructor de la gran New York Life Insurance Company. Perkins fue también, junto con Kahn y Brookings, un articulado expositor de los males de la competencia y de las grandes ventajas que se obtienen de la cooperación ordenada en los negocios. Perkins predicó este tema colectivista en una serie de conferencias impartidas por hombres de negocios en la Universidad de Columbia en diciembre de 1907. Su discurso no fue un éxito rotundo; su biógrafo John Garraty afirma que cuando terminó:

> *... El presidente de Columbia, Nicholas Murray Butler, se apresuró a marcharse sin una palabra de felicitación, evidentemente creyendo, según Perkins, que había invitado sin saberlo a un peligroso radical a Morningside Heights. Porque Perkins había atacado algunos de los conceptos básicos de la competencia y la libre empresa.*[62]

Garraty resume la filosofía empresarial de Perkins:

> *El principio fundamental de la vida es la cooperación y no la competición: tal fue la idea que Perkins desarrolló en su charla. La competencia es cruel, derrochadora, destructiva, anticuada; la cooperación, inherente a cualquier teoría de un Universo bien ordenado, es humana, eficiente, inevitable y moderna.*[63]

De nuevo, como en el caso de Brookings, encontramos propuestas para "eliminar el despilfarro" y una mayor "planificación" de los recursos materiales y humanos, así como el concepto de que las grandes empresas tienen "responsabilidades para con la sociedad" y es más probable que actúen de forma justa con los trabajadores que

---

[62] John A. Garraty, *Right Hand Man: The Life of George W. Perkins*, (Nueva York: Harper & Row, s.f.), p. 216.

[63] Ibid.

las pequeñas empresas. Estas frases altisonantes son, por supuesto, impresionantes, sobre todo si New York Life Insurance hubiera estado a la altura de sus sermones de bien hacer social. Desgraciadamente, cuando indagamos un poco más, encontramos pruebas de que New York Life Insurance cometió irregularidades y de que el Estado de Nueva York investigó esas irregularidades y descubrió que el comportamiento empresarial de New York Life era decididamente antisocial. En 1905- 06 el Comité Armstrong (el Comité Conjunto de Investigación de Seguros de Vida de la Legislatura del Estado de Nueva York) descubrió que New York Life Insurance Company había sido un contribuyente liberal al Comité Nacional Republicano en 1896, 1900 y 1904. Sin lugar a dudas, estas contribuciones financieras estaban destinadas a promover los intereses de la compañía en los círculos políticos. En 1905, John A. McCall, presidente de New York Life Insurance, fue llamado a comparecer ante el comité de investigación de Nueva York y procedió a avanzar la idea de que la derrota de Byran y la acuñación libre de la plata era para él una cuestión *moral*. Según McCall, "....I consintió un pago para derrotar a la plata libre, no para derrotar al partido demócrata, sino para derrotar la herejía de la plata libre, y gracias a Dios que lo hice".[64]

En la misma audiencia, el vicepresidente de Mutual Life Insurance también avanzó el interesante concepto de que las empresas tenían el "deber" de "escamotear" ideas y políticas no deseadas. La historia de la financiación empresarial de la política difícilmente ha mantenido los principios de la Constitución y de una sociedad libre. Más concretamente, existe una flagrante incoherencia entre los principios de cooperación para el bien social propugnados por Perkins y sus colegas empresarios y el comportamiento antisocial contemporáneo de su propia New York Life Insurance Company.

En resumen, los principios del socialismo corporativo no son más que una fina fachada para la adquisición de riqueza por unos pocos

---

[64] Citado en Louise Overacker, *Money in Elections*, (Nueva York: Macmillan, 1932), p. 18.

a expensas de la mayoría.

Ahora podemos analizar con provecho la prédica de los financieros más íntimamente relacionados con Roosevelt y el New Deal. Uno de esos financieros-filósofos que expresó sus ideas colectivistas por escrito fue Edward Filene (1860-1937). Los Filene eran una familia de hombres de negocios muy innovadores, propietarios de los grandes almacenes William Filene's Sons Co. en Boston. Un vicepresidente de Filene's se convirtió en uno de los tres mosqueteros que dirigían la Administración Nacional de Recuperación en 1933; los otros dos del triunvirato eran Walter Teagle, presidente de Standard Oil, y John Raskob, vicepresidente de Du Pont y General Motors.

Desde principios de siglo, Edward Filene se ocupó de asuntos públicos. Fue presidente de la Comisión de Planificación Metropolitana de Boston, promotor de bancos populares y prestó ayuda a diversos movimientos cooperativos. Filene participó activamente en la Cruz Roja y la Cámara de Comercio de Estados Unidos; fue uno de los fundadores de la Liga para el Cumplimiento de la Paz; fundador y más tarde presidente de la Liga Cooperativa, posteriormente rebautizada Fondo del Siglo XX; y miembro de la Asociación de Política Exterior y del Consejo de Relaciones Exteriores. En la época de Roosevelt, Filene fue presidente de la Junta de Recuperación del Estado de Massachusetts y participó activamente en la campaña de 1936 para la reelección de FDR. Filene escribió varios libros, dos de los cuales, *The Way Out* (1924)[65] y *Successful Living in this Machine Age,* (1932)[66] , expresan sus inclinaciones filosóficas. En *The Way Out,* Filene hace hincapié en el tema de la reducción del despilfarro y la miopía de la competencia y subraya el valor de la cooperación entre empresas y

---

[65] Edward A. Filene, *The Way Out,* (A Forecast of Coming Changes in American Business and Industry) (Nueva York: Doubleday, Page, 1924).

[66] Edward A. Filene, *Successful Living in this Machine Age* (Nueva York: Simon & Schuster, 1932).

gobiernos. Filene resume su argumento de la siguiente manera:

> *Hay dos cosas claras. La primera es que el negocio, para ser un buen negocio, debe ser conducido como un servicio público. La segunda es que el mejor servicio público posible de los hombres de negocios es el que prestan en y a través de los negocios privados del mundo.*[67]

Este tema de "el servicio público es un negocio privado" se amplía en otro de sus libros:

> *Mi postura es que las empresas deben emprender una planificación social, pero no con el propósito de extinguir nuevas teorías ni de preservar las antiguas, sino porque ha habido una revolución social. El antiguo orden ha desaparecido y no hay ninguna posibilidad de recuperarlo. Vivimos en un mundo nuevo. Es un mundo en el que la producción en masa ha relacionado a todo el mundo con todo el mundo; y nuestros planes, por lo tanto, deben tener en cuenta a todo el mundo.*[68]

También encontramos en Filene el argumento de que "el camino hacia la paz es el equilibrio de poder", una repetición de una fórmula del siglo XIX resucitada por Henry Kissinger en la década de 1970 y que siempre ha conducido en última instancia a la guerra y no a la paz. Filene formula su versión de la siguiente manera:

> *No es de extrañar que hubiera guerras. Pronto se descubrió que la paz sólo podía mantenerse mediante un equilibrio de poder entre los grandes competidores, y ese equilibrio de poder se rompía con frecuencia. Finalmente, toda esta situación imposible estalló en la mayor guerra de la historia de la humanidad. La Guerra Mundial no causó el cambio mundial que hemos estado*

---

[67] Filene, *The Way Out*, op. cit., p. 281.

[68] Filene, Successful Living in This Machine Age, op. cit., p. 269.

> *observando últimamente. Fue, más bien, uno de los fenómenos de ese cambio, del mismo modo que la Revolución Francesa fue un fenómeno de la Primera Revolución Industrial.*[69]

Este tema de la promoción del interés público como una cuestión de beneficio primordial para la propia empresa se encuentra también en Myron C. Taylor, presidente de United States Steel Company. El interés público, argumenta Taylor, necesita la cooperación de las empresas para una producción racional. La ceguera de las grandes empresas queda clara cuando Taylor niega que esto también sería restricción del comercio. Taylor omite explicar cómo podemos ajustar la producción al consumo sin obligar a quienes no quieran cooperar. Taylor resume sus propuestas de la siguiente manera:

> *Se trata, pues, de descubrir lo que poseemos como nación y aprender a utilizarlo en lugar de salir en busca de lo nuevo sólo porque es nuevo. La industria tiene la responsabilidad primordial de encontrar la manera de promover el interés público y los intereses de sus propios productores, empleados, distribuidores y clientes, elaborando y llevando a cabo los planes constructivos que permitan las leyes actuales, actuando abiertamente y, en la medida de lo posible, en cooperación con el Gobierno. Confieso que me resulta muy difícil creer que los planes constructivos y cooperativos emprendidos sinceramente por una industria básica para ajustar racionalmente la producción a la demanda en esa industria, y que evitan cualquier intento de fijar o controlar artificialmente los precios, puedan considerarse como una restricción del comercio. Porque el único efecto sería eliminar los impedimentos vitales de la producción, el comercio y promover los intereses públicos.*[70]

---

[69] Ibídem, p. 79.

[70] De Samuel Crowther, *A Basis for Stability*, (Boston: Little, Brown, 1932), p.

La contribución de la Standard Oil a esta liturgia la expresa Walter C. Teagle, presidente de la Standard Oil Company de Nueva Jersey y nombrado por el presidente Roosevelt para un alto cargo en su ANR. Teagle formula su versión del socialismo corporativo de la siguiente manera:

> *Los males de la industria petrolera son peculiares de esa industria y requieren remedios peculiares. Éstos son la modificación de las leyes antimonopolio, la cooperación entre productores y el ejercicio del poder de policía de los Estados.*[71]

De forma más contundente que los demás, Teagle quiere que el poder policial del Estado imponga la cooperación voluntaria:

> *La cooperación voluntaria dentro de la industria no es suficiente para remediar sus males. No sería suficiente ni siquiera si se eliminaran las restricciones legales a la cooperación, aunque la supresión de tales restricciones supondría un enorme progreso.*
>
> *Para proteger los derechos correlativos de los productores y hacer cumplir las leyes de conservación adecuadas debe emplearse el poder policial de el Estado. Esta es una cuestión de Estado, más que de acción federal, pero la cooperación entre varios Estados y entre las unidades operativas de la industria también será necesaria si la producción en el país en general se limita a los mercados de la nación.*
>
> *La solución del problema depende, por tanto, de la cooperación voluntaria dentro de la industria, del ejercicio del poder de policía del Estado y de la cooperación entre los distintos Estados afectados y entre las unites(sic) de la industria en los distintos Estados.*

59.

[71] Ibídem, p. 111.

> *Para ello, será necesario revisar las leyes antimonopolio estatales y federales.*[72]

Estos extractos reflejan la perspectiva básica de nuestros filósofos financieros de Wall Street. No se trataba de figuras menores de la calle. Al contrario, eran los elementos poderosos e influyentes y, en casos significativos, estaban asociados a Roosevelt y al New Deal. Otto Kahn fue uno de los principales impulsores del Sistema de la Reserva Federal. Lamont y Perkins fueron figuras clave en los campos de la banca y los seguros. El empresario Brookings dio su nombre y su dinero al influyente instituto de investigación que elaboró los informes en los que se basó gran parte de la política. Louis Kirstein, vicepresidente de la firma Filene's, y Walter Teagle, de Standard Oil, se convirtieron en dos de los tres hombres dominantes que dirigieron la Administración Nacional de Recuperación bajo la dirección de Hugh Johnson, protegido de Bernard Baruch. Bernard Baruch fue probablemente el Wall Streeter más prestigioso de todos los tiempos, quizás incluso superando en influencia tanto a Morgan como a Rockefeller. A continuación examinaremos a Baruch y a los Warburg.

¿Cuál era la filosofía de los financieros descrita hasta ahora? Desde luego, cualquier cosa menos la competencia del laissez-faire, que era el último sistema que contemplaban. El socialismo, el comunismo, el fascismo o sus variantes eran aceptables. El ideal para estos financieros era la "cooperación", forzada si era necesario. El individualismo estaba descartado, y la competencia era inmoral. En cambio, la cooperación se defendía sistemáticamente como algo moral y digno, y en ninguna parte se rechaza la compulsión como algo inmoral. ¿Por qué? Porque, cuando se quita la verborrea de las frases altisonantes, la cooperación obligatoria era su camino de oro hacia el monopolio legal. Bajo la apariencia de servicio público, objetivos sociales y bienhechores varios, se trata fundamentalmente de "Que la sociedad trabaje para Wall Street".

---

[72] Ibídem, p. 113.

Capítulo 6

Preludio del New Deal

Sea cual sea el partido que gane la partida, lo más seguro es que los tiranos o los demagogos ocupen los cargos.

Asambleísta Clinton Roosevelt de Nueva York, 1841.

La historia completa de la construcción del socialismo corporativo en Estados Unidos, tal como lo concibieron los financieros-filósofos identificados en el capítulo anterior, está fuera del alcance de este libro, pero podemos obtener mayores perspectivas a través de una breve mirada a algunas facetas del proceso histórico: por ejemplo, el sistema de Clinton Roosevelt un siglo antes de FDR, la Junta de Industrias de Guerra de Bernard Baruch y el Sistema de la Reserva Federal de Paul Warburg.

En 1841, el primo lejano de FDR, el asambleísta Clinton Roosevelt de Nueva York, propuso un esquema parecido al New Deal para la planificación económica y el control de la sociedad por unos pocos. Bajo la presidencia de Woodrow Wilson en 1918 Bernard Baruch, socialista corporativo *por excelencia*, siguió las líneas generales del esquema de Roosevelt, casi con toda seguridad sin saberlo y probablemente atribuible a algún paralelismo inconsciente de acción, cuando estableció la Junta de Industrias de Guerra, el precursor organizativo de la Administración de Recuperación Nacional de 1933. Algunos de los miembros de la élite empresarial del WIB de 1918 nombrados por Baruch -Hugh Johnson, por ejemplo- encontraron nichos administrativos en la NRA de Roosevelt. En 1922, el entonces Secretario de Comercio Herbert Hoover y el prometedor Wall Streeter Franklin D. Roosevelt unieron sus fuerzas para promover las asociaciones comerciales, poniendo en práctica las propuestas de planificación económica de posguerra de Bernard Baruch. Poco después, el antiguo editor socialista Benito Mussolini marchó sobre Roma y estableció -con la ayuda liberal de la J.P. Morgan Company- el Estado corporativo italiano cuya estructura organizativa recuerda claramente a la NRA de Roosevelt. En Estados Unidos, la glorificación de Mussolini y sus logros italianos fue promovida por los siempre presentes financieros Thomas Lamont, Otto Kahn y otros. Sólo mencionaremos brevemente la implicación de Wall Street tanto con la Rusia bolchevique como con la Alemania de Hitler -ambos Estados totalitarios gobernados por una élite autoproclamada-, ya que el tratamiento completo de estos aspectos se aborda en otros volúmenes.[73] En resumen, la construcción de la Administración de Recuperación Nacional de Roosevelt no fue más que una faceta de un proceso histórico más amplio: la construcción de sistemas económicos en los que unos pocos podían beneficiarse a expensas de la mayoría, el ciudadano-contribuyente-en-la-calle, y todo ello, por supuesto, promovido bajo la apariencia del bien público, ya fuera la Rusia de Stalin, la Italia de Mussolini, la Alemania de Hitler o el New Deal de Roosevelt.

ANR del asambleísta Clinton Roosevelt - 1841

El asambleísta neoyorquino Clinton Roosevelt era primo en el siglo XIX de Franklin Delano Roosevelt y, por cierto, también pariente del presidente Theodore Roosevelt, de John Quincy Adams y del presidente Martin Van Buren. El único esfuerzo literario de Clinton Roosevelt se encuentra en un raro folleto fechado en 1841.[74] En

---

[73] Sobre Wall Street y los primeros bolcheviques, véase Sutton, *Bolshevik Revolution*, op. cit. La implicación de Wall Street en el ascenso de Hitler y el nazismo alemán es el tema de un libro de próxima publicación.

[74] Clinton Roosevelt, *The Science of Government Founded on Natural Law* (Nueva York: Dean & Trevett, 1841). Se conocen dos ejemplares de este libro: uno en la Biblioteca del Congreso, Washington D.C., y otro en la Biblioteca de la Universidad de Harvard. La existencia del libro no consta en la última edición del catálogo de la Biblioteca del Congreso, pero sí en la edición anterior de 1959 (página 75). Emanuel J. Josephson publicó una edición facsímil como parte de su *Roosevelt's Communist Manifesto* (Nueva York: Chedney Press, 1955).

esencia, se trata de una discusión socrática entre el autor Roosevelt y un "Productor" que presumiblemente representa al resto de nosotros (es decir, a los muchos). Roosevelt propone un gobierno totalitario en la línea de la sociedad de 1984 de George Orwell, donde toda individualidad se sumerge en un colectivo dirigido por un grupo aristocrático elitista (es decir, los pocos) que promulga toda la legislación. Roosevelt exigió el abandono definitivo, pero no inmediato, de la Constitución P. [Productor] Pero vuelvo a preguntar: ¿Abandonaría usted de inmediato las viejas doctrinas de la Constitución?

A. [De ninguna manera. No más que si uno estuviera en un barco agujereado debería saltar por la borda para salvarse de ahogarse. Se trata de un barco armado apresuradamente cuando abandonamos la bandera británica, y entonces se pensó que era un experimento de muy dudoso resultado.[75]

Esta temprana expresión del escepticismo de la familia Roosevelt hacia la Constitución nos trae a la memoria el rechazo del Tribunal Supremo en octubre de 1934 (*Schechter Poultry Corp. v. U.S.*) de otra desviación rooseveltiana, una desviación "sin restricciones" según el tribunal, de las reglas de una sociedad constitucional: la Ley de Recuperación Nacional, en sí misma una extraña réplica del programa de Clinton Roosevelt de 1841 para una economía colectiva.

El anterior sistema rooseveltiano dependía "En primer lugar, del arte y la ciencia de la cooperación. Esto es, poner el todo al servicio del beneficio mutuo".[76] Esta cooperación, es decir, la capacidad de poner el todo al servicio de los intereses de unos pocos, es, como hemos visto, el tema que engloba los escritos y las prédicas de Otto Kahn, Robert Brookings, Edward Filene, Myron Taylor y los demás financieros-filósofos analizados en el capítulo 5. En el esquema de Roosevelt, cada hombre asciende a través de grados específicos en

---

[75] Ibid.

[76] Ibid.

el sistema social y se le asigna la clase de trabajo para la que es más adecuado, estando la elección de la ocupación estrictamente circunscrita. En palabras de Clinton Roosevelt:

P. ¿A quién le corresponderá nombrar a cada clase?

A. La del Gran Mariscal.

P. ¿Quién será responsable de que los hombres nombrados sean los mejor cualificados ?

A. Un Tribunal de fisiólogos, filósofos morales, agricultores y mecánicos, elegidos por el Gran Mariscal y responsables ante él.

P. ¿Obligaría a un ciudadano a someterse a sus decisiones en la elección de una vocación?

A. No. Si alguien de buen carácter insistiera, podría probar hasta encontrar la ocupación más afín a sus gustos y sentimientos.[77]

En el sistema, la producción debía equipararse al consumo, y el tratamiento de los "excesos y deficiencias" reflejaba las ideas perseguidas en el Plan Swope,[78] la base literaria de la ANR de Roosevelt. El sistema es ciertamente afín al utilizado en la Junta de Industrias de Guerra de Bernard Baruch durante la Primera Guerra Mundial. Así es como Clinton Roosevelt describe las funciones del Mariscal de la Creación, cuyo trabajo consiste en equilibrar la producción y el consumo:

P. ¿Cuál es el deber del Alguacil de la orden Creadora o Productora?

A. Deberá estimar la cantidad de productos y manufacturas necesarias para producir una suficiencia en cada departamento por

---

[77] Ibid.

[78] Véase el anexo A.

debajo de él. Cuando esté en funcionamiento, informará de los excesos y deficiencias al Gran Mariscal.

P. ¿Cómo descubrirá tales excesos y deficiencias?

A. Los distintos comerciantes le informarán de la demanda y los suministros en cada línea de negocio, como se verá más adelante.

P. Bajo este orden están la agricultura, las manufacturas y el comercio, según tengo entendido. ¿Cuál es entonces la función del Comisario de Agricultura?

A. Debe tener bajo su mando cuatro regiones, o si no, el comercio exterior debe compensar la deficiencia.

P. ¿Qué cuatro regiones?

A. La región templada, la cálida, la caliente y la acuática.

P. ¿Por qué dividirlos así?

A. Porque los productos de estas diferentes regiones requieren diferentes sistemas de cultivo, y están propiamente sujetos a diferentes mentes.[79]

Luego hay un Mariscal de Fabricantes que supervisa todo el sistema - similar a la posición de Baruch como dictador económico en 1918 y la posición de Hugh Johnson como Administrador de la Administración de Recuperación Nacional en 1933. Las funciones del Mariscal son descritas por Clinton Roosevelt de la siguiente manera:

P. ¿Cuáles son las funciones del Jefe de los Fabricantes?

------

[79] Clinton Roosevelt, The Science of Government Founded on Natural Law, op. cit.

A. Dividirá a los hombres en cinco clases generales, según el diagrama impreso.

1º. Los fabricantes de todos los medios de defensa contra la intemperie.

2d. Todo tipo de viandas.

3d. Metales y minerales.

4º. Química.

5º. Maquinaria.

Todos estos tienen en los diagramas impresos, estandartes, con una gloria en un lado y un lema apropiado en el reverso, mostrando la ventaja que cada clase es para todas las demás: y por cierto, nos gustaría señalar, esto debería ser adoptado universalmente, para dar una dirección justa al amor del hombre por la gloria.

Si nos remitimos a la tabla y a lo que se ha observado anteriormente, las obligaciones de los funcionarios de este departamento resultarán evidentes.

Por supuesto, las categorías industriales de 1841 no son precisamente las de 1930, pero puede trazarse una similitud generalizada. La 1ª división es la de prendas de vestir y tejidos, limitada en 1841 al algodón, la lana y el lino, pero ampliada hoy a los materiales sintéticos, incluidos los plásticos y las fibras. La 2ª división es la dedicada a los productos alimenticios. La 3ª división está dedicada a las materias primas, y la 4ª incluye los medicamentos. La 5ª es la maquinaria. En la actualidad, la 5ª división comprende las numerosas subdivisiones de la ingeniería electrónica, mecánica y civil, pero las cinco categorías podrían utilizarse para dividir una economía moderna.

La sociedad de Clinton Roosevelt puede resumirse en su frase: "El sistema debe gobernar, y el sistema debe velar principalmente por el bien general".

La dictadura de guerra de Bernard Baruch

Mientras que el Sistema de la Reserva Federal y su monopolio legal privado de la oferta monetaria ha sido una fuente de riqueza para sus operadores, el objetivo final de hacer que la sociedad funcione para unos pocos, tal como lo esbozaron Frederick Howe y Clinton Roosevelt, sólo puede lograrse mediante el control planificado de toda la economía, y esto requiere la adhesión obligatoria de los muchos pequeños empresarios a los dictados de los pocos que deciden los planes a seguir.

La génesis de la NRA de Roosevelt, un sistema que incluía la adhesión obligatoria de los pequeños empresarios a un plan ideado por las grandes empresas, se remonta a la U.S. War Industries Board de Bernard Baruch, creada y elaborada como medida de emergencia en tiempos de guerra. En 1915, antes de que Estados Unidos entrara en la Primera Guerra Mundial, Howard E. Coffin, entonces presidente de General Electric, dirigió el Comité de Preparación Industrial de Estados Unidos. En compañía de Bernard Baruch y Daniel Willard, del Ferrocarril de Baltimore y Ohio, Coffin fue también miembro de la Comisión Asesora del Consejo de Defensa Nacional. En 1915 Bernard Baruch fue invitado por el presidente Woodrow Wilson a diseñar un plan para un comité de movilización de defensa. Este plan de Baruch se convirtió posteriormente en la Junta de Industrias de Guerra, que absorbió y sustituyó a la antigua Junta General de Municiones. Margaret L. Coit, biógrafa de Baruch, describe la Junta de Industrias de Guerra como un concepto similar al de las asociaciones comerciales cooperativas, un dispositivo deseado durante mucho tiempo por Wall Street para controlar los rigores no deseados de la competencia en el mercado:

Comités de industria, grandes empresas y pequeñas empresas, ambas representadas en Washington, y ambas con representación en Washington de vuelta a casa-esto podría ser la espina dorsal de toda la estructura.[80]

En marzo de 1918, el presidente Wilson, actuando sin autoridad del Congreso, había dotado a Baruch de más poder que el que se había concedido a cualquier otra persona en la historia de Estados Unidos. La Junta de Industrias de Guerra, con Baruch como presidente, se convirtió en responsable de la construcción de todas las fábricas y del suministro de todas las materias primas, todos los productos y todos los transportes, y todas sus decisiones finales recaían en el presidente Bernard Baruch. En resumen, Baruch se convirtió en dictador económico de Estados Unidos, o "Mariscal de los Fabricantes" en el esquema de Clinton Roosevelt. Sin embargo, como señala Margaret Coit, "... la creación de esta oficina nunca fue específicamente autorizada por una Ley del Congreso".[81]

Así que para el verano de 1918 Baruch, con poderes extraordinarios e inconstitucionales, había, según sus propias palabras, "desarrollado finalmente un esquema de 'control' positivo sobre la mayor parte del tejido industrial.... El éxito engendró coraje para más éxito, y comercio tras comercio fue tomado bajo control con una creciente voluntad por parte de los intereses afectados."[82]

En el momento del armisticio, el W.I.B. estaba formado por Baruch (presidente), Alexander Legge de International Harvester (vicepresidente), con E.B. Parker y R.S. Brookings (cuyas ideas ya hemos examinado) a cargo de la fijación de precios. Los ayudantes del presidente eran: Herbert Bayard Swope, hermano de Gerard Swope, de General Electric; Clarence Dillon, de la firma Dillon,

---

[80] Margaret L. Coit, Mr. Baruch (Boston: Houghton, Mifflin, 1957), p. 147.

[81] Ibídem, p. 172.

[82] Bernard M. Baruch, *American Industry in the War: A Report of the War Industries Board* (marzo de 1921), con una introducción de Hugh S. Johnson (Nueva York: Prentice-Hall, 1941) (incluye "una reimpresión del informe de la Junta de Industrias de Guerra de la Primera Guerra Mundial, el propio programa del Sr. Baruch para la movilización total de la nación, tal como fue presentado a la Comisión de Políticas de Guerra en 1931, y material actual sobre prioridades y fijación de precios").

Read & Co. de Wall Street; Harrison Williams; y Harold T. Clark.[83]

El informe final de Baruch sobre la actividad del W.I.B. era mucho más que una historia de sus operaciones; era también un plan específico y una recomendación para la planificación económica en tiempos de paz.

Baruch no se contentó con resumir las lecciones que debían aprenderse para la planificación en tiempos de guerra o para la preparación industrial en tiempos de paz intranquila. Al contrario, las conclusiones de Baruch se dirigían, según sus propias palabras, a las "prácticas industriales de la paz" y a hacer recomendaciones "relativas a las prácticas empresariales de tiempos normales". La mayor parte de las conclusiones están relacionadas con el cambio de un sistema económico planificado en tiempos de guerra a un sistema económico planificado en tiempos de paz, e incluso las sugerencias para las prácticas en tiempos de guerra están relacionadas con las funciones en tiempos de paz. Baruch sugirió que las más importantes "lecciones directas de guerra a derivar" del funcionamiento de la Junta de Industrias de Guerra eran:

> 1. El establecimiento de una organización esquelética en tiempos de paz con 50 divisiones de productos básicos, reunidas para mantenerse al corriente del desarrollo de la industria y elaborar información. La idea central de esta propuesta era que se recopilara la información necesaria para la planificación en tiempos de paz y que la dirección de la organización partiera de la industria a gran escala o principal.

---

[83] Para una lista completa del personal del W.I.B., véase Grosvenor B. Clarkson, Industrial America in the World War (Nueva York: Houghton, Mifflin, 1923), Apéndice III. A la luz del capítulo 11, más adelante, resulta curioso observar que numerosos miembros del comité del W.I.B. tienen oficinas en el número 120 de Broadway, entre ellos Murry W. Guggenheim, Stephen Birch (Kennecott Copper), Edward W. Brush (American Smelting and Refining), F. Y. Robertson (United States Metals Refining Co.), Harry F. Sinclair (Sinclair Refining Co.), Charles W. Baker (American Zinc) y Sidney J. Jennings (United States Smelting, Refining and Mining Co.).

2. Que el gobierno "debe idear algún sistema para proteger y estimular la producción interna de ciertas materias primas utilizadas en la guerra", y
3. Que las industrias relacionadas con la guerra deben ser alentadas por el gobierno a mantener organizaciones esqueléticas para su uso en tiempos de guerra.

Aparte de estas sugerencias bastante elementales, Baruch se ocupa en el informe exclusivamente de la "planificación" en tiempos de paz. En primer lugar se nos presenta la patraña de que, de alguna manera no expresada, "los procesos del comercio" han cambiado y ahora se ven obligados a ceder ante "ciertos nuevos principios de supervisión". A este non sequitur le sigue la afirmación:

Poco a poco nos hemos visto obligados a alejarnos de la vieja doctrina del derecho angloamericano, según la cual la esfera del Gobierno debe limitarse a prevenir el incumplimiento de contratos, el fraude, las lesiones físicas y los daños a la propiedad, y que el Gobierno sólo debe ejercer protección sobre las personas no competentes.

Es necesario, escribe Baruch, que el gobierno "extienda su brazo" para proteger a los "individuos competentes contra las prácticas discriminatorias del poder industrial de masas". Aunque Baruch apunta al control federal de los ferrocarriles y la flota mercante, no explica por qué los representantes de las grandes empresas serían los más indicados para ejercer este control. En otras palabras, no se explica *por qué* se propone al zorro como el ser más competente para dirigir el gallinero. A continuación, Baruch arremete contra las leyes antimonopolio Sherman y Clayton alegando que estos estatutos no son más que esfuerzos por obligar a la industria a ajustarse al molde de "principios más simples suficientes para las condiciones de una época pasada", y alaba el logro de la Junta de Industrias de Guerra porque había construido cientos de asociaciones comerciales que controlaban los precios y los métodos de distribución y producción:

> *Muchos empresarios han experimentado durante la guerra, por primera vez en su carrera, las enormes*

ventajas, tanto para ellos como para el público en general, de la combinación, de la cooperación y de la acción común con sus competidores naturales.

Si no se mantienen estos atributos cooperativos, argumenta Baruch, los empresarios se verán tentados "y muchos de ellos serán incapaces de resistirse" a dirigir "sus negocios en beneficio privado con escasa referencia al bienestar público general". Por otra parte, las asociaciones comerciales pueden ser de gran utilidad pública para lograr el fin deseado de cooperación. Baruch concluye:

La cuestión, entonces, es qué tipo de organización gubernamental se puede idear para salvaguardar el interés público mientras se preserva a estas asociaciones para que lleven a cabo el buen trabajo del que son capaces.

Baruch, como buen socialista, propone organizaciones gubernamentales para desarrollar estos principios de cooperación y coordinación.

Si el lector se despoja por un momento de la idea de un antagonismo mutuo entre comunismo y capitalismo, verá fácilmente en los escritos de Bernard Baruch los objetivos básicos de Karl Marx en *El Manifiesto Comunista*. Lo que difiere entre los dos sistemas son los nombres de los pocos elitistas que dirigen la operación conocida en como planificación estatal; la vanguardia del proletariado en Karl Marx es sustituida por la vanguardia de las grandes empresas en Bernard Baruch.

¿Quién saldría ganando con la propuesta de Baruch? ¿El consumidor? En absoluto, porque los intereses del consumidor *siempre* están protegidos por la libre competencia en el mercado, donde los bienes y servicios se producen al menor coste, de la manera más eficiente, y el consumidor tiene la máxima posibilidad de elegir entre los productores competidores. Los beneficiarios de las propuestas de Baruch serían los pocos que controlan los principales sectores industriales, en particular la siderurgia, las materias primas y los productos eléctricos, es decir, las industrias ya bien establecidas y temerosas de la competencia de los recién llegados más emprendedores. En otras palabras, los que saldrían ganando con su propuesta serían Bernard Baruch y la camarilla de Wall Street que controla efectivamente las grandes empresas a través de sus consejos de administración entrelazados. La cuestión de fondo es: ¿a quién benefician estas propuestas de asociaciones comerciales y de coordinación gubernamental de la industria? Los principales, de hecho los únicos grandes benefactores -aparte de los enjambres de asesores académicos, burócratas y planificadores- serían la élite financiera de Wall Street.

Así que aquí tenemos, en las propias palabras e ideas de Baruch, una puesta en práctica del mandato de Frederic Howe de "hacer que la sociedad trabaje para ti", el monopolista. También se trata de una propuesta comparable al sistema de Clinton Roosevelt. No hay pruebas de que Baruch hubiera oído hablar de Clinton Roosevelt. No era necesario que lo hubiera hecho; las ventajas de la restricción del comercio y la oportunidad siempre han sido obvias para la empresa ya establecida. Por lo tanto, no sorprenderá encontrar a Bernard Baruch en el núcleo mismo de la NRA de Roosevelt, que a su vez es paralela a muchas de las propuestas de posguerra de Baruch, y que tuvo una inversión de 200.000 dólares en la elección de FDR. Esto explica por qué el personal de Baruch en la Primera Guerra Mundial aparece en el New Deal. El general Hugh Johnson, por ejemplo, pasó los años veinte estudiando la organización industrial a expensas de Baruch y en 1933 se convirtió en jefe de la Administración de Recuperación Nacional. También explica por qué Franklin Delano Roosevelt, él mismo un Wall Streeter durante gran parte de los años veinte, fue cofundador con Herbert Hoover -otro Wall Streeter en los años veinte- de la primera de las asociaciones comerciales propuestas por Baruch, la American Steel Construction Association, de la que hablaremos en el próximo capítulo.

Paralelamente a las ideas de Bernard Baruch, que fructificaron en la NRA, existe un ejemplo contemporáneo mucho más exitoso de socialismo corporativo en la práctica: el Sistema de la Reserva Federal.

Paul Warburg y la creación del sistema de la Reserva Federal

Aunque muchos tuvieron algo que ver, o pensaron que lo habían tenido, en la elaboración de la legislación de la Reserva Federal, esencialmente el sistema fue obra de un solo hombre: Paul Warburg, hermano de Max Warburg, a quien conocimos en el capítulo 3. Paul Moritz Warburg (1868-1932) descendía de la familia de banqueros alemanes Oppenheim. Tras una formación inicial en las oficinas de Samuel Montagu & Co. en Londres y en la Banque Russe Pour le Commerce Étranger en París, Warburg entró en la casa bancaria familiar M.M. Warburg & Co. en Hamburgo. En 1902 Warburg se convirtió en socio de la casa bancaria neoyorquina Kuhn, Loeb & Co. mientras continuaba como socio de Warburg's de Hamburgo. Cinco años más tarde, a raíz del pánico financiero de 1907, Warburg escribió dos panfletos sobre el sistema bancario estadounidense: Defectos y necesidades de nuestro sistema bancario y Un plan para un banco central modificado.[84]

En los años posteriores a 1907, Warburg no perdió ocasión de hablar y escribir públicamente sobre la necesidad de una reforma bancaria y monetaria en Estados Unidos, y en 1910 propuso formalmente un Banco de la Reserva de Estados Unidos. Este plan se convirtió en el Sistema de la Reserva Federal, y Warburg fue nombrado miembro de la primera Junta de la Reserva Federal por el Presidente Woodrow Wilson. Durante la Primera Guerra Mundial surgieron importantes críticas contra Warburg por el papel de su hermano Max en Alemania, y no volvió a ser nombrado miembro de la Junta en 1918. Sin embargo, de 1921 a 1926, cuando las críticas habían remitido, Warburg se convirtió en miembro del Consejo Asesor de la Junta de la Reserva Federal y fue su presidente de 1924 a 1926.

Tras la aprobación de la Ley de la Reserva Federal de 1913, Warburg y sus socios bancarios de se dispusieron rápidamente a utilizar el monopolio bancario legal para sus propios fines y

---

[84] Véase también Paul Warburg, *The Federal Reserve System, Its Origin & Growth*; Reflections & Recollections (Nueva York: Macmillan, 1930).

propósitos, como sugirió Frederic Howe. En 1919 Warburg organizó el American Acceptance Council y fue presidente de su comité ejecutivo en 1919-1920 y presidente en 1921-1922. Luego, en 1921, Warburg organizó y se convirtió en presidente del International Acceptance Bank, Inc. privado, al tiempo que seguía formando parte del Consejo Asesor de la Junta de la Reserva Federal. En 1925 Warburg añadió otros dos bancos privados de aceptación: el American and Continental Corp. y el International Acceptance Trust Co. Estos bancos estaban afiliados al Bank of the Manhattan Company, controlado por Warburg. Como nota al margen, cabe señalar que Paul Warburg también fue director de la American IG Chemical Corp, la filial estadounidense de IG Farben en Alemania. I.G. Farben tuvo un papel destacado en la llegada de Hitler al poder en 1933 y fabricó el gas Zyklon-B utilizado en los campos de concentración nazis. Warburg fue miembro fundador de la Carl Schurz Memorial Foundation, una organización de propaganda creada en 1930, director del prestigioso Council on Foreign Relations, Inc. y fideicomisario de la Brookings Institution.

Pero fue a través de un monopolio virtual de la banca de aceptación estadounidense, logrado por el International Acceptance Bank Inc. y sus unidades afiliadas, que Warburg pudo conseguir que la sociedad se pusiera a trabajar para los Warburg y sus amigos banqueros. El historiador revisionista Murray Rothbard ha examinado los orígenes de la inflación de la década de 1920 que condujo al colapso de 1929 y hace esta pertinente observación:

Aunque la compra de valores estadounidenses ha recibido más publicidad, las letras compradas fueron al menos tan importantes y, de hecho, más importantes que los descuentos. Las letras compradas encabezaron el desfile inflacionista del crédito de la Reserva en 1921 y 1922, fueron considerablemente más importantes que los títulos en el brote inflacionista de 1924, e igualmente importantes en el de 1927. Además, las letras compradas por sí solas continuaron el estímulo inflacionista en la fatídica última mitad de 1928.[85]

¿Cuáles fueron esos "billetes comprados" señalados por Rothbard como los principales culpables de la depresión de 1929? Los billetes comprados eran aceptaciones, y casi todas eran aceptaciones bancarias.

¿Quién creó el mercado de aceptación en Estados Unidos, en gran parte desconocido antes de 1920? Paul Warburg.

¿Quién se hizo con la parte del león de este negocio de aceptación a tipos subvencionados artificialmente bajos? El International Acceptance Bank, Inc.

¿Quién era el International Acceptance Bank, Inc? Su presidente era Paul Warburg, con Felix Warburg y James Paul Warburg como codirectores. Sin embargo, un examen más detallado de la composición de los bancos (véase más adelante la página 95) sugiere que se trataba de un vehículo que representaba a la élite financiera de Wall Street.

¿Sabían los Warburg y sus amigos de Wall Street adónde conduciría su política financiera? En otras palabras, ¿tenía su política financiera de los años veinte elementos de deliberación? Existe un memorando de Paul Warburg en el que se señala claramente que los bancos tenían la capacidad de prevenir la inflación:

Si el Gobierno y los bancos de los Estados Unidos fueran autómatas indefensos, la inflación, sin duda, tendría que sobrevenir. Pero es insultante para nuestros bancos tener la impresión de que no son capaces de cooperar en algún plan común de protección como, por ejemplo, mantener todas las reservas de efectivo por encima de lo requerido por la ley, si de hecho tal medida fuera aconsejable para

---

[85] Murray N. Rothbard, *America's Great Depression* (Los Angeles: Nash Publishing Corp. 1972), p. 117.

la mayor seguridad del país.[86]

En consecuencia, Rothbard concluye acertadamente:

> *Sin duda, el papel de liderazgo de Warburg en el Sistema de la Reserva Federal no fue ajeno a su cosecha de la parte del león de los beneficios de su política de aceptación.[87]*

En resumen, la política de crear aceptaciones a tipos artificiales subvencionados no sólo fue inflacionista, sino que fue el factor más importante, aparentemente una política bancaria deliberada, que condujo a la inflación de los años veinte y al colapso final en 1929, haciendo así que el New Deal de FDR o la planificación económica nacional parecieran necesarios. Además, esto fue, como afirma Rothbard, "...la concesión de un privilegio especial a un pequeño grupo a expensas del público en general". En otras palabras, Wall Street puso a la sociedad estadounidense a trabajar para un oligopolio financiero.

El revolucionario plan de Warburg para conseguir que la sociedad estadounidense se pusiera a trabajar para Wall Street era asombrosamente sencillo. Incluso hoy, en 1975, los teóricos académicos cubren sus pizarras con ecuaciones sin sentido, y el público en general lucha en una confusión desconcertante con la inflación y el colapso crediticio que se avecina, mientras que la explicación bastante simple del problema no se discute y casi no se comprende en su totalidad. El Sistema de la Reserva Federal es un monopolio privado legal de la oferta monetaria operado en beneficio de unos pocos bajo el pretexto de proteger y promover el interés público.

¿Revolucionario? Pues sí. Pero como comentó uno de los admirados

---

[86] Senado de los Estados Unidos, Hearings, Munitions Industry, Part 25, op. cit., p. 8103.

[87] Murray Rothbard, *America's Great Depression*, op. cit., p. 119.

biógrafos de Warburg:

> *Paul M. Warburg es probablemente el hombre más apacible que jamás haya dirigido personalmente una revolución. Fue una revolución incruenta: no intentó levantar en armas a la población. Salió armado simplemente con una idea. Y venció. Eso es lo sorprendente. Un hombre tímido y sensible, impuso su idea a una nación de cien millones de personas.*[88]

¿En qué se diferenciaba esta revolución de Warburg de la revolución socialista ? Sólo en el hecho de que en el socialismo, una vez alcanzada la revolución y reunido el poder del Estado en las manos ideológicas adecuadas, las recompensas personales acumuladas no suelen ser tan sustanciales -aunque los feudos labrados por el nacionalsocialista Hitler y los soviéticos modernos pueden cuestionar esta observación- ni los resultados tan velados. La dictadura monetaria de los soviéticos es obvia. La dictadura monetaria del Sistema de la Reserva Federal es silenciada y evadida.

Deberíamos entonces examinar más de cerca el Banco de Aceptación Internacional, el vehículo utilizado para esta revolucionaria maniobra explotadora, porque proporciona señales válidas de que Wall Street también tendría un interés real en la planificación económica nacional y en un New Deal tipo FDR.

El Banco de Aceptación Internacional, Inc.

El banco se fundó en 1921 en Nueva York y estaba afiliado al Bank of the Manhattan Company de Warburg. Sin embargo, el consejo de administración sugiere que los elementos más importantes de Wall Street también tenían un interés y control significativos en el International Acceptance Bank y se beneficiaban de él. Además, encontramos un vínculo sorprendente entre sus instituciones financieras afiliadas y un plan general para establecer el socialismo

---

[88] Harold Kellock, "Warburg, the Revolutionist", en The Century Magazine, mayo de 1915, p. 79.

corporativo en Estados Unidos.

Como hemos señalado, Paul M. Warburg era el presidente del consejo: su hermano Felix, también socio de Kuhn Loeb & Co., y su hijo James P. Warburg eran codirectores. El vicepresidente del consejo era John Stewart Baker, también presidente y director del Bank of Manhattan Trust Co. y de la International Manhattan Co., así como presidente del comité ejecutivo y director de la Manhattan Trust Co. Baker también era director de la American Trust Co. y de la New York Title and Mortgage Co. F. Abbot Goodhue fue presidente y director del International Acceptance Bank, miembro del consejo de los demás bancos Warburg y director del First National Bank of Boston. Otros directores del International Acceptance Bank eran Newcomb Carlton, director del Chase National Bank, controlado por Rockefeller, de la Metropolitan Life Insurance Co, controlada por Morgan, y de otras grandes empresas como la American Express Co, la American Sugar Refining Co, y la American Telegraph and Cable Co. Newcomb Carlton fue también director de American Telegraph and Cable y director de American International Corporation, empresa íntimamente relacionada con la revolución bolchevique.[89] Otro director del International Acceptance Bank que también fue director de American International Corp. fue Charles A. Stone, ubicado en el 120 de Broadway y director del Banco de la Reserva Federal de 1919 a 1932. Bronson Winthrop también fue director tanto de American International Corp. como de International Acceptance Corp. Por lo tanto, tres directores del International Acceptance Bank tenían cargos directivos entrelazados con American International Corp., el vehículo clave en la participación de Estados Unidos en la revolución bolchevique.

Otro director del International Acceptance Bank era David Franklin Houston, que también era director de la Carnegie Corp., la Guaranty Trust Co. controlada por Morgan, U.S. Steel y A.T.& T., así como presidente de la Mutual Life Insurance Co. Otros directores de I.A.B. incluían a Philip Stockton, presidente del First National Bank

---

[89] Véase Sutton, Bolshevik Revolution, op. cit., capítulo 8.

of Boston, y director de A.T. & T., General Electric, International Power Securities, y muchas otras compañías; William Skinner, director de Irving Trust Co, Equitable Life Assurance y Union Square Savings Bank; Charles Bronson Seger, director de Aviation Corp., Guaranty Trust Co. y W.A. Harriman; Otto V. Schrenk, director de Agfa Ansco Corp., Krupp Nirosta y Mercedes Benz Co.; y Henry Tatnall, director de Girard Trust Co. Paul Warburg era también un director de Agfa Ansco, Inc, una firma 60 por ciento poseído por I. G. Farben y un "frente" para I.G. en los Estados Unidos.

En resumen, los directivos del International Acceptance Bank reflejaban los sectores más poderosos de Wall Street: los Morgan, los Rockefeller y Harriman, así como los banqueros de Boston.

Además, Warburg mantuvo una estrecha relación durante toda su vida con los Roosevelt, desde su infancia hasta el New Deal. Esta asociación Warburg-Roosevelt queda ilustrada por un extracto de las memorias de James P. Warburg: "Sucedió que yo había conocido al hijo mayor del Presidente electo, James Roosevelt, durante algunos años, porque había estado viviendo en una de las casitas de campo de la finca de mi tío Félix en White Plains".[90]

Más tarde, el mismo James P. Warburg se convirtió en asesor del presidente Franklin D. Roosevelt en asuntos monetarios nacionales e internacionales. El profundo interés de los Warburg por el programa de la ANR se refleja en un memorando de Warburg a FDR de 1933:

> *Memorándum para el Presidente: El Problema de la Moneda Nacional. A mi juicio, la Administración nunca se ha enfrentado a una situación más grave que la actual. Todo el programa de recuperación, que es el corazón de su política, está en peligro por la incertidumbre y la duda en el campo monetario. La Ley de Recuperación*

---

[90] James P. Warburg, *The Long Road Home: The Autobiography of a Maverick* (Garden City: Doubleday, 1964), p. 106.

> *Nacional no puede funcionar con ningún fin útil si existe el temor a una depreciación monetaria de cuantía desconocida y el miedo a la experimentación monetaria. Ya se ha producido una tremenda fuga de capitales, y esta fuga continuará a un ritmo cada vez mayor mientras prevalezca la incertidumbre.*[91]

Después, siguiendo la proclividad de Warburg al monopolio, James Warburg recomendó a FDR que *todas las* ideas, acciones y decisiones monetarias se centralizaran en el Departamento del Tesoro y en la Junta de la Reserva Federal.

Obviamente, esta propuesta garantizaría que todas las decisiones monetarias fueran tomadas por el grupo elitista asociado al Banco de Aceptación Internacional y al Sistema de la Reserva Federal. El Secretario del Tesoro en julio de 1933, cuando James Warburg escribió su memorándum a FDR, era William H. Woodin, que había sido director del FRB de Nueva York de 1925 a 1931. También podemos citar las propias asociaciones de FDR con el Sistema de la Reserva Federal. Su "tío favorito" Frederic Delano fue nombrado vicepresidente de la Junta de la Reserva Federal por el presidente Woodrow Wilson en 1914, y de 1931 a 1936 Delano fue presidente del consejo del Banco de la Reserva Federal de Richmond, Virginia. FDR nombró a Delano presidente de la Junta de Planificación de Recursos Nacionales en 1934.

En 1933-34, Estados Unidos se enfrentó a la mayor crisis financiera de su historia. ¿Y qué hizo FDR? Llamó como médicos financieros a los mismos operadores responsables de la crisis, una política tan sensata como permitir que los locos dirigieran el manicomio.

Así, encontramos asociaciones entre Franklin D. Roosevelt, la familia Warburg y el sistema de banca central inspirado en Warburg que van desde la infancia hasta el nombramiento de Warburg como asesor monetario clave de FDR. Más adelante veremos que fue

---

[91] Franklin D. Roosevelt and Foreign Affairs, Vol. I, p. 325. Memorándum de James P. Warburg a Roosevelt, 24 de julio de 1933.

Warburg quien determinó la forma final de la Administración Nacional de Recuperación Industrial. Por otra parte, la familia Warburg y sus amigos de Wall Street controlaban el monopolio monetario privado conocido como Sistema de la Reserva Federal y, a través del Banco de Aceptación Internacional, explotaban ese monopolio para sus propios fines.

Los Padres Fundadores demostraron una profunda sabiduría y perspicacia sobre los peligros de un monopolio de emisión de papel moneda que se refleja en el Artículo I, Sección 9 de la Constitución de Estados Unidos: "Ningún Estado podrá... hacer otra cosa que monedas de oro y plata como moneda de cambio para el pago de deudas....".

Hace tiempo que debería haberse presentado un recurso de inconstitucionalidad contra la emisión de billetes de la Reserva Federal por parte de un monopolio bancario privado, el Sistema de la Reserva Federal. Esperemos que el valor del dólar no tenga que reducirse a cero, como ocurrió con el marco en la Alemania posterior a la Primera Guerra Mundial, antes de que el Tribunal Supremo de los Estados Unidos inicie y sostenga dicha impugnación.

Capítulo 7

Roosevelt, Hoover y los Consejos de Comercio

Las personas del mismo oficio rara vez se reúnen ni siquiera para divertirse, sino que la conversación termina en una conspiración contra el público o en alguna estratagema para subir los precios.

Adam Smith, An Inquiry into the Nature and Causes of the Wealth of Nations (Londres: George Routledge, 1942), p. 102.

La idea de hacer que la sociedad trabaje para un grupo privilegiado dentro de esa sociedad no se originó ni entre los socialistas corporativos de Wall Street, ni en la comunidad financiera en general, ni siquiera entre los socialistas marxianos. De hecho, la noción es anterior a nuestra propia sociedad industrial, y existe un interesante paralelismo entre los códigos del New Deal estadounidense (que examinaremos más adelante) y la legislación comercial del siglo XIII en Inglaterra.[92]

Un New Deal medieval

En 1291, los curtidores de Norwich (Inglaterra) fueron llevados ante el tribunal local acusados de organizar y codificar sus actividades de

---

[92] Véase Erwin F. Meyer, "English Medieval Industrial Codes" en *The American Federationist*, enero de 1934. Meyer establece algunos paralelismos fascinantes entre los gremios medievales y la práctica de la ANR bajo Roosevelt. En la época medieval, el resultado, al igual que en la década de 1930, fue la creación de "una oligarquía de capitalistas" en la economía inglesa.

curtido en detrimento de los ciudadanos locales. Dos años más tarde, en 1293, los zapateros y fabricantes de sillas de montar de Norwich se enfrentaron a acusaciones similares en. Al "engrasar" a los legisladores, el poder político de la Norwich medieval llegó a la conclusión de que, después de todo, los curtidores necesitaban protección.

Esta protección llegó a incorporar los mismos principios básicos de planificación económica que casi 700 años después se plantearon en el New Deal de Roosevelt. Así, en 1307 se codificó legalmente la industria del curtido de Norwich y se prescribieron los salarios y las condiciones de trabajo, todo ello bajo el pretexto de proteger al consumidor, pero concediendo en la práctica un monopolio legal a los curtidores.

En la década anterior al New Deal, durante los años veinte, Wall Streeter Roosevelt actuó en nombre de las empresas para promover estas mismas ideas básicas de utilizar el poder policial del Estado para restringir el comercio, fomentar la cooperación y utilizar la regulación gubernamental para inhibir la competencia no deseada de empresas externas más eficientes. Las asociaciones comerciales de los años veinte eran más recatadas en sus propuestas que los curtidores de Norwich del siglo XIII, pero el principio subyacente era el mismo.

Por desgracia, el papel de Franklin D. Roosevelt en el Wall Street de los años veinte ha sido ignorado por los historiadores. Daniel Fusfield observa correctamente que FDR "tomó parte activa en el movimiento de asociaciones comerciales que se convertiría en la N.R.A. de principios del New Deal"[93]. Por otra parte, Fusfield, que ofrece la única descripción extensa de las actividades empresariales de FDR, concluye que su actitud hacia los negocios era "una curiosa mezcla". FDR, dice Fusfield, era "insistente en que los meros beneficios no eran una justificación plena para la actividad empresarial", que un hombre de negocios también debe "tener el

---

[93] Daniel R. Fusfield, *El pensamiento económico de Franklin D. Roosevelt y los orígenes del New Deal.*

motivo del servicio público". Para Fusfield, esto era incompatible con la participación "en una serie de empresas abiertamente especulativas y promocionales que poco tenían que ver con el servicio al público."[94]

Fusfield y sus colegas historiadores de la era Roosevelt no han observado que el "servicio público" para un hombre de negocios es absolutamente coherente con la "maximización del beneficio"; de hecho, el servicio público es el camino más fácil y, sin duda, el más lucrativo para la maximización del beneficio. Además, cuanto más arriesgado y especulativo sea el negocio, presumiblemente mayor será la ventaja que se obtenga del servicio público.

Cuando adoptamos esta visión más realista del bienhechorismo social, la actitud de Wall Streeter Roosevelt hacia las empresas no es en absoluto "curiosa". De hecho, es un programa coherente de maximización de beneficios.

El Consejo Americano de la Construcción

El Consejo Americano de la Construcción (A.C.C.), creado en mayo de 1922, fue la primera de las numerosas asociaciones comerciales creadas en la década de 1920, dispositivos utilizados para subir los precios y reducir la producción. La propuesta original y el impulso del consejo procedieron del Secretario de Comercio Herbert Hoover, y el consejo funcionó bajo la dirección de Franklin D. Roosevelt, que entonces acababa de iniciar su carrera en Wall Street tras su servicio como Subsecretario de la Marina. Los objetivos públicos declarados del A.C.C. eran un "código ético" (un eufemismo para restringir el comercio), la eficiencia y la estandarización de la producción. Lo más importante, aunque menos publicitado, era que la A.C.C. iba a proporcionar a la industria la oportunidad de fijar sus propios precios y niveles de producción sin temor a que el gobierno emprendiera acciones judiciales

---

[94] Ibid.

antimonopolio. El *New York Times* informaba de ello:

> *Son estas tremendas posibilidades, en la dedicación al servicio público y la eliminación del despilfarro, las que han encendido la imaginación de los Sres. Hoover y Roosevelt y les han invitado a aceptar posiciones de liderazgo en el movimiento.*[95]

Al igual que los comités de fijación de precios de la Junta de Industrias de Guerra de Baruch, el A.C.C. era en realidad una primitiva asociación industrial, aunque el pretencioso objetivo declarado del consejo era:

> *... situar a la industria de la construcción en un plano elevado de integridad y eficiencia y correlacionar los esfuerzos hacia la mejora realizados por los organismos existentes a través de una asociación dedicada a la mejora del servicio dentro de la industria de la construcción...."*[96]

y así estabilizar las condiciones en beneficio de la industria, los trabajadores y el público en general. Este era también el objetivo de Baruch para las asociaciones comerciales en tiempos de paz: regular la industria bajo el control del gobierno, citando al mismo tiempo el bien público. En el American Construction Council, el bien público se anunciaba como la eliminación de los escándalos descubiertos por la Comisión Lockwood que investigaba la industria de la construcción de Nueva York.

Sin embargo, como ese escándalo tenía que ver en gran parte con el trato exclusivo y otras condiciones coercitivas similares impuestas a los contratistas y constructores por la United States Steel Corporation y Bethlehem Steel, el anunciado bien público tiene poco sentido. Estos gigantes de la industria estaban controlados por

---

[95] The *New York Times*, 15 de mayo de 1922, p. 19.

[96] Citado en Fusfield, Economic Thought, op. cit., p. 102.

los intereses de Morgan en Wall Street que, como veremos, también estaban en el origen de la propuesta de la A.C.C. En resumen, las supuestas condiciones antisociales que debía resolver una asociación comercial podrían haberse atajado de forma mucho más sencilla y eficaz con un memorándum de J.P. Morgan y sus socios; no había necesidad de promover una asociación comercial para poner fin a tales abusos. Así que debemos buscar en otra parte la razón de las asociaciones comerciales. La verdadera razón, por supuesto, es proteger a la industria de la competencia no deseada y establecer condiciones de monopolio para los que ya están en el negocio. Como nos dijo Howe, un monopolio legal es el camino seguro hacia el beneficio. Fue la formación de este monopolio legal lo que indujo a Roosevelt y Herbert Hoover a unirse en contra del interés público, aunque, según Freidel:

> *El amigo de FDR, Elliott Brown, le advirtió contra las tendencias "socialistas" de estas asociaciones y de Hoover en concreto. Socialista, porque en el momento en que se forma una combinación, el Gobierno hará valer un interés y expresará ese interés a través de algún empleado del Departamento de Comercio, que aprobará o desaprobará muchos asuntos que afectan a la iniciativa y el bienestar de todos los peepul (sic).*[97]

El papel de FDR no es realmente sorprendente. Por aquel entonces intentaba poner en marcha una carrera empresarial. Tenía contactos políticos y estaba más que dispuesto, de hecho deseoso, de utilizarlos. Por otra parte, existe una extraña dicotomía en las ideas y prácticas de Herbert Hoover en este ámbito de la relación entre el gobierno y las empresas. Herbert Hoover declaró su adhesión a los principios de la libre empresa y la iniciativa individual y su recelo ante la intervención del gobierno. Estas afirmaciones se mezclaban con otras contrarias que alentaban, e incluso autorizaban, la intervención gubernamental por motivos casi triviales. Desgraciadamente, las Memorias de Herbert Hoover, la única fuente finalmente autorizada, no resuelven estos conflictos. El Consejo

---

[97] Freidel, La ordalía, op. cit., p. 152.

Americano de la Construcción no se menciona en las Memorias de Hoover, aunque el Volumen II, "El Gabinete y la Presidencia", subraya los males de la intervención gubernamental en la economía, señalando el comunismo, el socialismo y el fascismo para comentar: "Esta cura de izquierdas para todos los males empresariales" aparece ahora como "planificación nacional". Hoover añadió que los "abusos" empresariales eran sólo "marginales" y que en lugar de tener la intervención del gobierno"... más allá y mejor que incluso eso era la cooperación en la comunidad empresarial para curar sus propios abusos."[98]

Por otra parte, la correspondencia privada de Hoover con Roosevelt sobre el Consejo Americano de la Construcción sugiere que Hoover, si bien estaba a favor de la intervención gubernamental, tuvo cuidado de disimular este continuo interés por temor a que la oposición pública cayera sobre su propia cabeza y arruinara la propuesta. Una carta de Hoover a Roosevelt fechada el 12 de junio de 1923 deja claro este punto:

12 de junio de 1923

Franklin D. Roosevelt, Vice Pres.

Fidelity and Deposit Company of Maryland 120 Broadway

Nueva York

Mi querido Roosevelt:

> *Su telegrama del 7 de junio me tiene en un dilema. Esperaba que el Consejo de la Construcción procediera únicamente de las industrias, sin presiones de la Administración. De lo contrario, pronto se encontrará con la misma oposición que todas las intervenciones*

---

[98] Las Memorias de Herbert Hoover. The Cabinet and the Presidency 1920-1933, (Londres: Hollis y Carter 1952), p. 67.

> *gubernamentales en este problema.*

> *El amplio sentimiento de la comunidad empresarial contra la interferencia del Gobierno tiende a destruir incluso un esfuerzo voluntario si se piensa que se lleva a cabo por inspiración gubernamental.*

> *Atentamente*

> *Herbert Hoover*

En cualquier caso, el Consejo Americano de la Construcción fue una asociación cooperativa de empresas, trabajadores y gobierno formada en Washington el 19 de junio a sugerencia y bajo la dirección del Secretario Hoover del Departamento de Comercio (que) ha dado los primeros pasos para poner en marcha un programa de esfuerzo de construcción que, se espera, eliminará muchos de los males que se han desarrollado en la industria durante la última década.[99]

Así, fue el empresario libre Herbert Hoover quien se convirtió en el patrocinador de la primera de las asociaciones comerciales, el Consejo Americano de la Construcción, que fue diseñado para incluir a arquitectos, ingenieros, mano de obra de la construcción, contratistas generales, subcontratistas, fabricantes de materiales y equipos, distribuidores de materiales y equipos, intereses de fianzas, seguros e inmobiliarios y los departamentos de construcción de los gobiernos federal, estatal y municipal.[100]

La reunión de organización del Consejo Americano de la Construcción se celebró en la casa de FDR en Nueva York y asistieron unas 20 personas. Este grupo debatió el concepto del consejo y, en particular, si debía ser un centro de intercambio de información para las diferentes asociaciones nacionales, un centro

---

[99] The *New York Times*, 9 de julio de 1922, VIII 1:3.

[100] The *New York Times*, 15 de mayo de 1922, p. 19, col. 8. 8.

de intercambio de información administrativo, o si debía ser una organización militante activa y agresiva (sic) al servicio del bien público de la industria de la construcción.[101]

Se decidió por unanimidad que el consejo debía ser una organización militante agresiva y no un mero centro de intercambio de información. Este concepto se discutió con Dwight Morrow, de la firma J.P. Morgan; con el Sr. Dick, secretario del juez Gary de la U.S. Steel Corporation; con Gano Dunn, presidente de J.G. White Engineering Corporation; y con Stone & Webster. Es interesante observar que la mayoría de estas personas y empresas ocupan un lugar destacado en mi volumen anterior, *Wall Street y la revolución bolchevique*.

Después de que el sector financiero expresara su apoyo a la A.C.C., se solicitó la reacción del sector de la construcción en general. Este trabajo preliminar culminó en una reunión organizativa en el Hotel Washington, Washington D.C., el martes 20 de junio de 1922. Franklin D. Roosevelt fue elegido presidente del Consejo y John B. Larner, vicepresidente de la American Bankers Association, tesorero. El presidente del comité de finanzas fue Willis H. Booth, de Guaranty Trust Company. A continuación, el comité estableció sus comisiones y fijó las prioridades de sus problemas.

La interpretación de Roosevelt sobre las causas de los problemas de la industria de la construcción fue recogida por The *New York Times*: "En los últimos años, la industria de la construcción se ha caracterizado por ir a trompicones. No ha habido sistema, ni cooperación, ni planificación nacional intensiva".

Tras señalar que un ferroviario no es despedido por el mal tiempo, Roosevelt comentó:

> *En la construcción, sin embargo, tenemos ese gran fastidio de nuestra vida económica que es el trabajo*

---

[101] Actas del Consejo Ejecutivo del American Construction Council, 20 de junio de 1922. Archivos FDR, Grupo 14: Consejo Americano de la Construcción.

> *estacional. Todo el trabajo se concentra en los meses de verano y nada se hace durante el invierno. Los resultados de esta acumulación son evidentes. En verano tenemos escasez de mano de obra y precios por las nubes, en invierno desempleo y recorte de ingresos. Lo único que perdura a lo largo del año es la amargura de los hombres dedicados al trabajo.[102]*

¿Cómo proponía FDR cambiar todo esto?

Gran parte del trabajo puede repartirse a lo largo del año. No hay ninguna razón en el mundo por la que un mecánico cualificado que vive en Nueva York, por ejemplo , deba ser llamado en junio para ayudar a construir un edificio público en Georgia. Georgia puede construir en épocas del año en las que a Nueva York le resulta imposible hacerlo; lo mismo puede hacer Luisiana y todos los Estados del Sur.

La sugerencia de Roosevelt, un non sequitur sin sentido, fue que la industria de la construcción debía "unirse en esta situación: trasladar los materiales de construcción durante la temporada baja y repartir la mano de obra". En una de las primeras reuniones de la junta directiva, celebrada en la casa de FDR en Nueva York el 16 de mayo de 1923, FDR llamó la atención sobre el camino que había seguido el consejo: "Se organizó el Consejo Americano de la Construcción, pero francamente, no ha hecho ni una maldita cosa desde entonces hasta ahora, excepto recaudar cuotas de unas 115 organizaciones diferentes, creo".

FDR planteó la elección básica a los gobernadores reunidos:

---

[102] The *New York Times*, 4 de junio de 1922. Se busca en vano una propuesta practicable y viable para resolver los supuestos problemas de la industria de la construcción. Las sugerencias más válidas presentadas por Roosevelt y sus colegas planificadores exigían cambiar el clima para permitir la construcción durante todo el año o el movimiento de hombres y materiales mediante la "planificación." Por supuesto, un sistema de mercado mueve hombres y materiales automáticamente, un punto presumiblemente desconocido para FDR.

¿querían seguir a la vieja usanza, "Construir todo lo que podamos, pagando cualquier precio con tal de que nos den las órdenes"? Porque si ése era el caso, dijo FDR, "más nos valdría aplazar". Por otra parte, prosiguió, no parecía que ésa fuera la opinión de la mayoría, y "queremos volver al verdadero propósito básico del Consejo, que era evitar este tipo de cosas." Luego siguieron una serie de propuestas de resolución, aprobadas por unanimidad, que tendrían el efecto de ralentizar la construcción. El Consejo siguió teniendo sus problemas, resumidos en una carta del 29 de abril de 1924 del vicepresidente ejecutivo D. Knickerbocker Boyd a Franklin D. Roosevelt, "para llamar la atención sobre la gravísima situación de los asuntos existentes en este momento". Boyd recordaba a FDR que el secretario ejecutivo, Dwight L. Hoopingarner, había prestado sus servicios "prácticamente" sin cobrar, y que se le debían 7.000 dólares en salarios atrasados. Boyd añadió: "Esto no es justo ni correcto y no debe permitirse que continúe. No sólo se le deberían pagar rápidamente todos los atrasos, sino que se le debería asegurar una pronta retribución en el futuro, o se debería suspender el trabajo". A continuación, Boyd comentó que él también esperaba una recompensa por el tiempo invertido en el trabajo del consejo, señalando que el tiempo invertido hasta la fecha ascendía a 3168,41 dólares, además de los gastos de viaje. Boyd sugirió que el consejo asumiera sus responsabilidades, se dotara de una base financiera adecuada o se disolviera. El último párrafo de la carta de Boyd demuestra el objetivo fundamental de quienes promueven el American Construction Council:

> *Si el Consejo dejara de existir, sería, en mi opinión, una calamidad para todo el país, ya que dudo que después de este segundo esfuerzo para nacionalizar la gran industria de la construcción sobre líneas humanas, se pudiera encontrar suficiente gente con el entusiasmo, la fe y la paciencia para hacer un tercer intento.*

Franklin D. Roosevelt, presidente del American Construction Council, había abogado por la "planificación económica"; ahora el vicepresidente ejecutivo reconoce un "esfuerzo por nacionalizar" la industria de la construcción. Este esfuerzo por organizar la industria de la construcción bajo la somnolienta mirada del gobierno, declaradamente por el bien público, fracasó.

Capítulo 8

Wall Street compra el New Deal

B.M. [Bernard Baruch] desempeñó un papel más eficaz. Las sedes no tenían dinero. A veces ni siquiera podían pagar la factura de radio de los discursos del candidato. No tenían prácticamente nada para continuar la campaña en el crítico estado de Maine. Cada vez que se producía una crisis, B.M. daba el dinero necesario o salía a buscarlo.

Hugh S. Johnson, El águila azul del huevo a la tierra
(Nueva York: Doubleday, Doran, 1935), p. 141.
Sobre la campaña de FDR en 1932.

La campaña presidencial de 1928 enfrentó al gobernador Alfred E. Smith, un católico respaldado por Tammany Hall y con un tinte colectivista en su forma de hacer política, con Herbert Hoover, un cuáquero que profesaba su inclinación por el individualismo y la autoayuda tradicionales en Estados Unidos. Herbert Hoover ganó por 21.392.000 votos frente a los 15.016.000 de Smith.

¿Dónde depositaron los banqueros-filósofos de Wall Street su apoyo e influencia en la elección Smith-Hoover? Sobre la base de la interpretación aceptada de la filosofía de los financieros, su apoyo debería haber ido a Herbert Hoover. Hoover promovió las muy queridas asociaciones comerciales, muy queridas, es decir, por la comunidad financiera y empresarial. Además, en *American Individualism*[103] Herbert Hoover dejó claro que el sistema ideal para Estados Unidos no era, según sus propias palabras, "ningún sistema

---

[103] New York: Doubleday, Page 1922.

de laissez faire" sino, por el contrario, una economía regulada. Por otra parte, el miembro más vocalmente político del establishment financiero de Wall Street en 1928 era John J. Raskob, vicepresidente de Du Pont y de General Motors y director de Bankers Trust Co. y de County Trust Co. Ante la insistencia personal del gobernador Al Smith, Raskob se convirtió en presidente del Comité de Finanzas del Partido Demócrata. Raskob fue también el mayor contribuyente individual, aportando más de 350.000 dólares a la campaña. ¿Cuáles eran los objetivos políticos perseguidos por Raskob y sus aliados que hacían de Al Smith un candidato tan atractivo?

En 1928, John J. Raskob, Bernard Baruch y otros miembros de Wall Street dieron a conocer públicamente los elementos clave de lo que se convertiría en el programa de Recuperación Nacional. La promoción de la NRA de Roosevelt data en realidad de los discursos que Raskob pronunció en 1928 en la campaña presidencial de Al Smith. Aunque tanto Al Smith como Herbert Hoover dependían en gran medida del "círculo de oro" de Wall Street para obtener fondos electorales, como detallaremos más adelante en este capítulo, el dinero de Du Pont-Raskob-Baruch fue en gran medida para Al Smith.

Smith, por supuesto, perdió las elecciones de 1928 para los demócratas, y Herbert Hoover se convirtió en el presidente republicano. A pesar del tibio trato recibido por Wall Street, Hoover nombró a muchos miembros de Wall Street para sus comités y consejos. Luego, a mediados de 1932, ante la disyuntiva de elegir entre un programa de Recuperación Nacional en la forma del Plan Swope o políticas menos fascistas, Hoover se negó a instituir el socialismo corporativo, identificó el Plan Swope como lo que era y atrajo la ira de Wall Street sobre su cabeza.

En consecuencia, podemos rastrear y rastrearemos en este capítulo las propuestas de Baruch para la ANR y el respaldo financiero a los dos candidatos presidenciales en cada elección por parte de Raskob, Baruch, Du Pont, Rockefeller y otros miembros de la élite financiera. El principal respaldo en cada caso fue para el candidato demócrata dispuesto a promover el socialismo corporativo. En 1928 fue Al Smith, que también era director de la Metropolitan Life

Insurance Company, controlada por Morgan; en 1930 fue Roosevelt, con las contribuciones anticipadas previas a la convención para la contienda Hoover-Roosevelt de 1932. Esto fue seguido a mediados de 1932 por la retirada de gran parte del apoyo de Wall Street a Herbert Hoover y la transferencia al por mayor de influencia y dinero hacia la elección de Roosevelt.

Posteriormente, FDR no abandonó a sus partidarios. Se prometió la Ley de Recuperación Nacional, con su capacidad incorporada para coaccionar a las pequeñas empresas, y en junio de 1933 se convirtió en ley. Veamos pues más de cerca estos acontecimientos y las pruebas relacionadas.

La influencia de Bernard Baruch en FDR

Según sus propias declaraciones, Hugh Johnson, administrador de la NRA de Roosevelt, pasó por un programa de formación en los años veinte bajo la tutela de Bernard Baruch. Johnson relata esta experiencia de la siguiente manera:

> *Dudo que nadie tuviera un acceso más directo y completo a las fuentes de información que B.M., y siempre me dio carta blanca para consultar y recurrir a los científicos y expertos que pudiera necesitar. Fui durante varios años el único personal de investigación que mantuvo de forma permanente. Aquello y lo que vino antes fue un gran entrenamiento para el servicio en la ANR porque estos estudios cubrían un segmento considerable de toda la industria americana y la experiencia con el gobierno unía a ambos.*[104]

El propio Johnson considera los discursos de Raskob de septiembre y octubre de 1928 en la campaña de Al Smith como el inicio de la ANR de Roosevelt:

---

[104] Hugh S. Johnson, The Blue Eagle from Egg to Earth (Nueva York: Doubleday, Doran, 1935), p. 116.

"No había nada particularmente nuevo en la esencia o los principios desarrollados. Habíamos elaborado y expresado precisamente la misma filosofía en la campaña de Al Smith en 1928...."[105]

Al Smith, el candidato presidencial demócrata de 1928 era, como hemos señalado, director de Metropolitan Life Insurance, la mayor compañía de seguros de vida de EE.UU. y controlada por J.P. Morgan, y la mayor parte de los fondos de su campaña procedían del círculo dorado de Wall Street. Bernard Baruch esbozó el plan de la NRA propiamente dicho el 1 de mayo de 1930 -un día propicio para una medida socialista- en un discurso en Boston. El contenido de la NRA estaba todo ahí, la regulación, los códigos, la aplicación y la zanahoria del bienestar para los trabajadores. Se repitió en la plataforma de Baruch de junio de 1932, la que Herbert Hoover se negó a adoptar. La ANR fue presentada de nuevo por Baruch en testimonios ante el Senado y en discursos ante la Brookings Institution y en la Universidad Johns Hopkins. En total, Hugh Johnson cuenta diez documentos y discursos, todos presentados antes de la elección de Roosevelt en 1932, en los que

"se encontrará el desarrollo de la filosofía económica de la campaña de 1928 y de casi todo lo ocurrido desde entonces. De una parte de esta filosofía la ANR fue una expresión concreta".[106]

Los siguientes extractos del discurso de Baruch del 1 de mayo de 1930 contienen el núcleo de sus propuestas:

Lo que las empresas necesitan es un foro común en el que los problemas que requieren cooperación puedan ser considerados y se pueda actuar sobre ellos con la sanción constructiva y no política del gobierno. Puede haber sido una política pública sensata prohibir por ley cualquier cosa que tuviera que ver con la regulación de

---

[105] Ibídem, p. 141.

[106] Ibídem, p. 157.

> *la producción cuando el mundo temía la hambruna, pero es una locura pública decretar el funcionamiento ilimitado de un sistema que degüella periódicamente masas indigeribles de productos no consumibles. Ninguna oficina represiva, inquisitorial, mediocre responderá; debemos tener un nuevo concepto para este propósito, un tribunal investido como el Tribunal Supremo, con tanto prestigio y dignidad que nuestros mayores líderes empresariales estarán encantados de despojarse de todo interés personal en los negocios y servir allí. Al igual que el Tribunal Supremo, debe ser absolutamente apolítico.*

No debería tener poder para reprimir o coaccionar, pero sí para convocar conferencias, sugerir y sancionar o conceder licencias para la cooperación de sentido común entre unidades industriales que impidan que nuestras bendiciones económicas se conviertan en cargas insoportables. Su único poder punitivo debería consistir en prescribir las condiciones de sus licencias y revocarlas en caso de incumplimiento de dichas condiciones.

Sus deliberaciones deberían ser públicas y totalmente científicas, redactadas como el informe de un ingeniero y publicadas para todo el mundo. Un sistema así salvaguardaría el interés público y debería sustituir a las ciegas mantas inhibitorias de las leyes Sherman y Clayton...

No es el gobierno en los negocios en el sentido que aquí se condena. Es sólo una relajación del control que el gobierno ya ha ejercido sobre las empresas mediante las Leyes Antimonopolio. No hay ninguna falacia en restringir el ruinoso exceso de producción, una política que el Gobierno Federal está instando ahora vigorosamente a la Agricultura. Sin embargo, si no hay nada en el cambio de concepto de precedente burocrático al de un foro abierto donde las empresas puedan practicar el autogobierno de grupo, actuando por su propia iniciativa bajo la sanción de un tribunal apolítico, constructivo y útil, entonces la idea no es factible. Pero que existe la posibilidad de tal autogobierno industrial bajo sanción gubernamental quedó claramente demostrado en 1918. Se plantean muchas dificultades. En primer lugar, todo lo que se hace en la euforia y el fervor de la guerra debe aceptarse como criterio sólo con cautela.

En la regulación de la producción, el precio es una consideración. Es un tema cargado de dinamita.

Hay otras reservas obvias. La idea resurge en este momento crítico porque parece digna de consideración como ayuda en un amenazador desarrollo económico "de alcance inusitado" y como alternativa a la interferencia gubernamental y a la vasta extensión de los poderes políticos en el campo económico, una eventualidad que, en ausencia de una acción constructiva por parte de las propias empresas, es casi tan segura como la muerte y los impuestos.[107]

Baruch deseaba, según sus propias palabras, una resurrección de las asociaciones comerciales, la relajación de las leyes antimonopolio y el control de los líderes empresariales, y devuelve al lector a la Junta de Industrias de Guerra de 1918. Sin duda, Baruch sugiere "ningún poder para coaccionar" y deliberaciones "abiertas", pero tales protestas de buena fe tienen poco peso a la luz de la historia económica y de los furiosos esfuerzos pasados por establecer cárteles y combinaciones para restringir el comercio por parte de este mismo grupo. Fue para promover este fin que se proporcionó apoyo financiero tanto a los candidatos demócratas como a los republicanos; la mayor parte de la financiación se originó en una zona geográfica relativamente pequeña de Nueva York.

Wall Street financia la campaña presidencial de 1928

La dirección del apoyo político puede medirse e identificarse por el apoyo financiero relacionado. Se pueden identificar los orígenes de las contribuciones financieras a las campañas de Smith y Hoover de 1928, y descubrimos, en contra de las creencias predominantes, que fueron los demócratas quienes recibieron la mayor parte de los fondos de Wall Street; como hemos visto, fue en la campaña

---

[107] Ibídem, pp. 156-7. Cursiva en el original.

demócrata donde Baruch y Raskob promulgaron por primera vez las líneas generales de la Ley de Recuperación Nacional.

Tras las elecciones presidenciales de 1928, el Comité Steiwer de la Cámara de Representantes de Estados Unidos investigó las fuentes de los fondos de la campaña canalizados hacia las elecciones[108]. La información detallada se publicó, pero el Comité Steiwer no indagó en los orígenes y afiliaciones empresariales de los contribuyentes: se limitó a enumerar nombres y cantidades aportadas. La tabla XIII del informe se titula "Personas que aportan sumas iguales o superiores a 5.000 dólares en nombre del candidato presidencial republicano". El candidato presidencial republicano era, por supuesto, Herbert Hoover. Esta tabla enumera los nombres completos y las cantidades aportadas, pero sin la afiliación de los contribuyentes. Del mismo modo, la Tabla XIV del informe se titula "Personas que contribuyen con sumas de 5.000 dólares o más en nombre del candidato presidencial demócrata". De nuevo, se dan los nombres completos y las cantidades, pero no se indica la afiliación de la persona.

Estas listas fueron tomadas y cotejadas por el autor con el *Directorio de Directores de la Ciudad de Nueva York 1929-1930.*[109] En los casos en que el contribuyente, según la lista del Comité Steiwer, tenía una dirección dentro de un círculo de una milla alrededor del número 120 de Broadway en Nueva York, se anotaron el nombre y la cantidad aportada. No se anotaron las personas que no figuraban en el directorio y que muy probablemente residían fuera de la ciudad de Nueva York, pero se llevó un registro de las sumas de dinero aportadas por los no residentes en Nueva York. En otras palabras, a partir de los datos del Comité Steiwer se construyeron dos totales: (1) las contribuciones de las personas que figuraban como directores

---

[108] Congreso de los Estados Unidos, Comité Especial del Senado que investiga los gastos de la campaña presidencial, Presidential Campaign Expenditures. Report Pursuant to S. Res. 234, February 25 (Calendar Day, February 28), 1929. 70º Congreso, 2ª sesión. Senate Rept. 2024 (Washington: Government Printing Office, 1929). Citado en lo sucesivo como Informe del Comité Steiwer.

[109] Nueva York: Directory of Directors Co., 1929.

de empresas con sede en Nueva York y (2) las contribuciones de todas las demás personas. Además, se elaboró una lista con los nombres de los contribuyentes de Nueva York. En la práctica, el procedimiento de investigación estaba sesgado en contra de la inclusión de los directores con sede en Nueva York. Por ejemplo, en la lista del Partido Demócrata, el autor incluyó a Van-Lear Black como no residente en Nueva York, aunque Black era presidente de Fidelity & Casualty Co; la empresa tenía oficinas en el 120 de Broadway, y Franklin D. Roosevelt fue su vicepresidente en Nueva York en a principios de los años veinte. Sin embargo, Black tenía su sede en Baltimore y, por tanto, no contaba como director neoyorquino. También Rudolph Spreckels, el millonario del azúcar, aparece en el informe del Comité Steiwer con una contribución de 15.000 dólares, pero no figura en el total de Nueva York, ya que no tenía su base en Nueva York. Del mismo modo, James Byrne contribuyó con 6500 dólares a la campaña de Smith para Presidente, pero no figura como director de Nueva York -era director del Fulton Savings Bank en Brooklyn y fuera del círculo de una milla-. Jesse Jones, el banquero de Texas, contribuyó con 20.000 dólares, pero no figura como director de Nueva York porque era banquero de Texas, no de Nueva York. En otras palabras, la definición de contribuyente de Wall Street era muy estricta y coherente.

Principales contribuyentes de Wall Street a la campaña presidencial de Al Smith - 1928

Nombre	Contribuciones Campaña deficitaria de 1924	1928	Contribución al déficit de 1928	Total
John J. Raskob (Du Pont y General Motors)	-	$110,000	$250,000	$360,000
William F. Kenny (W.A. Harriman)	$25,000	$100,000	$150,000	$275,000
Herbert H. Lehman	$10.000	$100.00	$150,000	$260,000
M.J. Meehan (120 Broadway)	-	$50,000	$100,000	$150,000

Fuente: Adaptado de Louise Overacker, *Money in Elections* (Nueva

York: Macmillan, 1932), p. 155.

Según esta definición restringida, la cantidad total aportada por los directores de Wall Street, en su mayoría relacionados con los principales bancos, a la campaña presidencial de Al Smith en 1928 fue de 1.864.339 dólares. La cantidad total aportada por personas no pertenecientes a este círculo dorado fue de 500.531 dólares, lo que hace un total de 2.364.870 dólares. En resumen, el porcentaje de los fondos de la campaña de Al Smith for President procedentes de personas que donaron más de 5.000 dólares y que también se identificaron como directivos de Wall Street fue del 78,83%. El porcentaje de donantes fuera del círculo dorado fue de apenas el 21,17%. Si miramos el total de contribuyentes de Al Smith de otra manera, los grandes contribuyentes (más de 5.000 dólares) a la campaña de Smith, los que están en mejor posición para pedir y recibir favores políticos, aportaron casi cuatro de cada cinco dólares.

La identidad de los mayores contribuyentes tanto a la campaña de Al Smith como al fondo del Comité Nacional Demócrata figura en las tablas adjuntas.

Contribuyentes de 25.000 dólares o más al Comité Nacional Demócrata de enero a diciembre de 1928 (incluidas las contribuciones enumeradas en el cuadro anterior)

			NOTA
Herbert H. Lehman y Edith A. Lehman	Lehman Brothers, y Studebaker Corp.	$135,000	principal asesor político de FDR
John J. Raskob	Vicepresidente de Du Pont y General Motors	$110,000	Administrador de la ANR
Thomas F. Ryan	Presidente, Bankers Mortgage Co., Houston	$75,000	Presidente de Reconstruction Finance Corp.
Harry Payne Whitney	Fideicomiso de garantía	$50,000	Ver Cap. 10: "El asunto Butler"
Pierre S. Du Pont	Du Pont Company, General Motors	$50,000	Ver Cap. 10: "El asunto Butler"
Bernard M. Baruch	Financiero, 120 Broadway	$37,590	Planificador de la ANR
Robert Sterling Clark	Singer Sewing	$35,000	Ver Cap. 10: "El

	Machine Co.		asunto Butler"
John D. Ryan	National City Bank, Anaconda Copper	$27,000	-
William H. Woodin	General Motors	$25,000	Secretario del Tesoro, 1932

Fuente: Informe del Comité Steiwer, op. cit.

Contribuciones a las primarias presidenciales demócratas de 1928 por parte de directivos de la County Trust Company.

Nombre del Director	Contribución a la campaña y déficit	Otras afiliaciones
Vincent Astor	$10,000	Great Northern Railway, U.S. Trust Co. Trustee, N.Y. Public Library Metropolitan Opera
Howard S. Cullman	$6,500	Vicepresidente, Cullman Brothers, Inc.
William J. Fitzgerald	$6,000	-
Edward J. Kelly	$6,000	-
William F. Kenny	$275,000 **	Presidente y Director, William F. Kenny Co. Director, The Aviation Corp., Chrysler Corp.
Arthur Lehman	$14,000 ***	Socio de Lehman Brothers. Consejero de American International Corp, RKO Corp, Underwood-Elliott-Fisher Co.
M.J. Meehan	$150,000**	61 Broadway
Daniel J. Mooney	-	120 Broadway
John J. Raskob	$360,000 **	Consejero de American International Corp., Bankers Trust Co. y Christiania Securities Co. Vicepresidente de E.I. Du Pont de Nemours & Co. y de General Motors Corp.
James J. Riordan	$10,000	-
Alfred E. Smith	-	Director de Candidatura Presidencial: Metropolitan Life Insurance Co.
Total	$842,000	

Notas: *Los siguientes directores de County Trust Company no contribuyeron (según los registros): John J. Broderick, Peter J. Carey, John J. Cavanagh, William H. English, James P. Geagan, G. Le Boutillier, Ralph W. Long, John J. Pulleyn y Parry D. Saylor.

**Incluye las contribuciones al déficit de la campaña.

***No incluye las contribuciones de otros miembros de la familia Lehman a la campaña presidencial demócrata, que ascendieron a 168.000 dólares.

Viendo los nombres de estas tablas, no sería ni poco amable ni injusto decir que el candidato demócrata fue comprado por Wall Street antes de las elecciones. Además, Al Smith era director de la County Trust Company, y ésta era la fuente de un porcentaje extraordinariamente elevado de los fondos de la campaña demócrata.

Los fondos electorales de Herbert Hoover

Cuando pasamos a la campaña de Herbert Hoover en 1928, también encontramos una dependencia de la financiación de Wall Street, originada en la milla de oro, pero no en la misma medida que en la campaña de Al Smith. De un gran total de donaciones para Herbert Hoover de 3.521.141 dólares, aproximadamente el 51,4% procedía de esta milla de oro de Nueva York y el 48,6% de fuera del distrito financiero.

Contribuciones de 25.000 dólares o más al Comité Nacional Republicano, de enero a diciembre de 1928

Familia Mellon	Banco Nacional Mellon	$50,000
Familia Rockefeller	Standard Oil	$50,000
Familia Guggenheim	Fundición de cobre	$75,000
Eugene Meyer	Banco de la Reserva Federal	$25,000
William Nelson Cromwell	Abogado de Wall Street	$25,000

Otto Kahn	Equitable Trust Company		$25,000
Mortimer Schiff	Banquero		$25,000
		Total	$275,000

Fuente: Informe del Comité Steiwer, op. cit.

Herbert Hoover fue, por supuesto, elegido Presidente; su relación con el auge del socialismo corporativo ha sido malinterpretada en la mayoría de las fuentes académicas y de los medios de comunicación. La mayor parte de la literatura de orientación liberal sostiene que Herbert Hoover era una especie de neandertal laissez faire no reconstruido. Pero este punto de vista es rechazado por las propias declaraciones de Hoover: por ejemplo:

> *Los que sostienen que durante el periodo de mi administración nuestro sistema económico era de laissez faire tienen poco conocimiento del alcance de la regulación gubernamental. La filosofía económica del laissez faire, o "perro come perro", había muerto en Estados Unidos cuarenta años antes, cuando el Congreso aprobó la Comisión Interestatal de Comercio y las leyes antimonopolio de Sherman.*[110]

Murray Rothbard señala[111] que Herbert Hoover fue un destacado partidario del Partido Progresista de Theodore Roosevelt y, según Rothbard, Hoover "desafió de manera neomarxista la visión ortodoxa del laissez-faire de que el trabajo es una mercancía y que los salarios deben regirse por las leyes de la oferta y la demanda".[112] Como Secretario de Comercio, Hoover impulsó la cartelización gubernamental de las empresas y las asociaciones comerciales, y su contribución "sobresaliente", según Rothbard," fue imponer el

---

[110] *Las Memorias de Herbert Hoover: The Cabinet and the Presidency 1920-1923* (Londres: Hollis and Carter, 1952), p. 300.

[111] *New Individualist Review*, invierno de 1966.

[112] Ibídem, p. 5.

socialismo en la industria de la radio", mientras los tribunales trabajaban en un sistema razonable de derechos de propiedad privada sobre las frecuencias de radio. Rothbard explica estas incursiones en el socialismo sobre la base de que Hoover "fue... víctima de una comprensión terriblemente inadecuada de la economía".[113] De hecho, Rothbard sostiene que Herbert Hoover fue el verdadero creador del New Deal de Roosevelt.

Aunque las pruebas presentadas aquí sugieren que Baruch y Raskob tuvieron más que ver con el New Deal de FDR, el argumento de Rothbard tiene cierta validez. Las políticas prácticas de Hoover no fueron coherentes. Hay algunas acciones a favor del libre mercado; hay muchas acciones en contra del libre mercado. Parece plausible que Hoover estuviera dispuesto a aceptar una parte, posiblemente una parte sustancial, de un programa socialista, pero tenía un límite definido más allá del cual no estaba dispuesto a ir.

A lo largo de la década de 1920, en los años posteriores a la formación del Consejo Americano de la Construcción, se adoptaron más de 40 códigos de prácticas recopilados por asociaciones comerciales. Cuando llegó a la presidencia, y a pesar de su temprana asociación con el A.C.C., Herbert Hoover acabó rápidamente con estos códigos industriales. Lo hizo alegando que probablemente se trataba de asociaciones ilegales para vigilar los precios y la producción y que ningún gobierno podía regularlos en interés del público. Posteriormente, en febrero de 1931, la Cámara de Comercio de Estados Unidos formó un grupo denominado Comité para la Continuidad de los Negocios y el Empleo, bajo la dirección de Henry I. Harriman. Este comité presentó propuestas muy parecidas a las del New Deal: que la producción debía equilibrarse para igualar el consumo, que las leyes antimonopolio de Sherman debían modificarse para permitir acuerdos de restricción del comercio, que debía crearse un consejo económico nacional bajo los auspicios de la Cámara de Comercio de EE.UU., y que debían tomarse medidas para reducir las horas de trabajo en la industria, para las pensiones y para el seguro de desempleo. A éste le siguió otro comité de Hoover

---

[113] Ibídem, p.10.

conocido como el Comité sobre Periodos de Trabajo en la Industria, bajo la dirección de P.W. Litchfield, presidente de Goodyear Tire and Rubber Company. A continuación, otro comité dirigido por Walter Teagle, presidente de la Standard Oil Company de Nueva Jersey, recomendó compartir el trabajo, una propuesta respaldada por el Comité Litchfield. Luego llegó el Plan Swope en 1931 (véase el Apéndice A). Los planes estaban a punto de llegar, pero Herbert Hoover hizo muy poco al respecto.

Así, bajo el mandato de Herbert Hoover, mientras las grandes empresas se prodigaban en dar publicidad a los planes diseñados para modificar la ley antimonopolio Sherman, permitir la autorregulación de la industria y establecer códigos de restricción del comercio. El presidente Herbert Hoover no hizo nada para fomentar estas empresas.

De hecho, Hoover reconoció que el Plan Swope era una medida fascista y dejó constancia de ello en sus memorias, junto con la melancólica información de que Wall Street le dio a elegir entre comprar el plan Swope -fascista o no- y que su dinero e influencia apoyaran la candidatura de Roosevelt. Así describió Herbert Hoover el ultimátum de Wall Street bajo el título "El fascismo llega a los negocios-con nefastas consecuencias":

> *Entre las primeras medidas fascistas de Roosevelt estaba la Ley de Recuperación de la Industria Nacional (NRA) del 16 de junio de 1933. Merece la pena repetir los orígenes de este plan. Estas ideas fueron sugeridas por primera vez por Gerard Swope (de la General Electric Company) en una reunión de la industria eléctrica en el invierno de 1932. Posteriormente, fueron adoptadas por la Cámara de Comercio de Estados Unidos. Durante la campaña de 1932, Henry I. Harriman, presidente de ese organismo, me instó a que aceptara apoyar esas propuestas, informándome de que el Sr. Roosevelt había accedido a hacerlo. Intenté demostrarle que todo aquello era fascismo puro; que no era más que una nueva versión del "Estado corporativo" de Mussolini y me negué a aceptar nada de aquello. Me informó de que, en vista de mi actitud, el mundo empresarial apoyaría a Roosevelt*

con dinero e influencia. Eso, en su mayor parte, resultó ser cierto.[114]

Wall Street apoya a FDR para Gobernador de Nueva York

El principal recaudador de fondos en la campaña de reelección de FDR en 1930 fue Howard Cullman, Comisionado del Puerto de Nueva York y director de la County Trust Company. Freidel[115] enumera los contribuyentes a la campaña de 1930 sin sus afiliaciones corporativas. Cuando identificamos las afiliaciones corporativas de estos contribuyentes, encontramos una vez más que la County Trust Company de 97 Eighth Avenue, Nueva York, tenía un interés extraordinariamente grande en la reelección de FDR. Aparte de Howard Cullman, los siguientes grandes contribuyentes a la campaña de FDR eran también directores de la County Trust Company: Alfred Lehman, Alfred (Al) Smith, Vincent Astor y John Raskob. Otro director era el viejo amigo de FDR Dan Riordan, un cliente de los días de Fidelity & Deposit en 120 Broadway, y William F. Kenny, otro partidario de FDR y director de County Trust. Para enfocar esta lista, debemos recordar que Freidel enumera a 16 personas como contribuyentes importantes a esta campaña, y de estas 16, nosotros podemos identificar no menos de cinco como directores de County Trust y otros dos directores no enumerados como conocidos partidarios de FDR. Otros destacados hombres de Wall Street que financiaron la campaña de FDR en 1930 fueron la familia Morgenthau (con los Lehman, los mayores contribuyentes); Gordon Rentschler, presidente del National City Bank y director de la International Banking Corporation; Cleveland Dodge, director del National City Bank y del Bank of New York; Caspar Whitney; August Heckscher de la Empire Trust Company (120 Broadway); Nathan S. Jones de Manufacturers Trust Company; William Woodin de Remington Arms Company; Ralph Pulitzer; y la familia Warburg. En resumen, en la campaña de 1930 el grueso del respaldo

---

[114] Herbert Hoover, *Las memorias de Herbert Hoover: The Great Depression 1929-1941* (Nueva York: Macmillan, 1952), p. 420.

[115] Freidel, *The Ordeal,* op. cit, p. 159.

financiero de FDR procedía de los banqueros de Wall Street.

Contribuyentes a los gastos previos a la Convención del FDR (3.500 $ o más)

Edward Flynn	$21,500	Director de Bronx County Safe Deposit Co.
W.H. Woodin	$20,000	Banco de la Reserva Federal de Nueva York, Remington Arms Co.
Frank C. Walker	$15,000	Financiero de Boston
Joseph Kennedy	$10,000	-
Lawrence A. Steinhardt	$8,500	Miembro de Guggenheim, Untermeyer & Marshall, 120 Broadway
Henry Morgenthau	$8,000	Underwood-Elliott-Fisher
F.J. Matchette	$6,000	-
Familia Lehman	$6,000	Lehman Brothers, 16 William Street
Dave H. Morris	$5,000	Director de varias empresas de Wall Street
Sara Roosevelt	$5,000	-
Guy P. Helvering	$4,500	
H.M. Warner	$4,500	Director, Motion Picture Producers & Distributors of America
James W. Gerard	$3,500	Financiero, 57 William Street
Total	$117,500	

Poco después de la reelección de FDR en 1930, estos patrocinadores empezaron a recaudar fondos para la campaña presidencial de 1932. Estas contribuciones "tempranas" previas a la convención han sido descritas por Flynn: "Estos contribuyentes, que ayudaron pronto cuando la necesidad era grande, se ganaron tan a fondo la devoción de Roosevelt que en la mayoría de los casos acabaron recibiendo sustanciosos beneficios en cargos públicos y honores".[116]

Wall Street elige a FDR en 1932

En 1932, Bernard Baruch fue el operador clave que trabajó entre bastidores -y a veces no tan entre bastidores- para elegir a FDR, con el dinero y la influencia de las grandes empresas (véase el epígrafe

---

[116] John T. Flynn, "¿De quién es hijo la ANR?". *Harper's Magazine* Sept. 1932, pp. 84-5.

de este capítulo). Además, Bernard Baruch y Hugh Johnson recopilaron numerosas estadísticas y materiales a lo largo de la década de 1920 en apoyo de su concepto de planificación económica nacional a través de asociaciones comerciales. Johnson relata cómo esta información llegó a manos de los redactores de los discursos de FDR. Durante la campaña de Roosevelt de 1932:

> *Ray Moley y Rex Tugwell vinieron a casa de B.M. y repasamos todo el material que B.M. y yo habíamos recopilado y resumido en nuestros años de trabajo. Ellos, con Adolph Berle, habían elaborado mucho antes los temas de lo que pensaban que sería un esquema ideal de discursos económicos para un candidato presidencial, pero tenían pocos datos. A partir de ese momento nos unimos a las fuerzas de Ray Moley y todos nos pusimos a trabajar para encontrar para Franklin Roosevelt los datos que él soldó en la muy notable serie de discursos expresados con sencillez sobre economía doméstica que convencieron a este país de que aquí estaba el líder en el que podía confiar.[117]*

Al releer los discursos de la campaña de FDR, resulta evidente que carecen de concreción y de hechos específicos. Presumiblemente, el equipo Moley-Tugwell expuso el tema general y Baruch y Johnson introdujeron afirmaciones de apoyo en áreas como la expansión del crédito, las consecuencias de la especulación, el papel del sistema de la Reserva Federal, etcétera. Es notable, pero quizá no sorprendente, que estos discursos influenciados por Baruch retrotrajeran al lector a la Primera Guerra Mundial, citaran la emergencia contemporánea como mayor que la de la guerra y luego sugirieran sutilmente soluciones baruchianas similares. Por ejemplo, en el discurso de la Cena del Día de Jefferson, el 18 de abril de 1932, Roosevelt dijo, o le incitaron a decir:

Compárese esta política de retraso e improvisación, presa del pánico, con la que se ideó para hacer frente a la emergencia de la

---

[117] Hugh S. Johnson, *The Blue Eagle from Egg to Earth*, op. cit., pp. 140-1.

guerra hace quince años. Nos enfrentamos a situaciones específicas con medidas consideradas, relevantes y de valor constructivo. Existían la Junta de Industrias de Guerra, la Administración de Alimentos y Combustible, la Junta de Comercio de Guerra, la Junta de Transporte Marítimo y muchas otras.[118]

Luego, el 22 de mayo de 1932, Roosevelt se dirigió a sí mismo con el tema "El país necesita, el país exige, una experimentación persistente" y pidió una planificación económica nacional. A este discurso siguió, el 2 de julio de 1932, el primer atisbo del New Deal.

Por último, al aceptar la candidatura a la Presidencia en Chicago, FDR dijo: "Me comprometo a un New Deal para el pueblo estadounidense".

NOTA: Lista de Freidel de contribuyentes previos a la convención para la campaña presidencial de Franklin Delano Roosevelt en 1932.

Contribuyentes de la Reconvención de 1932[119] (más de 2.000 $)	Afiliaciones
James W. Gerard	Gerard, Bowen & Halpin (véase Julian A. Gerard)
Guy Helvering	-
Coronel E.M. House, Nueva York	-
Joseph P. Kennedy, 1560 Broadway	Embajador ante el Tribunal de St. James New England Fuel & Transportation Co.
Henry Morgenthau, Sr.	Bank of N.Y. & Trust Co. (Contralor adjunto)
Underwood-Elliott-Fisher 1133 Quinta Avenida	American Savings Bank (fideicomisario)
Dave Hennen Morris	-
Sra. Sara Delano Roosevelt, Hyde Park, N.Y.	La madre de FDR
Laurence A. Steinhardt 120 Broadway	Guggenheim, Untermeyer & Marshall

---

[118] *The Public Papers and Addresses of Franklin D. Roosevelt*; Vol. 1, The Genesis of the New Deal, 1928-1932 (Nueva York: Random House, 1938), p. 632.

[119] Freidel, *La ordalía,* op. cit., p. 172.

Harry M. Warner 321W. 44th St.	Motion Picture Producers & Distributors of America, Inc.
William H. Woodin Secretario del Tesoro	American Car & Foundry; Remington Arms Co.
Edward J. Flynn 529 Courtlandt Ave.	Bronx County Safe Deposit Co.
James A. Farley se suma a esta lista:	
William A. Julian	Director, Central Trust Co.
Jesse I. Straus 1317 Broadway	Presidente, R.H. Macy & Co. N.Y. Life Insurance
Robert W. Bingham	Editor, Louisville Courier-Journal
Basil O'Connor 120 Broadway	Socio legal de FDR

Capítulo 9

FDR y los socialistas corporativos

El Plan Swope

Creo que esto es tan revolucionario como todo lo que ocurrió en este país en 1776, o en Francia en 1789, o en Italia bajo Mussolini o en Rusia bajo Stalin.

Senador Thomas P. Gore en las Audiencias de la Administración de Recuperación Nacional, Comité de Finanzas del Senado de EE.UU., 22 de mayo de 1933.

Aunque el New Deal y su componente más significativo, la Administración Nacional de Recuperación (NRA), se presentan generalmente como la progenie del grupo de cerebros de FDR, como hemos visto los principios esenciales habían sido elaborados en detalle mucho antes de que FDR y sus asociados llegaran al poder. El grupo de FDR no hizo más que poner el sello de aprobación académica a un plan ya preparado.

Las raíces de la ANR de Roosevelt tienen una importancia peculiar. Como hemos visto en el capítulo 6, teniendo en cuenta los grandes cambios en la estructura industrial, la ANR se aproximaba a un esquema elaborado en 1841 por el antepasado de FDR, el asambleísta Clinton Roosevelt de Nueva York.

Entonces señalamos que el dictador de guerra Bernard Baruch estaba preparando un programa similar a la NRA en la década de 1920 y que él y su ayudante Hugh Johnson fueron parte integrante de la planificación preliminar. Además, la NRA de Roosevelt era en sus detalles un plan presentado por Gerard Swope (1872-1957) presidente durante mucho tiempo de General Electric Company.

Este Plan Swope[120] era a su vez comparable a un plan alemán elaborado en la Primera Guerra Mundial por su homólogo Walter Rathenau, jefe de la General Electric alemana (Allgemeine Elektizitäts Gesellschaft) en Alemania, donde era conocido como el Plan Rathenau. Veamos más de cerca el Plan Swope.

La familia Swope

La familia Swope era de origen alemán. En 1857, Isaac Swope, un inmigrante alemán, se estableció en San Luis como fabricante de cajas para relojes. Dos de los hijos de Swope, Herbert Bayard Swope y Gerard Swope, alcanzaron posteriormente la cima de la empresa estadounidense. Herbert Bayard Swope fue durante mucho tiempo editor del New York *World*, devoto de los hipódromos, amigo íntimo de Bernard Baruch y utilizado por FDR como enviado no oficial durante el periodo del New Deal. Gerard, hermano de Herbert, hizo carrera en General Electric Company. Swope empezó como ayudante en la fábrica en 1893, se convirtió en representante de ventas en 1899, director de la oficina de San Luis en 1901 y director de la Western Electric Company en 1913. Durante la Primera Guerra Mundial, Swope fue subdirector de compras, almacenamiento y tráfico del gobierno federal a las órdenes del general George W. Goethals y planificó el programa de adquisiciones del ejército estadounidense. En 1919 Swope se convirtió en el primer presidente de la International General Electric Company. La exitosa promoción del negocio exterior de G.E. le llevó a la presidencia de G.E. en 1922 para suceder a Edwin Rice, Jr. Swope permaneció como presidente de G.E. desde 1922 hasta 1939.

General Electric era una empresa controlada por Morgan y siempre contaba con uno o dos socios de Morgan en su consejo, mientras que Swope también era consejero de otras empresas de Wall Street, como International Power Securities Co. y el National City Bank.

---

[120] Véase el texto completo en el Apéndice A.

El desarrollo político de Gerard Swope comenzó en la década de 1890. Su biógrafo David Loth cuenta que, poco después de llegar a Chicago, Swope conoció a las socialistas Jane Addams, Ellen Gates Starr, y su Hull House Settlement. Este interés por los asuntos sociales se desarrolló hasta culminar en el plan Swope de 1931 para la estabilización de la industria, el 90% del cual consistía en un plan de indemnizaciones laborales, seguros de vida e invalidez, pensiones de vejez y protección contra el desempleo. El plan Swope es un documento extraordinario. Un breve párrafo exime a toda la industria de las leyes antimonopolio -un antiguo objetivo industrial-, mientras que numerosos párrafos extensos detallan los planes sociales propuestos. En resumen, el Plan Swope era un dispositivo transparente para sentar las bases del Estado corporativo desactivando la oposición potencial de los trabajadores con una enorme zanahoria de bienestar.

El Plan Swope y la propuesta anterior y similar de Bernard Baruch se convirtieron en la Ley Roosevelt de Recuperación Nacional. Los orígenes de la NRA en Wall Street no pasaron desapercibidos cuando la ley se debatió en el Congreso. Véase, por ejemplo, el indignado, aunque no del todo acertado, arrebato del senador Huey P. Long:

> *Vengo aquí ahora y me quejo. Me quejo en nombre del pueblo de mi país, del Estado soberano que represento. Me quejo en nombre del pueblo dondequiera que sea conocido. Me quejo si es cierto, como me informan los senadores en esta sala, que bajo esta ley el Sr. Johnson, un antiguo empleado del Sr. Baruch, ha sido puesto a cargo de la administración de la ley, y ya ha llamado como sus ayudantes al jefe de la Standard Oil Co., al jefe de General Motors, y al jefe de la General Electric Co.*

Me quejo de que el Sr. Peek, que es empleado del Sr. Baruch, o lo ha sido, según me han informado en el pleno del Senado, haya sido puesto a cargo de la administración de la Ley Agrícola, por muy buen hombre que sea y cualesquiera que sean sus ideas.

Me quejo de que el Sr. Brown, quien, según me han informado en el pleno del Senado, se ha convertido en un influyente manipulador de la oficina del Director del Presupuesto, ha sido empleado del Sr. Baruch, y ahora se le otorga esta autoridad. Me quejo porque, el día 12 de mayo de 1932, antes de que fuéramos a Chicago para nominar a un Presidente de los Estados Unidos, me paré en este mismo lugar en este piso y le dije a la gente de este país que no íbamos a tener la influencia de Baruch, en ese momento tan potente con Hoover, manipulando al Partido Demócrata antes de la nominación, después de la nominación, o después de la elección.[121]

Huey Long tenía razón al señalar el dominio de Wall Street en la NRA, pero sus identificaciones son un poco aleatorias. Hugh Johnson, antiguo socio de Bernard Baruch, fue nombrado jefe de la NRA. Además, los principales ayudantes de Johnson en la NRA eran tres jefes corporativos: Walter C. Teagle, presidente de Standard Oil de Nueva Jersey; Gerard Swope, presidente de General Electric y autor del Plan Swope; y Louis Kirstein, vicepresidente de William Filene's Sons de Boston. Como hemos visto, Filene fue durante mucho tiempo un defensor del socialismo corporativo. El "jefe de General Motors" citado por el senador Long era Alfred P. Sloan, no relacionado con la NRA, sino el vicepresidente de G.M. John Raskob, que fue el gran recaudador de fondos en 1928 y 1932 y el operador entre bastidores que promovió la elección de Franklin D. Roosevelt en 1932. En otras palabras, los puestos clave de la NRA y de la propia Administración Roosevelt estaban ocupados por hombres de Wall Street. La explicación de relaciones públicas para los hombres de negocios convertidos en burócratas es que los hombres de negocios tienen la experiencia y deberían involucrarse en el servicio público. En la práctica, la intención ha sido controlar la industria. Sin embargo, no debería sorprendernos que los socialistas corporativos acudan a Washington D.C. tras la elección de sus hijos predilectos para tomar las riendas de la administración del monopolio. Habría que ser ingenuo para pensar que sería de otro modo después de las inversiones electorales masivas registradas en el capítulo 8.

---

[121] Senador Huey P. Long, *Congressional Record*, 8 de junio de 1933, p. 5250.

Antes de que el presidente Roosevelt tomara posesión de su cargo en marzo de 1933, un grupo de expertos se puso a trabajar de manera más o menos informal en los planes económicos para la era Roosevelt. Este grupo estaba formado por el general Hugh Johnson, Bernard Baruch (véase p. 106 para sus contribuciones políticas), Alexander Sachs de Lehman Brothers (véase p. 117 para sus contribuciones políticas), Rexford G. Tugwell y Raymond Moley. Este pequeño grupo, tres de Wall Street y dos académicos, generó la planificación económica de Roosevelt.

Este vínculo entre Bernard Baruch y la planificación de la ANR ha sido recogido por Charles Roos en su volumen definitivo sobre la ANR:

> *A principios de marzo de 1933 Johnson y Baruch emprendieron un viaje de caza y por el camino se detuvieron en Washington. Moley cenó con ellos y propuso que Johnson se quedara en Washington para redactar un plan de recuperación industrial.... La idea atrajo a Baruch, que rápidamente concedió a Johnson un permiso para ausentarse de sus tareas habituales. Entonces Johnson y Moley, tras estudiar las diversas propuestas que este último consideraba meritorias, procedieron a redactar un proyecto de ley que organizaría la industria para atacar la depresión.*[122]

Según Roos, el primer borrador de la NRA de Johnson estaba en dos hojas de papel foolscap y preveía simplemente la suspensión de las leyes antimonopolio, junto con una autoridad casi ilimitada para que el presidente Roosevelt hiciera casi todo lo que quisiera con la economía, incluyendo la concesión de licencias y el control de la industria. Según Roos, "fue, por supuesto, rechazada por la Administración, ya que habría convertido al Presidente en un dictador, y tal poder no era deseado."

---

[122] Charles F. Ross, NRA Economic Planning (Indianápolis: The Principia Press 1937), p. 37.

Este rechazo aparentemente fortuito del poder dictatorial no deseado por parte de la administración Roosevelt puede tener cierta importancia. En el capítulo 10 describiremos el asunto Butler, un intento de los mismos intereses de Wall Street de instalar a Roosevelt como dictador o sustituirlo por un testaferro más dócil en caso de que se opusiera. Los primeros intentos del borrador de Johnson consistían en establecer la NRA de forma coherente con Roosevelt como dictador económico, y su rechazo por parte de Roosevelt es coherente con las graves acusaciones vertidas a los pies de Wall Street (p. 141). En este punto de la planificación, según Roos, a Johnson y Moley se les unió Tugwell y más tarde Donald R. Richberg, un abogado laboralista de Chicago. Los tres procedieron a redactar un proyecto de ley "integral" más , significara lo que significara.

El general Hugh Johnson, fue nombrado jefe de la Administración Nacional de Recuperación creada bajo el título de N.I.R.A. y durante un tiempo se creyó que también iba a dirigir la Administración de Obras Públicas. Los planes y diagramas elaborados por el general Johnson y Alexander Sachs, de Lehman Brothers, daban por sentado que el jefe de la ANR dirigiría también el programa de obras públicas.

En consecuencia, podemos encontrar las raíces del proyecto de ley NRA y de la Administración de Obras Públicas en este pequeño grupo de Wall Street. Su esfuerzo refleja tanto los planes de Swope como los de Baruch para el socialismo corporativo, con un intento inicial de establecer una dictadura corporativa en Estados Unidos.

Planificadores socialistas de los años 30

Había, por supuesto, muchos otros planes a principios de los años treinta; de hecho, la planificación económica era endémica entre los académicos, políticos y empresarios de esta época. El peso de la opinión informada consideraba que la planificación económica era esencial para sacar a Estados Unidos de la depresión. Los que dudaban de la eficacia y la sabiduría de la planificación económica eran muy pocos. Por desgracia, a principios de los años treinta no existía ninguna experiencia empírica que demostrara que la planificación económica es ineficaz, crea más problemas de los que resuelve y conduce a la pérdida de libertad individual. Sin duda, Ludwig von Mises había escrito Socialismo y había hecho sus acertadas predicciones sobre el caos de la planificación, pero von Mises era ya entonces un teórico económico desconocido. La planificación económica tiene un atractivo místico. Sus proponentes siempre se visualizan implícitamente como los planificadores, y la psicología anticapitalista, tan bien descrita por von Mises, es la presión psicológica entre bastidores para que el plan se lleve a cabo. Incluso hoy, en 1975, mucho después de que la planificación económica haya sido totalmente desacreditada, seguimos teniendo el canto de sirena de la prosperidad mediante la planificación. J. Kenneth Galbraith es un ejemplo destacado, sin duda porque la estimación personal de Galbraith de sus capacidades y sabiduría es mayor que la de Estados Unidos en general. Galbraith reconoce que la planificación le ofrece un medio para ejercer plenamente sus supuestas capacidades. El resto de nosotros debemos ser coaccionados a participar en el plan por el poder policial del Estado: una negación de los principios liberales quizás, pero la lógica nunca fue un punto fuerte entre los ingenieros económicos.

En cualquier caso, en los años treinta la planificación económica tenía muchos más defensores entusiastas y muchos menos críticos que hoy. Casi todo el mundo era un Galbraith, y el contenido básico de los planes propuestos era notablemente similar al suyo. En la tabla siguiente se enumeran los planes más destacados y sus atributos más sobresalientes. La industria, siempre ansiosa por encontrar refugio frente a la competencia en el poder policial del Estado, propuso tres planes. El más importante de estos planes de la industria, el plan Swope, tenía características obligatorias para todas las empresas con más de 50 empleados, combinando una regulación continua con, como hemos señalado, propuestas de bienestar extraordinariamente costosas. El plan Swope se reproduce íntegramente en el Apéndice A; el texto completo refleja la falta de propuestas administrativas bien pensadas y la preponderancia de características de bienestar irresponsables y regaladas. Los primeros párrafos del plan ofrecen el núcleo de las propuestas de Swope: asociaciones comerciales, impuestas por el Estado y con el poder de ejecución concentrado en manos de las grandes corporaciones mediante un sistema de votos industriales. Aunque el 90% del texto de la propuesta está dedicado a las pensiones regaladas a los trabajadores, el seguro de desempleo, el seguro de vida, etc., el núcleo está en los primeros párrafos. En resumen, el Plan Swope era una zanahoria para conseguir lo que Wall Street deseaba tan fervientemente: asociaciones comerciales monopolistas con la capacidad de utilizar el poder estatal para imponer el monopolio: la máxima de Frederic Howe de "hacer que la sociedad trabaje para ti" en la práctica.

Planes de Estabilización Económica: 1933

Nombre del plan	Propuesta para la industria	Normativa gubernamental	Propuestas sociales
	Planes sectoriales		
Plan Swope (General Electric)	Asociaciones profesionales, afiliación obligatoria al cabo de tres años para las empresas con 50 o más empleados. Resoluciones obligatorias	Regulación continua por la Comisión Federal de Comercio	Seguro de vida e invalidez, pensiones y seguro de desempleo
Plan de la Cámara de Comercio de EE.UU.	Consejo Económico Nacional; poder no obligatorio	Sin regulación	Planes corporativos individuales; planificación de obras públicas

Plan de Contratistas Generales Asociados de América	Concesión por el Congreso de mayores poderes a la Junta de la Reserva Federal. Se autoriza la emisión de bonos para el fondo rotatorio de la construcción; bonos para aumentar la construcción pública y semipública. La Reserva Federal garantizará la solvencia de los bancos	Regulación financiera. Concesión de licencias a los contratistas. Creación de oficinas de crédito a la construcción.	Estímulo del empleo mediante una mayor actividad de edificación y construcción. Bonos del Estado para edificios públicos; desarrollo de un banco de préstamos para la vivienda.
Plan de la Federación Americana del Trabajo	Planes laborales Consejo Económico Nacional; poder no obligatorio	Sin regulación	Reparto del empleo; mantenimiento de los salarios; garantía de los puestos de trabajo; planes de estabilización a largo plazo. Semana de cinco días y jornada reducida inmediata. Programa de construcción pública
Plan Stuart Chase	Académico y general Reactivación de la Junta de Industrias de Guerra mediante un poder coercitivo y obligatorio, limitado a 20 ó 30 industrias básicas.	Regulación continua	Oficinas nacionales de empleo; reducción de jornada; seguro de desempleo; subida salarial; asignación de mano de obra.

Plan de la Federación Cívica Nacional	"Congreso empresarial" de organizaciones industriales. Sin limitaciones ni restricciones; poder pleno y completo para fijar precios o combinar	Regulación continua	Plan de seguro de desempleo. Aumentar los salarios
Plan Barba	Consejo Económico Nacional", autorizado por el Congreso, para coordinar las finanzas, la explotación, la distribución y las empresas de servicio público. Cada industria regida por sindicatos subsidiarios	Regulación continua	Utilización de parados en programas de vivienda y proyectos públicos

El plan de la Cámara de Comercio de EE.UU. era similar al plan Swope, pero sólo exigía el cumplimiento voluntario del código y no incorporaba las extensas cláusulas de bienestar del plan Swope. El plan de la Cámara de Comercio también se basaba en el cumplimiento voluntario, no en la regulación gubernamental coercitiva inherente a la propuesta de Swope.

El tercer plan del sector fue presentado por la Associated General Contractors of America. El plan de la AGC proponía que se concedieran mayores poderes al Sistema de la Reserva Federal para garantizar los bonos de los bancos para la construcción pública y, como era de esperar, el establecimiento de oficinas especiales de crédito a la construcción financiadas por el Estado, junto con la concesión de licencias a los contratistas. En resumen, la AGC quería mantener fuera a la competencia y aprovechar los fondos federales (de los contribuyentes) para promover la industria de la construcción.

El plan de la Federación Americana del Trabajo proponía un Consejo Económico Nacional para difundir y garantizar el empleo y emprender una planificación económica para la estabilización. Los sindicatos no presionaron a favor de la regulación gubernamental.

Los planes académicos eran notables en el sentido de que apoyaban los objetivos de la industria. Stuart Chase, un conocido socialista, propuso algo muy parecido a los planes de Wall Street: en efecto, un renacimiento de la Junta de Industrias de Guerra de Bernard Baruch de 1918, con poder coercitivo concedido a la industria, pero confinado a 20 o 30 industrias básicas, con regulación continua. El plan Chase era una aproximación al fascismo italiano. El plan Beard también proponía sindicatos al estilo italiano, con regulación continua y utilización de los desempleados en programas públicos a la Marx y El Manifiesto Comunista. La Federación Cívica Nacional defendía el concepto de planificación total: poder total y completo para fijar precios y combinaciones, con regulación estatal y características de bienestar para apaciguar a los trabajadores.

Casi nadie, excepto por supuesto Ludwig von Mises, apuntó a las raíces del problema para extraer la conclusión lógica de la historia económica de que la mejor planificación económica es la ausencia de planificación económica.[123]

Los socialistas saludan el Plan Swope

Los socialistas ortodoxos recibieron el plan de Swope con una curiosa, aunque quizá comprensible, moderación. Por un lado, decían los socialistas, Swope había reconocido los males del capitalismo salvaje. Por otro lado, el sistema de Swope, se quejaban los socialistas, dejaría el control de la industria en manos de la propia industria en lugar de en el Estado. Como explicó Norman Thomas:

> *El esquema de regulación del Sr. Swope es un plan*

---

[123] Si el lector desea buscar la explicación de esta incapacidad generalizada para ver lo obvio, no podría empezar en mejor lugar que Ludwig von Mises, *The Anti-Capitalistic Mentality* (Nueva York; Van Nostrand, 1956).

> *probablemente inconstitucional para poner el poder del gobierno detrás de la formación de fuertes sindicatos capitalistas que tratarán de controlar al gobierno que los regula y, en su defecto, lucharán contra él.[124]*

La crítica socialista a la Swope de General Electric no se planteó si el sistema Swope funcionaría o tendría eficacia operativa ni cómo se proponía funcionar; la crítica socialista ortodoxa se limitó a la observación de que el control estaría en las manos equivocadas si la industria se hacía cargo y no en las manos adecuadas de los planificadores gubernamentales, es decir, los propios socialistas. En resumen, la disputa giraba en torno a quién iba a controlar la economía: El Sr. Gerard Swope o el Sr. Norman Thomas.

En consecuencia, las críticas de Thomas a Swope presentan una curiosa dualidad, a veces elogiosa:

> *Ciertamente es significativo que al menos uno de nuestros auténticos capitanes de la industria, uno de los verdaderos gobernantes de América, haya superado la profunda y desconcertante reticencia de los altos y poderosos a ir más allá de los más tristes tópicos a la hora de decirnos cómo salir de la depresión que tanto contribuyeron a causar y tan poco a evitar. Obviamente, el discurso del Sr. Swope tuvo sus puntos buenos...[125]*

En otros momentos Thomas se muestra escéptico y señala que Swope, "... ya no confía en la iniciativa individual, la competencia y el funcionamiento automático de los mercados", sino que propone orientar el sistema en beneficio de "la clase accionista".

No hay pruebas de que Gerard Swope y sus asociados confiaran nunca en la iniciativa individual, la competencia y el libre mercado más que Norman Thomas. Esta es una observación importante

---

[124] "A Socialist Looks at the Swope Plan", The Nation, 7 de octubre de 1931, p. 358.

[125] Ibídem, p. 357.

porque, una vez que abandonamos los mitos de todos los capitalistas como empresarios y de todos los planificadores liberales como salvadores del pequeño hombre, vemos a ambos por lo que son: totalitarios y opositores de la libertad individual. La única diferencia entre ellos es quién debe ser el director.

Los mosqueteros de la ANR

La Administración Nacional de Recuperación, el segmento más importante del New Deal, fue entonces diseñada, construida y promovida por Wall Street. En esencia, la NRA se originó con Bernard Baruch y su antiguo ayudante, el general Johnson. En detalle, la NRA era el Plan Swope, y sus principios generales fueron promovidos a lo largo de los años por numerosos destacados miembros de Wall Street.

Hubo, por supuesto, variantes de planificación de los socialistas y planificadores de influencia marxista, pero estas variantes no fueron las versiones que finalmente se convirtieron en la ANR. La NRA era esencialmente fascista en el sentido de que la industria, y no los planificadores del Estado central, tenía la autoridad para planificar, y estos planificadores industriales procedían del establishment financiero neoyorquino. La oficina de Bernard Baruch estaba en el 120 de Broadway; las oficinas de Franklin D. Roosevelt (las oficinas neoyorquinas de Fidelity & Deposit y los despachos de abogados de Roosevelt & O'Connor) también estaban en el 120 de Broadway. El despacho de Gerard Swope y las oficinas ejecutivas de General Electric Company estaban en la misma dirección. Por lo tanto, podemos decir en un sentido limitado que la ANR Roosevelt nació en el 120 de Broadway, Nueva York.

El general Hugh Johnson tenía tres ayudantes principales en la NRA, y "estos tres mosqueteros estaban más tiempo en el trabajo y entraban y salían de mi despacho cada vez que descubrían algo que requería atención".[126] Los tres ayudantes eran gente de Wall Street

---

[126] Hugh S. Johnson, *The Blue Eagle from Egg to Earth,* op. cit., p. 217.

de las principales industrias que a su vez ocupaban puestos destacados en las principales empresas de estas industrias: Gerard Swope, presidente de General Electric, Walter C. Teagle, de Standard Oil de Nueva Jersey, y Louis Kirstein de William Filene's Sons, los comerciantes minoristas. A través de este trío, un elemento dominante de las grandes empresas tenía el control en la cúspide del NRA. Esta concentración de control explica las miles de quejas de opresión de la NRA que procedían de medianos y pequeños empresarios.

¿Quiénes eran estos hombres? Como hemos señalado, Gerard Swope, de General Electric, había sido ayudante del general Johnson en la Junta de Industrias de Guerra de la Primera Guerra Mundial. Mientras se discutía la NRA, Johnson "sugirió su nombre al secretario Roper de inmediato". General Electric era en 1930 el mayor de los fabricantes de equipos eléctricos, con Westinghouse en posesión de muchas de las patentes básicas en el campo, así como una gran participación en RCA y muchas filiales y subsidiarias internacionales. A finales de los años 20, G.E. y Westinghouse producían cerca de tres cuartas partes de los equipos básicos para la distribución y generación de energía eléctrica en EE.UU. No obstante, General Electric era la empresa dominante en la industria de equipos eléctricos.[127] En virtud de la NRA, se designó a la Asociación Nacional de Fabricantes Eléctricos (NEMA) como organismo encargado de supervisar y administrar el código de la industria eléctrica. La NEMA actuó con prontitud y en julio de 1933 presentó el segundo código de "competencia leal" para que lo firmara el Presidente.

El segundo mosquetero de Johnson era Walter Teagle, presidente del consejo de la Standard Oil de Nueva Jersey. La Standard de Nueva Jersey era la mayor petrolera integrada de Estados Unidos, y sólo Royal Dutch la desafiaba en ventas internacionales. La Standard de Jersey estaba controlada por la familia Rockefeller, cuyas participaciones a principios de la década de 1930 se han

---

[127] Para más información, véase Harry W. Laidler, Concentration of Control in American Industry (Nueva York: Crowell, 1931), capítulo XV.

estimado entre el 20% y el 25%.[128] Por lo tanto, se podría decir que Teagle representaba los intereses de los Rockefeller en la NRA, mientras que Swope representaba los intereses de los Morgan. Es interesante señalar de paso que el mayor competidor de Standard era Gulf Oil, controlada por los intereses de Mellon, y que hubo persistentes esfuerzos a principios de la administración Roosevelt para procesar a Mellon por evasión de impuestos.

El tercero de los tres mosqueteros de Johnson en la NRA era Louis Kirstein, vicepresidente de Filene's de Boston. Edward Filene es conocido por sus libros sobre las ventajas de las asociaciones comerciales, la competencia leal y la cooperación (véase la página 81).

La cúspide de la Administración de Recuperación Nacional de Roosevelt estaba formada por el presidente de la mayor corporación eléctrica, el presidente de la mayor compañía petrolera y el representante del especulador financiero más prominente de Estados Unidos.

En resumen, la administración de la NRA era un reflejo del establishment financiero neoyorquino y de sus intereses pecuniarios. Además, como hemos visto, dado que el propio plan se originó en Wall Street, la presencia de hombres de negocios en la administración de la NRA no puede explicarse sobre la base de su experiencia y capacidad administrativa. La NRA era una criatura de Wall Street aplicada por hombres de Wall Street.

La opresión de la pequeña empresa

Los proponentes de la Ley de Recuperación Industrial Nacional hicieron un gran alarde de que la NRA protegería al pequeño empresario que, según se alegaba, había sufrido en el pasado por la aplicación injusta de las leyes antimonopolio; la suspensión de las leyes antimonopolio eliminaría sus características más inoportunas,

---

[128] Ibídem, p. 20.

mientras que la NRA preservaría sus bienvenidas disposiciones antimonopolio. El senador Wagner declaró que toda la industria formularía los códigos industriales propuestos, no sólo las grandes empresas. El senador Borah, por el contrario, sostuvo que el "monopolio" estaba a punto de recibir un servicio que había codiciado durante más de 25 años, es decir, "la muerte de las leyes antimonopolio" y que los códigos industriales de la NRA "van a ser combinaciones o contratos de restricción del comercio, o no sería necesario suspender las leyes antimonopolio." El senador Borah también acusó puntillosamente al senador Wagner de traicionar al empresario legítimo en beneficio de Wall Street:

> *El mayor de los Rockefeller no necesitó ninguna ley penal para ayudarle cuando estaba acumulando su riqueza. Destruyó a los independientes por todas partes; los dispersó a los cuatro vientos; concentró su gran poder. Pero el senador no sólo daría a los combinados todo el poder para escribir su código, sino que les daría el poder para acusar y procesar al hombre que violara el código, aunque pudiera estar llevando a cabo un negocio perfectamente legítimo.*

Sr. Presidente, no me importa cuánto fortalezcamos, cuánto construyamos, cuánto reforcemos la ley antimonopolio; me opongo a una suspensión en cualquier aspecto, porque sé que cuando se suspenden esas leyes, damos a estas 200 corporaciones no bancarias, que controlan la riqueza de los Estados Unidos, un poder estupendo, que nunca puede ser controlado excepto a través de las leyes penales aplicadas por los tribunales.[129]

A continuación, el senador Borah citó a Adam Smith (véase p. 99) para señalar que el proyecto de ley no contenía ninguna definición de competencia leal y que los códigos de competencia leal degenerarían en los dictados de las grandes corporaciones. Del mismo modo, el senador Gore señaló la posibilidad de que el Presidente pudiera exigir a todos los miembros de una industria que

---

[129] Actas del Congreso, 1933, p. 5165.

obtuvieran una licencia y que esto significaba que el Presidente podría revocar una licencia a su antojo, una infracción evidente del debido proceso legal y de los derechos básicos de propiedad:

SENADOR GORE. ¿Podría el Presidente revocar esa licencia en este momento?

SENADOR WAGNER. Sí, por una violación del código impuesto por el Gobierno Federal.

SENADOR GORE. ¿En qué tipo de audiencia?

SENADOR WAGNER. Después de una audiencia. Se establece que una audiencia se puede tener, antes de una licencia puede ser revocada.

SENADOR GORE. Eso es algo que realmente afecta a la vida y la muerte de una industria o empresa en particular, si tiene el poder de revocar la licencia.

SENADOR WAGNER. Sí, es una sanción.

SENADOR GORE. Lo que quería preguntarle. Senador, es esto: ¿Cree que podría poner ese poder en manos de un funcionario ejecutivo?

SENADOR WAGNER. Sí, en caso de emergencia.

SENADOR GORE. ¿Para exterminar una industria?

SENADOR WAGNER. Todos estos poderes, por supuesto, se alojan en un individuo, y sólo tenemos que confiar en él para administrarlo de manera justa y equitativa. Tuvimos el mismo tipo de poder durante la guerra.

SENADOR GORE. Lo sé, y el Sr. Hoover, si se me permite usar estas palabras, dejó fuera de juego a ciudadanos americanos nacidos libres sin juicio por jurado.

SENADOR WAGNER. La filosofía de este proyecto de ley es fomentar la acción voluntaria y la iniciativa por parte de la industria, y dudo que estos métodos obligatorios se utilicen en absoluto, excepto en muy raras ocasiones; pero si se va a levantar la norma, hay que tener algunas sanciones para hacer cumplir el código que se pueda adoptar.

SENADOR GORE. Lo entiendo, pero si vas a llevar a cabo este sistema tienes que tener poder para llevarlo a cabo. Mi punto es por qué en un país libre a un hombre libre se le debe exigir que obtenga una licencia para dedicarse a la industria legítima, y por qué a alguien bajo nuestro sistema constitucional se le debe dar el poder de destruir el valor de su propiedad, lo que se hace cuando se crea una situación en la que no puede operar. Eso me parece acercarse al punto de tomar la propiedad sin el debido proceso legal.[130]

Cuando examinamos los resultados de la N.I.R.A., incluso pocos meses después de la aprobación de la ley, comprobamos que estos temores senatoriales estaban plenamente justificados y que el presidente Roosevelt había abandonado al pequeño empresario de Estados Unidos al control de Wall Street. Muchas industrias estaban dominadas por unas pocas grandes empresas, a su vez bajo el control de las casas de inversión de Wall Street. Estas grandes empresas dominaban, a través de los tres mosqueteros, el establecimiento de los códigos de la NRA. Tenían la mayoría de los votos y podían fijar, y de hecho fijaban, precios y condiciones ruinosas para las empresas más pequeñas.

La industria siderúrgica es un buen ejemplo de la forma en que las grandes empresas dominaban el código NRA. En la década de 1930, dos empresas líderes, United States Steel, con el 39%, y Bethlehem Steel, con el 13,6%, controlaban más de la mitad de la capacidad de producción de lingotes de acero del país. El consejo de U.S. Steel incluía a J.P. Morgan y Thomas W. Lamont, así como al presidente

---

[130] United States Senate, National Industrial Recovery, Hearings before Committee on Finance, 73rd Congress, 1st Session, S.17and H.R. 5755 (Washington: Government Printing Office, 1933), p. 5.

Myron C. Taylor. El consejo de Bethlehem incluía a Percy A. Rockefeller y Grayson M-P. Murphy, de Guaranty Trust, a quien volveremos a ver en el capítulo 10.

En 1930 los mayores accionistas de U.S. Steel eran George F. Baker y George F. Baker, Jr., con acciones combinadas de 2000 preferentes y107.000 ordinarias; Myron C. Taylor jefe del Comité Financiero de U.S. Steel poseía 27.800 acciones ordinarias; J. P. Morgan poseía 1261 acciones; y James A. Farrell era titular de 4850 acciones preferentes. Estos hombres también contribuyeron sustancialmente a las campañas presidenciales. Por ejemplo, en la campaña de Hoover de 1928 aportaron

J.P. Morgan.....................................$5.000

J.P. Morgan Company...................$42.500

George F. Baker.............................$27.000

George F. Baker Jr........................$20.000

Myron C. Taylor...........................$25.000

En la NRA, encontramos que U.S. Steel y Bethlehem Steel controlaban efectivamente toda la industria en virtud de sus votos en los códigos industriales; de un total de 1.428 votos, sólo a estas dos empresas se les permitió un total de 671 votos, o el 47,2%, peligrosamente cerca del control absoluto y con indudable capacidad para encontrar un aliado entre las empresas más pequeñas pero aún significativas.

Fuerza de voto de la ANR en el Código de la Siderurgia

Empresa[131]	Votos en Código Autoridad	Porcentaje del total
Acero estadounidense	511	36.0
Acero Bethlehem	160	11.2
República del Acero	86	6.0
Acero nacional	81	5.7
Jones y Laughlin	79	5.5
Chapa y Tubo Youngstown	74	5.1
Acero Wheeling	73	5.1
Tren de laminación americano	69	4.8
Acero interior	51	3.6
Acero crisol	38	2.7
Hojalata McKeesport	27	1.9
Acero Allegheny	21	1.5
Spang-Chalfant	17	1.2
Aro de acero Sharon	16	1.1
Acero Continental	16	1.1

Fuente: Informe de la NRA Funcionamiento del sistema de puntos de base en la industria siderúrgica.

Aunque U.S. Steel y Bethlehem eran las principales unidades de la industria siderúrgica antes de la aprobación de la NRA, fueron incapaces de controlar la competencia de numerosas empresas más pequeñas. Tras la aprobación de la NIRA, estas dos empresas pudieron, gracias a su dominio del sistema de códigos, dominar

---

[131] Además, tuvieron votos las siguientes empresas más pequeñas: Acme Steel (9), Granite City Steel (8), Babcock and Wilcox (8), Alan Wood (7), Washburn Wire (7), Interlake Iron (7), Follansbee Bros. (6), Ludlum Steel (6), Superior Steel (6), Bliss and Laughlin (6), Laclede Steel (5), Apollo Steel (5), Atlantic Steel (4), Central Iron and Steel (4), A.M. Byers Company (4), Sloss-Sheffield (4), Woodward Iron (3), Firth-Sterling (2), Davison Coke and Iron (2), Soullin Steel (1), Harrisburg Pipe (1), Eastern Rolling Mill (1), Michigan Steel Tube (1), Milton Manufacturing Company (1) y Cranberry Furnace (1).

también la industria siderúrgica.

John D. Rockefeller organizó el trust Standard Oil en 1882 pero, como resultado de las órdenes judiciales en virtud de la Ley Sherman, el cartel se disolvió en 33 empresas independientes. En 1933 estas empresas seguían controladas por los intereses de la familia Rockefeller; la Ley Sherman era más sombra que sustancia:

Empresa	Ingresos netos (1930) en millones de dólares
Standard Oil de Nueva Jersey	57
Standard Oil de Indiana	46
Standard Oil de California	46
Standard Oil de Nueva York	16

Las oficinas de las empresas "independientes" de Standard siguieron situándose en la sede de Rockefeller, en esta ocasión en los números 25 y 26 de Broadway. Durante la década de 1920 entraron nuevos capitales y se produjo un cambio relativo en la importancia de las distintas empresas Standard Oil.

En la época del New Deal, la mayor unidad individual era Standard Oil de Nueva Jersey, en la que los intereses Rockefeller poseían una participación del 20-25%. El presidente de New Jersey Standard, Walter S. Teagle, se convirtió en uno de los tres mosqueteros de la NRA.

Si analizamos la industria automovilística en 1930, vemos que dos empresas, Ford y General Motors, vendían alrededor de tres cuartas partes de los automóviles producidos en Estados Unidos. Si incluimos a Chrysler, las tres empresas vendían unas cinco sextas partes de todos los automóviles estadounidenses producidos:

Ford Motor Co..................................40 por ciento

General Motors..................................35 por ciento

Chrysler Corp.................................8 por ciento

Bajo el mandato de su fundador, Henry Ford, la Ford Motor Company apenas se interesaba por la política, aunque James Couzens, uno de los accionistas originales de Ford, se convirtió más tarde en senador por Michigan. Ford mantenía sus oficinas ejecutivas en Dearborn, Michigan, y sólo una oficina de ventas en Nueva York. Ford también era vehementemente anti-NRA y anti-Wall Street, y Henry Ford destaca por su ausencia en las listas de contribuyentes a las campañas presidenciales.

Por otra parte, General Motors era una criatura de Wall Street. La empresa estaba controlada por la firma J.P. Morgan; el presidente del consejo era Pierre S. Du Pont, de la Du Pont Company, que en 1933 tenía una participación de alrededor del 25% en General Motors. En 1930, el consejo de General Motors estaba compuesto por Junius S. Morgan, Jr. y George Whitney, de la firma Morgan; directores del First National Bank y del Bankers Trust; siete directores de Du Pont; y Owen D. Young, de General Electric.

Otro ejemplo es la International Harvester Company, en 1930 bajo su presidente Alexander Legge el gigante de la industria de equipos agrícolas. Legge formaba parte de la NRA. El combinado de equipos agrícolas fue creado en 1920 por la J.P. Morgan Company y controlaba cerca del 85% de la producción total de máquinas cosechadoras en Estados Unidos. En 1930, la empresa seguía dominando el sector:

Empresa	Activos	Porcentaje del mercado
International Harvester (11 Broadway)	384 millones de dólares (1929)	60
Deere & Co.	$107	17
J.I. Case	$55	8
Otros	$100	15
Total	646 millones de dólares	100

En 1930, al menos 80 grandes empresas explotaban carbón bituminoso en Estados Unidos; de ellas, dos -Pittsburgh Coal y Consolidation Coal- eran dominantes. Pittsburgh Coal estaba bajo el control de la familia de banqueros de Pittsburgh, los Mellon. Consolidation Coal pertenecía en gran parte a J.D. Rockefeller, que poseía el 72% de las acciones preferentes y el 28% de las ordinarias. Tanto los Mellon como los Rockefeller contribuían en gran medida a la política. Del mismo modo, la producción de antracita estaba concentrada en manos de la Reading Railroad, que extraía el 44% de la hulla estadounidense. Reading estaba controlada por el Ferrocarril de Baltimore y Ohio, que poseía el 66% de sus acciones, y el presidente de B & 0 era E.T. Stotesbury, socio de la firma Morgan.

Cuando examinamos las empresas de construcción de maquinaria en Estados Unidos en 1930, vemos que la mayor con diferencia era General Electric, y el presidente Swope de G.E. estaba íntimamente relacionado con la NRA.

Principales empresas de construcción de maquinaria (1929)

Firme	Activos en millones	Beneficios (1929) en millones	Ventas (1929) en millones
General Electric, 120 Broadway	$500	$71	$415.3
American Radiator & Standard Sanitary, 40 W. 40th St.	$226	$20	
Westinghouse Electric, 150 Broadway	$225	$27	$216.3
Locomotora Baldwin, 120 Broadway	$100	$3	$40
American Locomotive, 30 Church St.	$106	$7	
American Car & Foundry, 30 Church St.	$120	$2.7	
International Business Machines, 50 Broadway	$40	$6.7	
Ascensor Otis, 260 11th Avenue	$57	$8	
Empresa de grúas	$116	$11.5	

Si echamos un vistazo a la lista, observamos que American Car & Foundry (cuyo presidente, Woodin, llegó a ser Secretario del Tesoro con Roosevelt), American Radiator & Standard y Crane Company fueron contribuyentes destacados de FDR.

Dada esta influencia dominante de las grandes empresas en la NRA y en la administración Roosevelt, no es sorprendente que la NRA se administrara de forma opresiva para las pequeñas empresas. Incluso en la breve vida de la NRA, hasta que fue declarada inconstitucional, encontramos pruebas de opresión: obsérvense las quejas de las pequeñas empresas de las industrias que hemos comentado en comparación con otras industrias de pequeñas empresas con muchas más unidades:

Industria	Número de denuncias de opresión (enero-abril 1934)
Industria principal	
Hierro y acero	66
Banca de inversión	47
Petróleo	60
Fabricación eléctrica	9
Pequeña empresa	
Limpieza y teñido	31
Hielo	12
Impresión	22
Botas y zapatos	10
Lavandería	9

Fuente: Roos, Planificación económica de la ANR, p. 411, a partir de datos inéditos de la ANR.

Capítulo 10

FDR, el hombre del caballo blanco

En las últimas semanas de la vida oficial de la comisión, ésta recibió pruebas que demostraban que ciertas personas habían intentado establecer una organización fascista en este país. No hay duda de que estos intentos fueron discutidos, fueron planeados, y podrían haber sido puestos en ejecución cuando y si los financiadores lo consideraban conveniente....

Esta comisión recibió testimonios del General de División Smedley D. Butler (retirado), dos veces condecorado por el Congreso de los Estados Unidos... su comisión pudo verificar todas las declaraciones pertinentes del General Butler....

John W. McCormack, Presidente del Comité Especial de Actividades Antiamericanas, Cámara de Representantes, 15 de febrero de 1935.

Justo antes de la Navidad de 1934, las noticias de un extraño complot para instalar a un dictador en la Casa Blanca surgieron en Washington y Nueva York, y la historia -de una importancia sin precedentes- fue rápidamente sofocada por el Congreso y la prensa del establishment.[132]

---

[132] Véase Jules Archer, *The Plot to Seize the White House* (Nueva York: Hawthorn Books, 1973) El libro de Archer es "el primer esfuerzo por contar toda la historia del complot en secuencia y con todo detalle". Véase también George Wolfskill, *The Revolt of the Conservatives* (Boston: Houghton, Mifflin,

El 21 de noviembre de 1934, *The New York Times* publicó la primera parte de la historia de Butler contada al Comité de Actividades Antiamericanas de la Cámara de Representantes, dándole tratamiento de primera plana y un intrigante párrafo principal:

> *Un complot de los intereses de Wall Street para derrocar al presidente Roosevelt y establecer una dictadura fascista, respaldada por un ejército privado de 500.000 ex soldados y otros, fue acusado por el mayor general Smedley D. Butler, oficial retirado del Cuerpo de Marines...*

El informe *del New York Times* añadía que el general Butler, "... había dicho a sus amigos... que el general Hugh S. Johnson, antiguo administrador de la NRA, estaba programado para el papel de dictador, y que J.P. Morgan & Co. así como Murphy & Co. estaban detrás del complot".

Tras este prometedor comienzo, el reportaje de *The New York Times* se fue desvaneciendo gradualmente y finalmente desapareció. Afortunadamente, desde entonces ha aparecido información suficiente para demostrar que el asunto Butler o el complot para apoderarse de la Casa Blanca es parte integrante de nuestra historia

---

1962), que contiene abundante material sobre el complot. El lector interesado también debería echar un vistazo a George Seldes, *One Thousand Americans* (Nueva York: Honi & Gaer, 1947).

Desgraciadamente, aunque estos libros han mantenido vivo el acontecimiento - un esfuerzo valeroso que en modo alguno debe subestimarse-, reflejan una confusión amateur de fascismo con moderación. Los partidarios de la Constitución, por supuesto, rechazarían absolutamente los esfuerzos dictatoriales descritos. Algunos grupos, como la American Conservative Union, por ejemplo, llevan una década dirigiendo sus ataques a los objetivos identificados por Archer y Seldes. El error de interpretación de estos últimos autores se acentúa porque la confusión sobre el significado de conservadurismo también impidió a estos autores explorar la posibilidad de que Wall Street tuviera en mente nada menos que a Franklin Delano Roosevelt como "el hombre del caballo blanco".

de FDR y Wall Street.

Grayson M-P. Murphy Company, 52 Broadway

La figura central de la trama era el general de división Smedley Darlington Butler, un pintoresco, popular y muy conocido oficial del Cuerpo de Marines, condecorado dos veces con la Medalla de Honor del Congreso y veterano de 33 años de servicio militar. El general Butler testificó en 1934 ante el Comité McCormack-Dickstein, que investigaba las actividades nazis y comunistas en Estados Unidos, que dos miembros de la Legión Americana le habían esbozado un plan para una dictadura en la Casa Blanca: Gerald C. MacGuire, que trabajaba para Grayson M-P. Murphy & Co., 52 Broadway, Nueva York, y Bill Doyle, a quien Butler identificó como oficial de la Legión Americana. El general Butler declaró que estos hombres querían "desbancar a la Familia Real del control de la Legión Americana en la Convención que se celebraría en Chicago, y [estaban] muy ansiosos por que yo tomara parte en ella". Se le esbozó un plan al general Butler: debía presentarse ante la convención como delegado de la Legión procedente de Honolulu; habría doscientos o trescientos miembros de la Legión Americana entre el público; y "estos tipos plantados debían comenzar a vitorear y a iniciar una estampida y a gritar para que se pronunciara un discurso, entonces yo debía subir a la plataforma y pronunciar un discurso."

El discurso preparado iba a ser escrito por John W. Davis, socio de Morgan. Para demostrar su respaldo financiero de Wall Street, MacGuire mostró al general Butler una libreta bancaria en la que figuraban depósitos de 42.000 y 64.000 dólares y mencionó que su fuente era Grayson M-P. Murphy, director de Guaranty Trust Company y otras empresas controladas por Morgan. Un banquero millonario, Robert S. Clark, con oficinas en el edificio de la Bolsa en el 11 de Wall Street, también estaba involucrado.

Por cierto, el general Butler conocía a Robert Clark de sus días de campaña en China. MacGuire y Doyle también ofrecieron a Butler una suma considerable para que pronunciara un discurso similar ante la convención de los Veteranos de Guerras Extranjeras en

Miami Beach. Según MacGuire, su grupo había investigado los antecedentes de Mussolini y el fascismo italiano, la organización de Hitler en Alemania y la Croix de Feu en Francia e insinuado que había llegado el momento de establecer una organización similar en Estados Unidos. El general Butler testificó ante el comité del Congreso sobre la declaración de MacGuire con las siguientes palabras:

> *Dijo: "Ha llegado el momento de reunir a los soldados".*
>
> *"Sí", le dije, "yo también lo creo". Me dijo: "Fui al extranjero a estudiar el papel que desempeñan los veteranos en los distintos montajes de los gobiernos que tienen en el extranjero. Fui a Italia durante 2 ó 3 meses y estudié la posición que ocupan los veteranos de Italia en el montaje fascista del Gobierno, y descubrí que son los antecedentes de Mussolini. Los mantienen en nómina de diversas maneras y los mantienen contentos y felices; y son su verdadera columna vertebral, la fuerza de la que puede depender, en caso de problemas, para sostenerlo. Pero esa configuración no nos convendría en absoluto. A los soldados de Estados Unidos no les gustaría. Luego fui a Alemania para ver lo que Hitler estaba haciendo, y toda su fuerza reside también en organizaciones de soldados. Pero eso no serviría. Investigué el asunto ruso. Descubrí que el uso de los soldados de allí nunca atraería a nuestros hombres. Entonces fui a Francia, y encontré exactamente la organización que vamos a tener. Es una organización de super soldados". Me dio su nombre en francés, pero no lo recuerdo. Nunca pude pronunciarlo. Pero sé que es una superorganización de miembros de todas las demás organizaciones de soldados de Francia, compuesta por suboficiales y oficiales. Me dijo que tenían unos 500.000 y que cada uno era líder de otros 10, de modo que les daba 5.000.000 de votos. Y dijo: "Esa es nuestra idea aquí en*

Estados Unidos: crear una organización de ese tipo".[133]

¿Cuál sería el objetivo de esta superorganización? Según el ya citado *New York Times*[134] , el general Butler habría declarado que se trataba de un intento de *golpe de estado* para derrocar al presidente Roosevelt y sustituirlo por un dictador fascista. Esta interpretación es repetida por Archer, Seldes y otros escritores. Sin embargo, esta no fue la acusación que hizo el general Butler al comité. La declaración precisa de Butler sobre la organización proyectada, el uso que se le iba a dar cuando se estableciera y el papel del presidente Roosevelt es la siguiente; el general Butler informó sobre su conversación con MacGuire:

Le dije: "¿Qué quieres hacer con él cuando lo levantes?".

"Bueno", dijo, "queremos apoyar al Presidente".

Le dije: "El Presidente no necesita el apoyo de ese tipo de organización. ¿Desde cuándo apoyas al Presidente? La última vez que hablé contigo estabas en su contra".

Dijo: "Bueno, ahora va a venir con nosotros".

"¿Lo es?"

"Sí."

"Bueno, ¿qué vas a hacer con estos hombres, supongamos que tienes estos 500.000 hombres en América? ¿Qué vas a hacer con ellos?"

---

[133] Cámara de Representantes, Investigation of Nazi Propaganda Activities and Investigation of Certain Other Propaganda Activities, Hearings No. 73-D.C.-6, op. cit. p. 17.

[134] The *New York Times*, 21 de noviembre de 1934.

"Bueno", dijo, "serán el apoyo del Presidente".

Le dije: "El Presidente tiene a todo el pueblo americano. ¿Para qué los quiere?"

Me dijo: "¿No entiendes que hay que cambiar un poco la organización? Ahora tenemos al Presidente. Tiene que tener más dinero. No hay más dinero para darle. El ochenta por ciento del dinero está ahora en bonos del Estado, y no puede mantener este tinglado mucho más tiempo. Tiene que hacer algo al respecto. Tiene que sacarnos más dinero o tiene que cambiar el método de financiación del Gobierno, y vamos a asegurarnos de que no cambie ese método. No lo cambiará".

Dije: "La idea de este gran grupo de soldados, entonces, es más o menos asustarlo, ¿no?".

"No, no, no; no para asustarlo. Esto es para sostenerlo cuando otros lo asalten".

Le dije: "Pues no lo sé. ¿Cómo lo explicaría el Presidente?"

Dijo: "No tendrá necesariamente que explicarlo, porque vamos a ayudarle". ¿No se te ha ocurrido pensar que el Presidente está sobrecargado de trabajo? Podríamos tener un Presidente Adjunto, alguien que cargue con las culpas; y si las cosas no funcionan, puede prescindir de él".

Continuó diciendo que no hacía falta ningún cambio constitucional para autorizar a otro funcionario del Gabinete, alguien que se hiciera cargo de los detalles de la oficina, quitárselos de encima al Presidente. Mencionó que el cargo sería el de secretario de asuntos generales, una especie de supersecretario.

PRESIDENTE [Diputado McCormack]. ¿Un secretario de asuntos generales?

BUTLER. Ese es el término que utilizó él, o un secretario de bienestar general, no recuerdo cuál. Salí de la entrevista con ese nombre en la cabeza. Tuve esa idea al hablar con ambos. Ambos habían hablado sobre el mismo tipo de ayuda que debería recibir el Presidente, y él dijo: "Sabes, el pueblo americano se tragará eso. Tenemos los periódicos. Empezaremos una campaña diciendo que la salud del Presidente está fallando. Todo el mundo puede decirlo con sólo mirarle, y el tonto pueblo americano se lo tragará en un segundo".

Y pude verlo. Tenían ese tinglado de la simpatía, que iban a tener a alguien que le quitara el patrocinio de encima y le quitara todas las preocupaciones y detalles de encima, y entonces será como el Presidente de Francia.

Le dije: "¿Así que de ahí sacaste esta idea?".

Dijo: "He estado viajando por ahí mirando. Ahora, sobre esta superorganización: ¿te interesaría dirigirla?".

Le dije: "Me interesa, pero no sé si dirigirlo. Estoy muy interesado en ello, porque ya sabes. Jerry, mi interés es, mi única afición es, mantener una democracia. Si consigues que esos 500.000 soldados defiendan algo que huela a fascismo, voy a conseguir 500.000 más y te voy a dar una paliza, y tendremos una verdadera guerra en casa. Usted lo sabe".

"Oh, no. No queremos eso. Queremos aliviar al Presidente".

"Sí; y entonces pondrás a alguien que puedas dirigir; ¿esa es la idea? El Presidente irá por ahí y bautizará bebés y dedicará puentes, y besará niños. El Sr. Roosevelt nunca estará de acuerdo con eso".

"Oh, sí; lo hará. Estará de acuerdo".[135]

---

[135] Cámara de Representantes, Investigation of Nazi Propaganda Activities and

En otras palabras, el complot de Wall Street no consistía en deshacerse del presidente Roosevelt, sino en echarlo a patadas hacia arriba e instalar a un presidente adjunto con poderes absolutos. No está claro por qué era necesario tomarse la molestia de instalar a un Presidente Adjunto, ya que el Vicepresidente estaba en funciones. En cualquier caso, se planeó dirigir los Estados Unidos con un Secretario de Asuntos Generales, y el crédulo público estadounidense lo aceptaría bajo el pretexto de la necesaria protección contra una toma del poder comunista.

En este punto es interesante recordar el papel de muchos de estos mismos financieros y empresas financieras en la revolución bolchevique -un papel, por cierto, que no podía haber sido conocido por el general Butler[136] - y el uso de tácticas similares de miedo a los rojos en la organización de los United Americans de 1922. Grayson M-P. Murphy fue, a principios de los años 30, director de varias empresas controladas por los intereses de J.P. Morgan, entre ellas la Guaranty Trust Company, destacada en la Revolución Bolchevique, la New York Trust Company y Bethlehem Steel, y formó parte del consejo de la Inspiration Copper Company, la National Aviation Corporation, la Intercontinental Rubber Co. y la U.S. & Foreign Securities. John W. Davis, el escritor de discursos del general Butler, era socio de Davis, Polk, Wardwell, Gardner & Reed, del número 15 de Broad Street. Tanto Polk como Wardwell, de este prestigioso bufete, así como Grayson Murphy, tuvieron papeles en la Revolución Bolchevique. Además, Davis era también codirector con Murphy en la Guaranty Trust Co. controlada por Morgan y codirector con el aspirante presidencial Al Smith en la Metropolitan Life Insurance Co., así como director de la Mutual Life Insurance Co., la U.S. Rubber Co. y la American Telephone and Telegraph, la unidad de control de la Bell System.

Afortunadamente para la historia. El General Butler discutió la

---

Investigation of Certain Other Propaganda Activities, Hearings No. 73-D.C.-6, op. cit., pp. 17-18.

[136] Véase Sutton, Bolshevik Revolution, op. cit.

oferta con una fuente periodística imparcial en un momento muy temprano de sus conversaciones con MacGuire y Doyle. El Comité McCormack- Dickstein escuchó el testimonio bajo juramento de este confidente, Paul Comley French. French confirmó que era reportero de *The Philadelphia Record* y *The New York Evening Post* y que el general Butler le había hablado del complot en septiembre de 1934. Posteriormente, el 13 de septiembre de 1934 French fue a Nueva York y se reunio con MacGuire. Lo que sigue es parte de la declaración de French al Comité:

SR. FRANCÉS. [Vi a] Gerald P. MacGuire en las oficinas de Grayson M.-P. Murphy & Co., en el duodécimo piso del 52 de Broadway, poco después de la una de la tarde. Allí tiene un pequeño despacho privado y entré en su oficina. Tengo aquí algunas citas directas de él. En cuanto salí de su despacho cogí una máquina de escribir e hice un memorándum de todo lo que me dijo. "Necesitamos un gobierno fascista en este país", insistió, "para salvar a la Nación de los comunistas que quieren derribarla y destruir todo lo que hemos construido en América. Los únicos hombres que tienen el patriotismo para hacerlo son los soldados y Smedley Butler es el líder ideal. Podría organizar a un millón de hombres en una noche". Durante la conversación me dijo que había estado en Italia y Alemania durante el verano de 1934 y la primavera de 1934 y que había hecho un estudio intensivo de los antecedentes de los movimientos nazi y fascista y de cómo los veteranos habían desempeñado un papel en ellos. Dijo que había obtenido suficiente información sobre los movimientos fascista y nazi y sobre el papel desempeñado por los veteranos, como para crear una en este país.

A lo largo de su conversación conmigo hizo hincapié en que todo el asunto era tremendamente patriótico, que estaba salvando a la Nación de los comunistas, y que los hombres con los que tratan tienen esa descerebrada idea de que los comunistas van a destrozarla. Dijo que la única salvaguarda serían los soldados. Al principio sugirió que el General organizara él mismo esta organización y pidiera un dólar al año de cuota a todo el mundo. Discutimos eso, y luego llegó al punto de conseguir fondos financieros externos, y dijo que no sería ningún problema recaudar un millón de dólares.

En el transcurso de la conversación habló continuamente de la necesidad de un hombre en un caballo blanco, como él lo llamaba, un dictador que llegara galopando en su caballo blanco. Decía que esa era la única manera, ya fuera mediante la amenaza de la fuerza armada o la delegación del poder, y el uso de un grupo de veteranos organizados, de salvar el sistema capitalista.

Se calentó considerablemente después de que nos pusimos en marcha y dijo: "Podríamos ir con Roosevelt, y luego hacer con él lo que Mussolini hizo con el rey de Italia". Encaja con lo que le dijo al general [Butler], que tendríamos un Secretario de Asuntos Generales, y si Roosevelt jugaba a la pelota, fenomenal; y si no lo hacía, lo echarían.[137]

Ackson Martindell, 14 Wall Street

El testimonio jurado del general Smedley Butler y de Paul French en las audiencias del comité tiene un hilo persistente. El general Butler divagaba de vez en cuando y algunas partes de su declaración son vagas, pero es evidente que hay mucho más en la historia que una inocente reunión de miembros de la Legión Americana en una superorganización. ¿Existe alguna prueba independiente que confirme al general Butler y a Paul French? Sin que Butler ni French lo supieran, Guaranty Trust había participado en las maniobras de Wall Street en la revolución bolchevique de 1917, lo que indica al menos una predisposición a mezclar negocios financieros con política dictatorial; dos de las personas implicadas en la trama eran directores de Guaranty Trust. Además, antes de que las audiencias se interrumpieran abruptamente, el comité escuchó pruebas de una fuente independiente, que confirmaron muchos detalles relatados por el general Butler y Paul French. En diciembre de 1934, el capitán Samuel Glazier, comandante del campamento CCC de Elkridge,

---

[137] Cámara de Representantes, Investigation of Nazi Propaganda Activities and Investigation of Certain Other Propaganda Activities, Audiencias nº 73-D.C.-6, op. cit., p. 26.

Maryland[138] , compareció ante el comité.

El 2 de octubre de 1934, declaró el capitán Glazier, había recibido una carta de A.P. Sullivan, Ayudante General del Ejército de los EE.UU., en la que le presentaba a un tal Sr. Jackson Martindell, "a quien usted mostrará todas las cortesías". Esta carta fue enviada a Glazier por orden del Mayor General Malone del Ejército de los Estados Unidos. ¿Quién era Jackson Martindell? Era un asesor financiero con oficinas en el 14 de Wall Street, anteriormente asociado con Stone & Webster & Blodget, Inc, banqueros de inversión del 120 de Broadway, y con Carter, Martindell & Co, banqueros de inversión del 115 de Broadway.[139] Martindell era un hombre de sustancia , que vivía, según The New York Times, "... en el centro de una hermosa finca de sesenta acres" que había comprado a Charles Pfizer[140] , y era lo suficientemente influyente como para que el general Malone organizara una visita guiada al campamento del Cuerpo de Conservación de Elkridge, Maryland.

La asociación de Martindell con Stone & Webster (120 Broadway) es significativa y por sí sola justifica un seguimiento de sus asociados en la zona de Wall Street.

El capitán Glazier proporcionó a Martindell la visita solicitada al campamento y declaró ante la comisión que Martindell planteó numerosas preguntas sobre un campamento similar para que los hombres trabajaran en la industria en lugar de en los bosques. Aproximadamente una semana después de la visita. El capitán Glazier visitó la casa de Martindell en Nueva Jersey, se enteró de que era amigo personal del general Malone y fue informado de que Martindell quería organizar campamentos similares al CCC para

---

[138] Ibídem, Partes 1-2. Basado en el testimonio ante el Comité McCormack-Dickstein.

[139] 120 Broadway es el tema de un capítulo de este libro y de un libro anterior, Sutton, *Bolshevik Revolution*, op. cit. Stone & Webster también ocupa un lugar destacado en el libro anterior.

[140] The *New York Times*, 28 de diciembre de 1934.

formar a 500.000 jóvenes. Las connotaciones de esta charla, según informó Glazier, eran antisemitas y sugerían un intento de golpe de estado en Estados Unidos; la organización que patrocinaba este derrocamiento se llamaba American Vigilantes, cuyo emblema era una bandera con un águila roja sobre fondo azul en lugar de la esvástica alemana. Se trataba en parte de una verificación independiente del testimonio del general Butler.

Testimonio de Gerald C. Macguire

Gerald MacGuire, uno de los conspiradores acusados, fue llamado ante el comite y testifico largamente bajo juramento. Declaró que se reunió con el general Butler en 1933 y que los motivos de su visita a Butler fueron, (1) hablar del Comité por un Dólar Sano y (2) que pensaba que Butler sería un "buen hombre para ser comandante de la Legión."

MacGuire admitió que le había dicho al general Butler que era miembro del comité de invitados distinguidos de la Legión Americana; tenía un "vago recuerdo" de que el millonario Robert S. Clark había hablado con Butler, pero "negó rotundamente" haber hecho los preparativos para que Clark se reuniera con Butler. MacGuire admitió haber enviado postales a Butler desde Europa, haber mantenido una conversación con el general en el hotel Bellevue-Stratford y haberle dicho que iba a asistir a la convención de Miami. Sin embargo, cuando se le preguntó si le había hablado a Butler sobre el papel que desempeñaban los veteranos en los gobiernos europeos, respondió que no, aunque declaró que le había dicho a Butler que, en su opinión, "Hitler no duraría otro año en Alemania y que Mussolini estaba de capa caída."[141]

El testimonio de MacGuire sobre su reunión con French difirió

---

[141] Cámara de Representantes, Investigation of Nazi Propaganda Activities and Investigation of Certain Other Propaganda Activities, Hearings No. 73-D.C.-6, op. cit., p. 45.

sustancialmente del relato de French:

PREGUNTA. ¿Para qué le llamó el Sr. French, Sr. MacGuire?

RESPUESTA. Según el relato del señor French, vino a verme y a conocerme porque yo había conocido al general Butler y era amigo suyo, y quería conocerme, y ése era principalmente el objeto de su visita.

PREGUNTA. ¿No se ha discutido nada más?

RESPUESTA. Hablamos de varias cosas, sí. La situación del mercado de bonos, el mercado de valores, lo que yo pensaba que era una buena compra en este momento, lo que él podría comprar si tuviera setecientos u ochocientos dólares, la situación del país, las perspectivas de recuperación, y varios temas que dos hombres cualesquiera discutirían si se reunieran.

PREGUNTA. ¿Nada más?

RESPUESTA. Nada más, excepto esto, Sr. Presidente: Como dije ayer, creo, cuando el Sr. French vino a verme, dijo. El general Butler es, o ha sido, contactado por dos o tres organizaciones -y creo que mencionó una de ellas como un comité de vigilantes de este país- y me preguntó: "¿Qué opina usted al respecto?" Y creo que le dije: "No creo que el general deba mezclarse con ninguno de esos asuntos en este país. Creo que todos esos tipos están tratando de utilizarlo; de usar su nombre con fines publicitarios y para conseguir miembros, y creo que debería mantenerse alejado de cualquiera de esas organizaciones".

PREGUNTA. ¿Nada más?

RESPUESTA. Nada más. Esa fue la esencia de toda la

conversación.[142]

MacGuire testificó además que trabajaba para Grayson Murphy y que Robert S. Clark había puesto 300.000 dólares para formar el Committee for a Sound Dollar.

El Comité McCormack-Dickstein pudo confirmar el hecho de que Robert Sterling Clark transmitió dinero a MacGuire con fines políticos:

Él [MacGuire] testificó además que este dinero le fue dado por el Sr. Clark mucho después de la Convención de la Legión de Chicago, y que también había recibido de Walter E. Frew del Corn Exchange Bank & Trust Co. la suma de $1,000, que también fue puesta a crédito del Comité de Dinero Sano.

MacGuire testificó entonces que había recibido de Robert Sterling Clark aproximadamente 7.200 dólares, para sus gastos de viaje a, en y desde Europa, a los que se había añadido la suma de 2.500 dólares en otra ocasión y 1.000 dólares en otro momento, y declaró bajo juramento, que no había recibido nada de nadie más y además testificó que lo había depositado en su cuenta personal en la Manufacturers Trust Co., 55 Broad Street.

MacGuire testificó además que tenía una cuenta corriente de 432 dólares al mes en ese momento, a los que se añadían algunas comisiones. Más tarde MacGuire testificó que los $2500 y los $1000 estaban en conexión con la organización del Comité por un Dólar Sano.

El presidente McCormack dirigió entonces la siguiente pregunta: "¿Aportó el Sr. Clark dinero de alguna otra forma, además de los 30.000 $. y las otras sumas que ha enumerado que le dio personalmente?" A lo que MacGuire respondió: "No señor, se le ha pedido varias veces que contribuya a diferentes fondos, pero se ha

---

[142] Ibídem, p. 45.

negado".[143]

En su comunicado de prensa de Nueva York, la comisión señaló varias discrepancias en el testimonio de MacGuire sobre la recepción de fondos. La sección dice lo siguiente:

Tampoco pudo MacGuire recordar cuál era el propósito de su viaje a Washington o si había entregado al Central Hanover Bank trece billetes de mil dólares o que había comprado una de las cartas de crédito con un cheque certificado librado a la cuenta del Sr. Christmas.

En el transcurso del interrogatorio, MacGuire no pudo recordar si alguna vez había manejado billetes de mil dólares y, desde luego, no pudo recordar haber mostrado trece de ellos a la vez en el banco. Debe recordarse a este respecto que la compra de 13.000 dólares con billetes de mil dólares en el banco se produjo sólo seis días después de que Butler afirmara que MacGuire le había mostrado dieciocho billetes de mil dólares en Newark.

De lo anterior se desprende fácilmente que, además de los 30.000 dólares que Clark dio a MacGuire para el Sound Money Committee, produjo aproximadamente 75.000 dólares más que MacGuire admitió a regañadientes al ser confrontado con las pruebas.

Estos 75.000 dólares se muestran en los 26.000 dólares que entraron en la cuenta de Manufacturers Trust, 10.000 dólares en moneda en el almuerzo, la compra de cartas de crédito por un total de 30.300 dólares, de los cuales el cheque certificado de Christmas se representó como 15.000 dólares, gastos a Europa cercanos a los 8.000 dólares. Esto aún no se ha explicado. El Comité aún no sabe si hubo más y en qué cuantía.[144]

La comisión hizo entonces a MacGuire una pregunta obvia: si

---

[143] Comunicado de prensa. Nueva York, p. 12.

[144] Ibídem, p. 13.

conocía a Jackson Martindell. Desgraciadamente, se dejó pasar un error igualmente obvio en la respuesta de MacGuire. La transcripción del comité dice lo siguiente:

Por el Presidente:

PREGUNTA. ¿Conoce al Sr. Martindell, Sr. MacGuire?

RESPUESTA. ¿Sr. Martin Dell? No, señor; no lo conozco.

EL PRESIDENTE. ¿Es ese su nombre?

MR. DICKSTEIN. Creo que sí.[145]

Así que, en resumen, tenemos tres testigos fiables -General Butler, Paul French y el capitán Samuel Glazier- declarando bajo juramento sobre planes de un complot para instalar una dictadura en Estados Unidos. Y tenemos un testimonio contradictorio de Gerald MacGuire que claramente justifica una investigación más a fondo. Tal investigación fue al principio la intención declarada del comité: "El Comité está esperando el regreso a este país tanto del Sr. Clark como del Sr. Christmas. Tal y como están las pruebas, exigen una explicación que el Comité no ha podido obtener del Sr. MacGuire."[146]

Pero la comisión no llamó a declarar ni al Sr. Clark ni al Sr. Christmas. No hizo ningún otro esfuerzo -al menos, no aparece en el registro público- para encontrar una explicación a las incoherencias e imprecisiones del testimonio de MacGuire, testimonio que se prestó ante la comisión bajo juramento.

---

[145] Cámara de Representantes, Investigation of Nazi Propaganda Activities and Investigation of Certain Other Propaganda Activities, Audiencias nº 73-D.C.-6, op. cit., p. 85.

[146] Comunicado de prensa, Nueva York, p. 13.

Supresión de la participación de Wall Street

La historia de un intento de toma del poder ejecutivo en Estados Unidos fue suprimida, no sólo por las partes directamente interesadas, sino también por varias instituciones consideradas habitualmente como protectoras de la libertad constitucional y la libertad de investigación. Entre los grupos que suprimieron la información se encontraban (1) el Congreso de Estados Unidos, (2) la prensa, especialmente *Time* y *The New York Times*, y (3) la propia Casa Blanca. También es notable que no se haya llevado a cabo ninguna investigación académica sobre lo que seguramente es uno de los acontecimientos más ominosos de la historia reciente de Estados Unidos. La supresión es aún más lamentable a la luz de la actual tendencia hacia el colectivismo en Estados Unidos y la probabilidad de que se produzca otro intento de toma de poder dictatorial utilizando como pretexto supuestas amenazas de la izquierda o de la derecha.

La supresión por parte del Comité de Actividades Antiamericanas de la Cámara de Representantes se concretó en la eliminación de extensos extractos relacionados con financieros de Wall Street, entre ellos el director de Guaranty Trust, Grayson Murphy, J.P. Morgan, los intereses de Du Pont, Remington Arms y otros presuntamente implicados en el intento de complot. Incluso hoy, en 1975, no es posible encontrar una transcripción completa de las audiencias.

Algunas de las partes suprimidas de la transcripción fueron desenterradas por el reportero John Spivak de.[147] Una referencia al administrador de la NRA, Hugh Johnson, mostrará el tipo de información suprimida; el Comité suprimió las palabras en cursiva del testimonio impreso; Butler habla con MacGuire:

Le dije: "¿Ya se ha movido algo?".

"Sí", dijo, "observa; en dos o tres semanas lo verás aparecer en los

---

[147] Véase Jules Archer, *The Plot to Seize the White House*, op. cit.

periódicos. Y en unas dos semanas apareció la Liga Americana de la Libertad, que era más o menos lo que él había descrito. Podríamos tener un Presidente adjunto, alguien que cargue con la culpa; y si las cosas no funcionan, puede dejarlo.

Dijo: "Para eso estaba preparando a Hugh Johnson. Hugh Johnson hablaba demasiado y le metió en un agujero, y va a despedirle en las próximas tres o cuatro semanas".

Le dije: "¿Cómo sabes todo esto?".

"Oh", dijo, "estamos con él todo el tiempo. Sabemos lo que va a pasar".[148]

El testimonio de Paul French también fue censurado por el Comité de la Cámara. Testigo de ello es el siguiente extracto del testimonio de French que se refiere a John W. Davis, J.P. Morgan, la Du Pont Company, y otros en Wall Street y que corrobora fuertemente el testimonio del General Butler:

Al principio él [MacGuire] sugirió que el General [Butler] organizara él mismo este equipo y pidiera a todo el mundo una cuota de un dólar al año. Lo discutimos, y luego llegó al punto de conseguir fondos financieros externos, y dijo que no sería ningún problema recaudar un millón de dólares. Dijo que podía dirigirse a John W. Davis [abogado de J.P. Morgan & Co.] o a Perkins del National City Bank, y a cualquier otra persona para conseguirlo. Por supuesto, eso puede o no significar nada. Es decir, su referencia a John W. Davis y Perkins del National City Bank. Durante mi conversación con él, por supuesto, no comprometí al General a nada. Sólo lo estaba tanteando.

Más tarde, discutimos la cuestión de las armas y el equipo, y él sugirió que podrían obtenerse de la Remington Arms Co., a crédito

---

[148] George Seldes, *Mil americanos*, op. cit, p. 288.

a través de los Du Pont.

No creo que en aquel momento mencionara las conexiones de Du Pont con la American Liberty League, pero lo eludió. Es decir, no creo que mencionara la Liga de la Libertad, pero eludió la idea de que esa era la puerta trasera; uno de los Du Pont está en la junta directiva de la Liga de la Libertad Americana y poseen una participación mayoritaria en la Remington Arms Co... Dijo que el General no tendría ningún problema en alistar a 500.000 hombres.[149]

John L. Spivak, el reportero que desenterró la supresión en las transcripciones del Congreso, desafió al presidente del Comité, Samuel Dickstein, de Nueva York, con sus pruebas. Dickstein admitió que: el Comité había suprimido ciertas partes del testimonio porque eran de oídas".

"Pero sus informes publicados están llenos de testimonios de oídas". "¿Lo están?", dijo.

"¿Por qué no se llamó a Grayson Murphy? ¿Su Comité sabía que los hombres de Murphy están en la organización de espionaje antisemita Orden del 76?"

"No tuvimos tiempo. Nos habríamos ocupado de los grupos de Wall Street si hubiéramos tenido tiempo. No dudaría en ir a por los Morgan".

"Tenías a Belgrano, Comandante de la Legión Americana, en la lista para testificar. ¿Por qué no fue examinado?"

"No lo sé. Tal vez puedas conseguir que el Sr. McCormack te lo explique. Yo no tuve nada que ver".[150]

---

[149] Ibídem, pp. 289-290.

[150] John L. Spivak, *Un hombre en su tiempo* (Nueva York: Horizon Press, 1967), pp. 311, 322-25.

El hecho es que el comité no llamó a Grayson Murphy, Jackson Martindell ni John W. Davis, todos ellos acusados directamente en un testimonio jurado. Además, el comité suprimió todas las partes del testimonio que implicaban a otras personas prominentes: J.P. Morgan, los Du Pont, los intereses Rockefeller, Hugh Johnson y Franklin D. Roosevelt. Cuando el congresista Dickstein alegó su inocencia ante John Spivak, lo hizo en contradicción con su propia carta al presidente Roosevelt, en la que afirma haber impuesto restricciones incluso a la distribución pública de las audiencias del comité, tal como fueron impresas, "para que no llegaran a manos que no fueran responsables." El informe final emitido por el comité el 15 de febrero de 1935 enterró aún más la historia. John L. Spivak resume sucintamente el enterramiento: "Yo... estudié el informe del Comité. Dedicaba seis páginas a la amenaza de los agentes nazis que operaban en este país y once páginas a la amenaza de los comunistas. Dedicaba una página al complot para apoderarse del Gobierno y destruir nuestro sistema democrático".[151]

El papel de los principales periódicos y revistas de opinión en la información sobre el asunto Butler es igualmente sospechoso. De hecho, su tratamiento del suceso tiene visos de distorsión y censura. La veracidad de algunos de los principales periódicos ha sido ampliamente cuestionada en los últimos 50 años[152], y en algunos círculos se ha llegado a acusar a los medios de comunicación de conspiración para suprimir "todo lo que se oponga a los deseos de del interés al que sirven". Por ejemplo, en 1917 el congresista Callaway insertó en The Congressional Record la siguiente crítica devastadora al control de Morgan sobre la prensa:

MR. CALLAWAY. Sr. Presidente, bajo consentimiento unánime, inserto en el Acta en este punto una declaración que muestra la combinación de periódicos, que explica su actividad en este asunto de la guerra, que acaba de ser discutido por el caballero de

---

[151] Ibídem, p. 331.

[152] Véase Herman Dinsmore, *All the News That Fits*, (New Rochelle: Arlington House, 1969).

Pennsylvania (Sr. Moore):

En marzo de 1915, los intereses de J.P. Morgan, los intereses del acero, la construcción naval y la pólvora, y sus organizaciones subsidiarias, reunieron a 12 hombres de alto rango en el mundo de la prensa y los emplearon para seleccionar los periódicos más influyentes de los Estados Unidos y un número suficiente de ellos para controlar en general la política de la prensa diaria de los Estados Unidos.

Estos 12 hombres resolvieron el problema seleccionando 179 periódicos, y luego comenzaron por un proceso de eliminación, para retener sólo los necesarios con el fin de controlar la política general de la prensa diaria en todo el país. Descubrieron que sólo era necesario comprar el control de 25 de los periódicos más importantes. Se acordaron los 25 periódicos; se enviaron emisarios para comprar la política, nacional e internacional, de estos periódicos; se llegó a un acuerdo; se compró la política de los periódicos, que se pagaría por meses; se proporcionó un editor para cada periódico para supervisar y editar adecuadamente la información relativa a las cuestiones de preparación, militarismo, políticas financieras y otras cosas de naturaleza nacional e internacional consideradas vitales para los intereses de los compradores.

Este contrato existe en la actualidad, y explica por qué las columnas de noticias de la prensa diaria del país están llenas de todo tipo de argumentos de preparación y tergiversaciones en cuanto a la condición actual del Ejército y la Armada de los Estados Unidos y la posibilidad y probabilidad de que los Estados Unidos sean atacados por enemigos extranjeros.

Esta política incluía también la supresión de todo lo que se opusiera a los deseos de los intereses a los que servía. La eficacia de este esquema ha sido concluyentemente demostrada por el carácter de las cosas publicadas en la prensa diaria en todo el país desde marzo de 1915. Han recurrido a todo lo necesario para comercializar el sentimiento público y presionar al Congreso Nacional para que haga asignaciones extravagantes y despilfarradoras para el Ejército y la

Marina bajo la falsa pretensión de que era necesario. Su argumento habitual es que se trata de "patriotismo". Se aprovechan de todos los prejuicios y pasiones del pueblo estadounidense.[153]

En el asunto Butler los intereses acusados son también los identificados por el congresista Callaway: la firma J.P. Morgan y las industrias del acero y la pólvora. El general Butler acusó a Grayson Murphy, director de la Guaranty Trust Company, controlada por Morgan; a Jackson Martindell, asociado con Stone & Webster, aliada de los Morgan; a la Du Pont Company (la industria de la pólvora); y a Remington Arms Company, controlada por Du Pont y los intereses financieros de Morgan-Harriman. Además, las empresas que aparecen en el testimonio suprimido del Congreso de 1934 son J.P. Morgan, Du Pont y Remington Arms. En resumen, podemos verificar la supresión en el Congreso en 1934 de información que apoya las acusaciones anteriores de 1917 del congresista Callaway.

¿Se extiende esta supresión a las grandes revistas de información? Podemos tomar dos ejemplos principales: *The New York Times* y la revista *Time*. Si tal combinación como acusa Callaway existiera, entonces estos dos diarios estarían sin duda entre "los 25 periódicos más importantes implicados en los años 30". El reportaje del *New York Times* sobre el "complot" comienza con un artículo en primera plana el 21 de noviembre de 1934: "Gen. Butler Bares 'Fascist Plot' to Seize Government by Force," con el párrafo principal citado arriba (p. 143). Este artículo *del Times* es un reportaje razonablemente bueno e incluye una declaración directa del congresista Dickstein: "Según los indicios actuales, Butler tiene las pruebas. No va a hacer ninguna acusación seria a menos que tenga algo que la respalde. Tendremos aquí hombres con nombres más importantes que el suyo". A continuación, el artículo del Times recoge que "el Sr. Dickstein dijo que unas dieciséis personas mencionadas por el general Butler al Comité serían citadas, y que podría celebrarse una audiencia pública el próximo lunes." El Times también incluye desmentidos rotundos y a veces enfurecidos de

---

[153] Congressional Record, Vol. 55, pp. 2947-8 (1917).

Hugh Johnson, Thomas W. Lamont y Grayson M-P. Murphy, de Guaranty Trust.

A la mañana siguiente, 22 de noviembre, el *Times* hizo un cambio importante en la información sobre el complot. Las revelaciones fueron retiradas a una página interior, aunque el testimonio se refería ahora a Gerald MacGuire, uno de los conspiradores acusados. Además, se aprecia un decidido cambio en la actitud del comité. El congresista McCormack afirma ahora que "el comité no ha decidido si llamará a declarar a más testigos". Dijo que el testigo más importante, aparte del Sr. MacGuire, era Robert Sterling Clark, un acaudalado neoyorquino con oficinas en el edificio de la Bolsa".

Aunque la información *del Times* se limitó a una sola columna interior, la página editorial, su sección más influyente, publicó un editorial que marcó la pauta de la información posterior. Bajo el título "Credulidad sin límites", afirmaba que la acusación de Butler era una "narración escueta y poco convincente".... Toda la historia suena como un gigantesco engaño... no merece una discusión seria", y así sucesivamente. En resumen, antes de que los 16 testigos importantes fueran llamados, antes de que la evidencia estuviera en el expediente, *antes de que* la acusación fuera investigada. El New York Times decidió que no quería saber nada de esta historia porque era un engaño, no apto para publicarse.

Al día siguiente, 23 de noviembre, el Times cambió aún más su información. Los titulares eran ahora sobre los rojos y las luchas sindicales rojas y se referían a las supuestas actividades de los comunistas en los sindicatos estadounidenses, mientras que el testimonio de Butler y las pruebas en desarrollo se ocultaban en el fondo de la información sobre las actividades de los rojos. La historia resultante era, por supuesto, vaga y confusa, pero enterraba eficazmente las pruebas de Butler.

El 26 de noviembre, las audiencias continuaron, pero el propio comité se arrepintió y emitió una declaración: "Este Comité no ha tenido ante sí ninguna prueba que justifique en lo más mínimo llamar a comparecer ante él a hombres como John W. Davis, el general Hugh Johnson, el general James G. Harbord, Thomas W.

Lamont, el almirante William S. Sims o Hanford MacNider".

Hay que tener en cuenta que estos nombres habían aparecido en testimonios jurados, que más tarde se eliminaron del acta oficial. El *Times* continuó informando de este acontecimiento de forma abreviada en una página interior bajo el titular "El Comité está tranquilo sobre el 'complot' de Butler, no tiene pruebas que justifiquen llamar a Johnson y otros". El 27 de noviembre, la información *del Times* se redujo a cinco pulgadas de columna en una página interior bajo el ominoso titular "No se abandonará la investigación sobre el complot de Butler". El *Times* informó de las audiencias de diciembre en primera página (28 de diciembre de 1934), pero ahora el complot se tergiversó a "Los rojos conspiran para secuestrar al presidente, acusa un testigo en la investigación de la Cámara".

Revisando la historia del caso Butler en el *Times* 40 años después del suceso y comparando su historia con el testimonio oficial impreso, a su vez fuertemente censurado, es obvio que el periódico, ya fuera por iniciativa propia o bajo presión externa, decidió que la historia no debía hacerse pública. En consonancia con esta interpretación, encontramos que The New York Times, el "periódico de referencia", omite el testimonio de Butler de las entradas de su índice anual, del que dependen investigadores y estudiosos. *El Times* Index de 1934 tiene una entrada "BUTLER (Maj Gen), Smedley D", pero sólo incluye algunos de sus discursos y un retrato biográfico. El testimonio de Butler no aparece en la lista. Hay una entrada, "See also: Fascism-U.S.", pero bajo esa referencia cruzada sólo aparece: "Maj Gen S.D. Butler charges plot to overthrow present govt; Wall Street interests and G.P. MacGuire implicated at Cong com hearing". El único nombre importante de Wall Street que se menciona en el índice es el de R.S. Clark, a quien las acusaciones dejan "perplejo". Ninguno de los asociados clave de Morgan y Du Pont citados por el general Butler aparece en el *índice*. En otras palabras, parece haber habido un intento deliberado por parte de este periódico de engañar a los historiadores.

El reportaje de la revista Time descendió a la ficción en sus intentos de reducir las pruebas del general Butler a la categoría de absurdas.

Si alguna vez un estudiante quiere construir un ejemplo de reportaje tendencioso, hay un ejemplo de primera clase en la comparación de las pruebas presentadas al Comité McCormack-Dickstein por el general Butler con el reportaje posterior de Time. El número de *Time* del 3 de diciembre de 1934 publicó el reportaje bajo el título "Complot sin conspiradores", pero el reportaje no se parece en nada al testimonio, ni siquiera al testimonio censurado. La historia retrata al general Butler dirigiendo a medio millón de hombres a lo largo de la autopista 1 de EE.UU. al grito de: "¡Hombres, Washington está a sólo 30 millas! ¿Me seguirán?" A continuación, se describe a Butler tomando el control del gobierno de EE.UU. por la fuerza del presidente Roosevelt. El resto del reportaje de Time está repleto de rastros del pasado de Butler y una variedad de desmentidos por parte del acusado. En ninguna parte se intenta informar de las declaraciones del general Butler, aunque se citan correctamente los desmentidos de J.P. Morgan, Hugh Johnson, Robert Sterling Clark y Grayson Murphy. Se incluyen dos fotografías: un genial J.P. Morgan con aspecto de abuelo y el general Butler en una pose que simboliza universalmente la locura: un dedo apuntando a su oreja. El reportaje era periodismo basura, deshonesto y vergonzoso en su peor expresión. Independientemente de lo que pensemos sobre la propaganda nazi o la distorsión de la prensa soviética, ni Goebbels ni *Goslit* alcanzaron nunca la pericia hipnótica de los periodistas y editores *de Time*. El temible problema es que las opiniones y costumbres de millones de estadounidenses y de angloparlantes de todo el mundo han sido moldeadas por esta escuela de periodismo distorsionado.

Para mantener nuestra crítica en perspectiva, hay que señalar que Time era aparentemente imparcial en su búsqueda de periodismo escabroso. Incluso Hugh S. Johnson, administrador de la NRA y uno de los presuntos conspiradores en el asunto Butler, fue blanco de *las* travesuras de Time. Como Johnson relata en su libro:

> *Yo estaba en la tribuna de revista en aquel desfile y había cientos de personas conocidas que saludaban al pasar. Abajo había baterías masivas de cámaras, y yo sabía que si levantaba la mano más arriba de los hombros, parecería y sería publicitado como un "saludo fascista". Así que nunca la levanté más. Me limité a estirar el brazo*

> *y mover la mano. Pero eso no me ayudó: Time salió diciendo que yo había saludado constantemente a Mussolini e incluso tenía una fotografía que lo demostraba, pero no era mi brazo el que aparecía en esa fotografía. Llevaba el puño de la manga pegado de un abrigo recortado y un puño redondo rígido con un botón de puño a la vieja usanza y yo no había llevado ninguno de los dos en toda mi vida. Creo que era el brazo del alcalde O'Brien, que estaba a mi lado, el que había sido falsificado sobre mi cuerpo.[154]*

Una evaluación del asunto Butler

El punto más importante que hay que evaluar es la credibilidad del general Smedley Darlington Butler. ¿Mentía el general Butler? ¿Decía la verdad? ¿Exageraba para causar efecto?

El general Butler era un hombre fuera de lo común y particularmente inusual de encontrar en las fuerzas armadas: condecorado dos veces con la Medalla de Honor, líder indiscutible de hombres, con indudable valentía personal, profunda lealtad a sus semejantes y un feroz sentido de la justicia. Todas estas son cualidades admirables. Ciertamente, el general Butler no era el tipo de hombre que dice mentiras o exagera por una razón insignificante. Su facilidad para el dramatismo deja abierta la posibilidad de la exageración, pero la mentira deliberada es muy poco probable.

¿Las pruebas apoyan o rechazan a Butler? El reportero Paul French de *The Philadelphia Record* apoya totalmente a Butler. Las pruebas del capitán Glazier, comandante del campamento del CCC, apoyan a Butler. En estos dos casos no hay discrepancia en las pruebas. Las declaraciones de MacGuire hechas bajo juramento ante el Congreso no apoyan a Butler. Tenemos, por tanto, un conflicto de pruebas juradas. Además, MacGuire fue encontrado culpable en varios puntos por el comité; utilizó la evasiva de "no recordar" en varias ocasiones y, en áreas importantes como la financiación por Clark,

---

[154] Hugh S. Johnson, *The Blue Eagle from Egg to Earth*, op. cit., p.267

MacGuire apoya involuntariamente a Butler. Hay un núcleo duro de verosimilitud en la historia de Butler. Existe cierta posibilidad de exageración, tal vez no atípica para un hombre de la personalidad extravagante de Butler, pero no está probada ni refutada.

Sin lugar a dudas, el Congreso de los Estados Unidos hizo un grave daño a la causa de la libertad al suprimir la historia de Butler. Esperemos que algún congresista o algún comité del Congreso, incluso en esta fecha tan tardía, retome el hilo y publique el testimonio completo sin censura. También podemos esperar que la próxima vez, en algún asunto de importancia comparable, The New York Times esté a la altura de su pretensión de ser el periódico de referencia, un nombre que justificó tan admirablemente cuatro décadas después en la Investigación Watergate.

Capítulo XI

Los Socialistas Corporativos en el 120 de Broadway, Nueva York

Ya había empezado a reaparecer en la oficina de la Fidelity and Deposit Company, en el 120 de Broadway. Todavía no visitaba su bufete de abogados en el 52 de Wall Street, debido a los altos escalones de la entrada: no podía soportar la idea de que lo subieran en público. En el 120 de Broadway podía subir solo el único escaloncito que había desde la acera.

Frank Freidel, Franklin D. Roosevelt: The Ordeal
(Boston; Little, Brown, 1954), p. 119.

Al igual que en *Wall Street y la revolución bolchevique*, muchos de los principales personajes (incluido FDR) y empresas, e incluso algunos de los acontecimientos, descritos en este libro se encuentran en una única dirección, el Equitable Office Building, en el 120 de Broadway, Nueva York.

La oficina de Franklin D. Roosevelt a principios de los años veinte, cuando era vicepresidente de la Fidelity and Deposit Company, estaba en el 120 de Broadway. El biógrafo Frank Freidel registra más arriba su reingreso en el edificio tras su ataque de poliomielitis. En aquella época, la oficina de Bernard Baruch también estaba en el 120 de Broadway y Hugh Johnson, que más tarde sería el administrador de la NRA, era el ayudante de investigación de Bernard Baruch en la misma dirección.

También estaban allí las oficinas ejecutivas de General Electric y las de Gerard Swope, autor del Plan Swope que se convirtió en la ANR de Roosevelt. El Bankers Club estaba en la última planta de este mismo Equitable Office Building y fue el lugar de una reunión en 1926 de los conspiradores del caso Butler. Obviamente, había una concentración de talento en esta dirección concreta que merece una mayor descripción.

La revolución bolchevique y 120 Broadway

En Wall Street y la revolución bolchevique, señalamos que los financieros relacionados con la revolución se concentraban en una única dirección de la ciudad de Nueva York, el mismo Equitable Office Building. En 1917, la sede del distrito n° 2 del Sistema de la Reserva Federal, el más importante de los distritos de la Reserva Federal, se encontraba en el 120 de Broadway; de los nueve directores del Banco de la Reserva Federal de Nueva York, cuatro se encontraban físicamente en el 120 de Broadway, y dos de estos directores formaban parte simultáneamente del consejo de American International Corporation. La American International Corporation había sido fundada en 1915 por los intereses Morgan con la participación entusiasta de los grupos Rockefeller y Stillman. Las oficinas generales de A.I.C. estaban en el 120 de Broadway. Sus directores estaban fuertemente entrelazados con otros grandes intereses financieros e industriales de Wall Street, y se determinó que American International Corporation había desempeñado un papel importante en el éxito y la consolidación de la Revolución Bolchevique de 1917. El secretario ejecutivo de la A.I.C., William Franklin Sands, a quien el Departamento de Estado pidió su opinión sobre la Revolución Bolchevique a las pocas semanas del estallido en noviembre de 1917 (mucho antes de que ni siquiera una fracción de Rusia quedara bajo control soviético), expresó su firme apoyo a la revolución. La carta de Sands se reproduce en *Wall Street and the Bolshevik* Revolution. Un memorando dirigido a David Lloyd George, Primer Ministro de Inglaterra, por Dwight Morrow, socio de Morgan, también instaba a apoyar a los revolucionarios bolcheviques y a respaldar a sus ejércitos. Un director del FRB de Nueva York, William Boyce Thompson, donó un millón de dólares a la causa bolchevique e intervino ante Lloyd George en favor de los emergentes soviéticos.

En resumen, encontramos un patrón identificable de actividad probolchevique por parte de miembros influyentes de Wall Street concentrados en el Banco de la Reserva Federal de Nueva York y la American International Corporation, ambos en el 120 de Broadway. En 1933 el banco se había trasladado a Liberty Street.

Banco de la Reserva Federal de Nueva York y 120 Broadway

Los nombres de los directores individuales del FRB cambiaron entre 1917 y la década de 1930, pero se determinó que, aunque el FRB se había trasladado, cuatro directores del FRB todavía tenían oficinas en esta dirección en el período del New Deal, como se muestra en la siguiente tabla:

Directores del Banco de la Reserva Federal de Nueva York en el periodo del New Deal

Nombre	Cargos directivos en empresas ubicadas en 120 Broadway
Charles E. Mitchell	Director del FRB de Nueva York, 1929-1931, y director de Corporation Trust Co. (120 Broadway)
Albert H. Wiggin	Sucedió a Charles E. Mitchell como Director del FRB de Nueva York, 1932-34, y Director de American International Corp, y Stone and Webster, Inc. (ambas 120 Broadway).
Clarence M. Woolley	Director del FRB de Nueva York, 1922-1936, y director de General Electric Co. (120 Broadway)
Owen D. Young	Director del FRB de Nueva York, 1927-1935, y presidente de General Electric Co. (120 Broadway)

Personas y empresas situadas en:

BROADWAY 120	42 BROADWAY
Franklin Delano Roosevelt	Herbert Clark Hoover
Bernard Baruch	
Gerard Swope	
Owen D. Young	

Otros

American International Corp.

The Corporation Trust Co. Empire Trust Co. Inc.

Fidelity Trust Co.

American Smelting & Refining Co.

Armour & Co. (Oficina de Nueva York).

Baldwin Locomotive Works

Federal Mining & Smelting Co.

General Electric Co.

Kennecott Copper Corp.

Metal & Thermit Corp.

National Dairy Products Corp.

Yukon Gold Co.

Stone & Webster & Blodget, Inc.

Grayson M-P Murphy (52 Broadway)

International Acceptance Bank, (52 Cedar St.)

Fideicomiso de Aceptación Internacional (52 Cedar St.)

International Manhattan Co. Inc. (52 Cedar St.)

Jackson Martindell (14 Wall St.)

John D. Rockefeller, Jr. (26 Broadway)
Percy A. Rockefeller (25 Broadway)
Robert S. Clark (11 Wall St.)

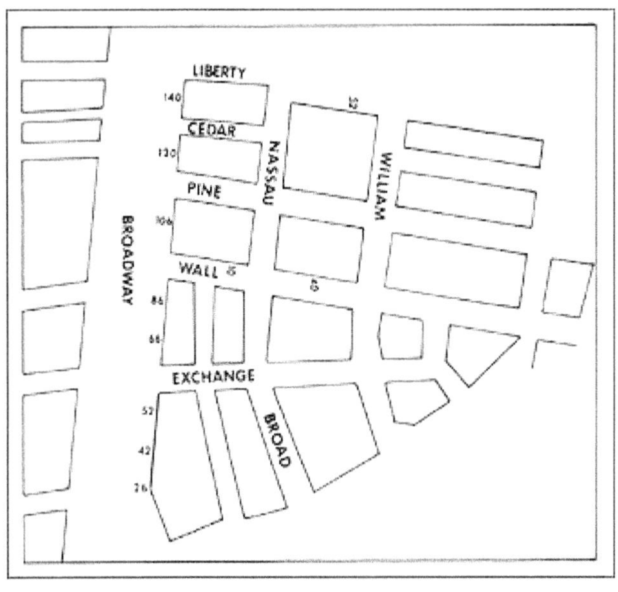

Mapa de la zona de Wall Street con las oficinas de las personas y empresas mencionadas en este libro.

American International Corporation y 120 Broadway

La American International Corporation (AIC) fue creada en 1915 por una coalición de intereses de Morgan, Stillman y Rockefeller; sus oficinas generales estuvieron en el 120 de Broadway desde 1915 hasta la década de 1920. El gran entusiasmo que suscitó en Wall Street la formación de la AIC dio lugar a una concentración de los elementos financieros más poderosos en su consejo de administración, en realidad una organización monopolista para el desarrollo y la explotación en ultramar.[155] De los nueve directores de la junta en 1930, cinco formaban parte de la junta de la AIC en 1917, en la época de la revolución bolchevique: Matthew C. Brush, presidente y presidente del comité ejecutivo de la American International Corporation y director de la Empire Trust Company; Pierre S. Du Pont, miembro de la familia Du Pont y director de la Bankers Trust Company; Percy A. Rockefeller, de la familia Rockefeller y director del National City Bank; Albert H. Wiggin, director del Federal Reserve Bank de Nueva York y del Rockefeller Chase National Bank; y Beekman Winthrop, de la International Banking Corporation de los Warburg y del National City Bank. Varios financieros prominentes se unieron a la junta de AIC durante la década de 1920, incluyendo a Frank Altschul y Halstead G. Freeman del Chase National Bank, Arthur Lehman de Lehman Brothers y la Manufacturers Trust Company, y John J. Raskob, vicepresidente de Du Pont y director de General Motors y la Bankers Trust Company.

Mathew C. Brush, presidente, director y presidente del comité ejecutivo de American International Corporation y presidente de Allied Machinery, una empresa filial, fue también director y miembro del comité ejecutivo de International Acceptance Bank (véase el capítulo 6), director y miembro del comité ejecutivo de

---

[155] Véase Sutton, *Bolshevik Revolution*, op. cit.

Barnsdall Corporation[156] , director de Empire Trust Company (120 Broadway) y Equitable Office Corporation (que poseía y explotaba el edificio del 120 de Broadway), director de Georgian Manganese Company[157] , y director y miembro del comité ejecutivo de Remington Arms Co, identificada por el general Butler en el último capítulo. Matthew C. Brush estaba sin duda en la vanguardia de Wall Street.

Las contribuciones políticas de Brush, a diferencia de las de otros directores de AIC, se limitaron aparentemente a 5.000 dólares a la campaña de Herbert Hoover en 1928. Brush fue director del International Acceptance Bank, que se benefició de la inflación de la década de 1920, así como director de Remington Arms (nombre suprimido en el asunto Butler) mientras ocupaba la presidencia de American International, pero parece haber estado al margen de los sucesos que se analizan en este libro. Por otra parte, cuatro directores de American International han sido identificados como importantes partidarios financieros de Franklin D. Roosevelt: Frank Altschul, Pierre S. Du Pont, Arthur Lehman y John J. Raskob entre 1928 y 1932. La familia Lehman y John J. Raskob estaban, como hemos visto, en el centro mismo del apoyo a Roosevelt. Es significativo que la AIC, el vehículo clave de la participación estadounidense en la revolución bolchevique, también salga a la luz, aunque sea de forma incidental, en un estudio de la era Roosevelt.

El asunto Butler y 120 Broadway

El testimonio ante el Comité de Actividades Antiamericanas de la Cámara de Representantes sobre el intento de convertir la administración Roosevelt en una dictadura con el general de división Butler en un papel clave como secretario de Asuntos

---

[156] Barnsdall Corporation fue la empresa que en 1921 entró en la Unión Soviética para reabrir los campos petrolíferos del Cáucaso a los soviéticos y permitir así a la Unión Soviética generar las divisas necesarias para desarrollar una Rusia sovietizada; véase Sutton, *Western Technology and Soviet Economic Development*, 1917 to 1930 (Stanford: Hoover Institution, 1968), Vol. 1.

[157] Ibid.

Generales tenía varios vínculos con 120 Broadway. Había por lo menos media docena de personas a las que el comité debería haber citado para investigar las declaraciones hechas bajo juramento por el general Butler, el capitán Glazier y Paul French; de ellas, cuatro se encontraban en el 120 Broadway o tenían una relación significativa con él.

Según el conspirador acusado Gerald MacGuire, la reunión original de los presuntos participantes se celebró en 1926 en el Bankers Club, 120 Broadway. El siguiente extracto de las audiencias del comité, recoge la declaración de MacGuire; el interrogador era el presidente McCormack:

PREGUNTA. ¿Cuánto hace que conoces a Clark?

RESPUESTA. Bueno, creo que he dicho que he hecho negocios con él y lo conozco desde 1925 o 1926.

PREGUNTA. ¿Alguna vez le había dado esa cantidad de dinero para que la utilizara, como usted dice, de la forma en que quería que le representara en estas transacciones?

RESPUESTA. ¿En qué transacciones?

PREGUNTA. ¿En esas transacciones de dinero, desde entonces?

RESPUESTA. ¿En qué transacciones monetarias?

PREGUNTA. Lo que quiero decir es esto, desde 1926, en el momento en que lo conociste y después; ¿esta fue realmente la primera vez que recibiste este dinero sin ningún recibo o papeles o nada en absoluto?

RESPUESTA. Sí.

PREGUNTA. Y esta cena fue en el Bankers Club, en el 120 de Broadway, ¿no?

RESPUESTA. Sí.

PREGUNTA. ¿A quién se le dio esa cena? ¿Se le dio a alguien en especial?

RESPUESTA. Era un almuerzo normal.

PREGUNTA. ¿Quién estaba presente en su mesa?

RESPUESTA. Sr. Navidad.

PREGUNTA. ¿Y usted?

RESPUESTA. Sí.

PREGUNTA. ¿Y el Sr. Clark?

RESPUESTA. Sí.[158]

Así, aunque la reunión original que reunió a Robert S. Clark, su abogado Christmas y el vendedor de bonos Gerald MacGuire se celebró en el 120 de Broadway, y Christmas y Clark estaban vinculados de numerosas maneras a MacGuire, ni Christmas ni Clark fueron convocados por el comité. Además, el capitán Samuel Glazier, del campamento del CCC en Elkridge, Maryland, informó al comité de que Jackson Martindell había preguntado sobre el entrenamiento de 500.000 soldados civiles con fines políticos. Martindell no fue llamado por el comité para impugnar o confirmar el testimonio que lo implicaba en el asunto Butler.

La Du Pont Company, citada en la parte suprimida del testimonio, estaba situada en el 120 de Broadway. Hugh S. Johnson, nombrado

---

[158] Cámara de Representantes, Investigation of Nazi Propaganda Activities and Investigation of Certain Other Propaganda Activities, Hearings No. 73-D.C.-6, op. cit., p. 80. El "Sr. Clark" era Robert Sterling Clark y el "Sr. Christmas" era el abogado de Clark.

por el general Butler como probable participante, había estado ubicado en el 120 de Broadway cuando trabajaba como asistente de investigación de Baruch; la oficina de Baruch estaba en la misma dirección.[159] Clark, MacGuire y Grayson M-P. Murphy tenían oficinas justo al final de la calle del número 120; Clark en 11 Wall Street y MacGuire y Murphy en el 52 de Broadway.

También es significativo que los nombres suprimidos por el comité estuvieran situados en el 120 de Broadway: la oficina ejecutiva de Du Pont Company y la filial de Du Pont Remington Arms. Los otros participantes nombrados, MacGuire, Clark, Christmas, Martindell, Grayson M-P. Murphy (en la sede de Rockefeller, 25 Broadway) estaban todos situados a pocas manzanas del 120 de Broadway y dentro del círculo dorado descrito anteriormente.

Franklin D. Roosevelt y 120 Broadway

Hemos observado que la oficina preferida de FDR -tenía dos a principios de la década de 1920- era la del 120 de Broadway. La Georgia Warm Springs Foundation, Inc. de FDR se constituyó como sociedad de Delaware en julio de 1926 con oficinas en el 120 de Broadway y permaneció en esa dirección al menos hasta 1936. El informe anual de 1934 de la Georgia Warm Springs Foundation muestra que su presidente era Franklin D. Roosevelt, The White House, Washington D.C., y que la sede de la fundación estaba en el 120 de Broadway. El vicepresidente y secretario adjunto era Raymond H. Taylor, y el secretario-tesorero Basil O'Connor, ambos en el 120 de Broadway.

Basil O'Connor fue un estrecho colaborador y socio de Franklin D. Roosevelt. Nacido en 1892, O'Connor se licenció en Derecho en Harvard en 1915 y se incorporó al bufete neoyorquino Cravath and Henderson durante un año, que abandonó para trabajar con Streeter & Holmes en Boston durante tres años. En 1919, Basil O'Connor

---

[159] United States Senate, Digest of Data From the Files of a Special Committee to Investigate Lobbying Activities, 74th Congress, Second Session, Part I: List of Contributions, (Washington, 1936), p. 3.

estableció un bufete de abogados en Nueva York con su propio nombre. En 1925 se creó el bufete Roosevelt and O'Connor, que duró hasta la toma de posesión de FDR en 1933. Después de 1934, O'Connor fue socio principal de O'Connor & Farber y en 1944 sucedió a Norman H. Davis como presidente de la Cruz Roja Americana.

O'Connor fue director de varias empresas: en los años veinte, de New England Fuel Oil Corp., en los cuarenta de American Reserve Insurance Co. y de West Indies Sugar Corp. Desde 1928 hasta su muerte fue responsable de la administración de la Georgia Warm Springs Foundation.

El New Deal de Roosevelt fue una mina de oro para algunos de los socios de FDR, entre ellos Basil O'Connor. Globe & Rutgers era una compañía de seguros recapitalizada con fondos públicos, y la reorganización resultó ser una rica fuente de honorarios para los abogados encargados de la liquidación y reorganización. De estos abogados, el antiguo bufete del presidente Roosevelt, O'Connor & Farber, exigió los honorarios más elevados hasta que Jesse Jones, de la Reconstruction Finance Corporation, los redujo. He aquí una carta que Jesse Jones escribió a Earle Bailie de J. & W. Seligman & Company sobre estos honorarios: 6 de octubre de 1933. Querido Sr. Bailie:

Nuestro consejo de administración no está dispuesto a invertir o prestar acciones de una compañía de seguros, si es que tenemos derecho a hacerlo, que contemple el pago de honorarios de abogados, por reorganización o de otro tipo, como se propone en el caso de Globe & Rutgers, que, según la información de que disponemos, son los siguientes

Basil O'Connor	$200,000
Root, Clark, Buckner & Ballantine	165,000
Sullivan & Cromwell	95,000
Prentice & Townsend	50,000

Cravath, de Gersdorff, Swaine & Wood   37,500

Martin Conboy   35,000

Joseph V. McKee   25,000

Hermanos Coudert   12,000

o un total de 619.500 dólares. Incluso la reducción sugerida a un total de 426.000 dólares sería mucho más de lo que a esta Corporación le parecerían unas tasas adecuadas a pagar por una compañía de seguros que está siendo recapitalizada con fondos públicos.

Atentamente, JESSE J. JONES

Por orden judicial, la empresa del Sr. O'Connor recibió 100.000 dólares en 1934 y 35.000 dólares más al año siguiente.[160]

Conclusiones sobre 120 Broadway

Es prácticamente imposible llegar a una conclusión inamovible sobre el significado de 120 Broadway; las explicaciones pueden ir desde la conspiración hasta la coincidencia.

¿Qué podemos demostrar con pruebas directas y no circunstanciales?

En primer lugar, sabemos que la ayuda estadounidense a la revolución bolchevique se originó en el círculo dorado de Wall Street en 1917 y se concentró en gran medida en esta dirección concreta. En segundo lugar, cuando FDR entró en el mundo de los negocios en 1921, una de las dos oficinas de FDR estaba en esta dirección, al igual que su sociedad de abogados con Basil O'Connor,

---

[160] Jesse H. Jones, *Cincuenta mil millones de dólares* pp. 209-210.

y la Fundación Georgia Warm Springs. En tercer lugar, Bernard Baruch y su ayudante Hugh Johnson, que más tarde formarían parte de la planificación y administración de la Ley de Recuperación de la Industria Nacional, se encontraban en el mismo edificio. La NRA era una secuela lógica de las asociaciones comerciales de los años veinte, y FDR tuvo un papel destacado, junto con Herbert Hoover, en la aplicación de los acuerdos de asociación comercial en los años veinte. En cuarto lugar, hubo una asociación entre General Electric y la Revolución Bolchevique, al menos en la construcción de los primeros años de la Unión Soviética. Las oficinas ejecutivas de G.E. estaban en esta dirección, así como las de Gerard Swope, el presidente de G.E. autor del plan Swope.

Por último, el extraño asunto Butler tenía algunos vínculos con el 120 de Broadway. Por ejemplo, ésta era la dirección de Du Pont en Nueva York, aunque Remington Arms estaba en la sede de Rockefeller, 25 Broadway. La mayoría de los conspiradores tenían otras direcciones, pero todas dentro del círculo dorado.

Nada queda demostrado por una ubicación geográfica común. Aunque el 120 de Broadway era un edificio enorme, no era ni mucho menos el más grande de Nueva York. Pero, ¿cómo se explica la concentración de tantos vínculos con tantos acontecimientos históricos importantes en una misma dirección? Podría decirse que las aves del mismo plumaje se juntan. Por otra parte, es más que plausible que estos hombres de Wall Street siguieran la máxima establecida por Frederick Howe y encontraran más conveniente, o quizá más eficaz para sus fines, estar en una sola dirección. Lo que hay que tener en cuenta es que no existe ninguna otra concentración geográfica de este tipo y, si ignoramos a las personas y empresas del número 120 de Broadway, no hay ningún caso de relación entre estos acontecimientos históricos y Wall Street. Lo cual, dicho sea de paso, es también una excelente razón para mantener la perspectiva y aceptar el hecho de que estamos hablando de una pequeña fracción de la comunidad bancaria, una fracción que, en efecto, ha traicionado al centro financiero de una economía libre.

Capítulo 12

FDR y los socialistas corporativos

En la primera reunión del Gabinete tras la toma de posesión del Presidente en 1933, el financiero y asesor de Roosevelt, Bernard Baruch, y el amigo de Baruch, el general Hugh Johnson, que se convertiría en el jefe de la Administración de Recuperación Nacional, llegaron con un ejemplar de un libro de Gentile, el teórico fascista italiano, para cada miembro del Gabinete, y todos lo leímos con gran atención.

Sra. Frances Perkins, Secretaria de Trabajo bajo FDR.

Vale la pena recordar en este punto el epígrafe del capítulo 1, según el cual Franklin D. Roosevelt creía en privado que el gobierno de Estados Unidos era propiedad de una élite financiera. No hay, por supuesto, nada notablemente original en esta observación: era un lugar común en el siglo XIX. En los tiempos modernos, escritores tan disímiles como Robert Welch y William Domhoff han afirmado que Estados Unidos está controlado por una élite financiera con sede en Nueva York.

Los soviéticos, que no siempre son del todo inexactos, han utilizado este tema en su propaganda durante décadas, y era un tema marxista antes de que llegara Lenin.[161]

---

[161] Puede que sea superfluo registrar esta literatura, pero en aras de la exhaustividad y en beneficio del lector inocente, pueden incluirse algunos títulos: William Domhoff, ¿Quién gobierna América? (Englewood Cliffs, N.J.: Prentice-Hall, 1967); Ferdinand Lundberg, The Rich and the Super Rich

Fue bajo Roosevelt cuando se introdujeron en Washington las pintorescas nociones keynesianas -las versiones modernas del juego de estafa de John Laws con el papel moneda-, y así las semillas de nuestro caos económico actual se pusieron a principios de los años treinta bajo Roosevelt. La inflación contemporánea de dos dígitos, un sistema de Seguridad Social en bancarrota, una burocracia estatal chapucera, el aumento del desempleo... todo esto y mucho más puede atribuirse a Franklin Delano Roosevelt y su torbellino legislativo.

Pero mientras ahora pagamos el precio de estas políticas insensatas e irresponsables, la desinformación imperante es tan generalizada que incluso se ha olvidado la identidad de los creadores del New Deal de Roosevelt y sus razones. Mientras nuestros economistas cubren sus pizarras con ecuaciones estáticas sin sentido, una operación dinámica de saqueo de la economía ha estado en marcha por parte de los auténticos formuladores del New Deal liberal.

Mientras los ingenieros sociales de corazón sangrante vociferaban contra el capitalismo como la causa de la miseria del mundo, ignoraban felizmente que sus propias fórmulas sociales emanaban en parte de -y sin duda han sido subvencionadas en silencio por-esos mismos llamados capitalistas. La visión de túnel de nuestro mundo académico es difícil de superar y sólo es igualada por su avaricia por una parte de la acción.

Lo que sí encontramos es que la intervención del gobierno en la economía es la raíz de nuestros problemas actuales; que una camarilla de Wall Street tiene un músculo sustancial, aunque sutil,

---

(Nueva York: Lyle Stuart, 1968), y Gary Allen, None Dare Call It Conspiracy (Seal Beach, Calif.: Concord Press, 1972) Ciertamente, si el mero peso del papel impreso tiene alguna influencia, el poder de cualquier élite financiera debería haberse derrumbado hace mucho tiempo. El establishment parece tener una resistencia considerable, pero ni de lejos tanta influencia como muchos creen. El pilar más importante que sostiene la credibilidad y, por tanto, el poder de la élite es la comunidad académica. Este grupo ha cambiado, en gran parte, la verdad y la integridad por una parte del poder político y la acción financiera. Al parecer, los académicos pueden comprarse, ¡y no hay que pagar demasiado!

dentro de esta estructura gubernamental para obtener una legislación beneficiosa para sí misma; y que un excelente ejemplo de esta legislación egoísta para establecer un monopolio legal bajo el control de las grandes empresas fue el New Deal de FDR y, en particular, la National Recovery Administration.

El nombre de Franklin Delano Roosevelt debería sugerir, pero rara vez lo hace, un vínculo con Wall Street. Tanto Delano como Roosevelt son nombres destacados en la historia de las instituciones financieras estadounidenses.

¿Quién era Franklin Delano Roosevelt?

La carrera prepolítica de Roosevelt sólo puede describirse como la de un financiero. Tanto su familia como su carrera antes de 1928 y su elección como Gobernador de Nueva York pertenecían al mundo de los negocios, más concretamente al mundo financiero. Entre 1921 y 1928 Roosevelt fue director de 11 empresas con sede en el círculo dorado de Wall Street y presidente de una importante asociación comercial. El Consejo Americano de la Construcción.

Además, Roosevelt no sólo fue presidente de United European Investors, Ltd., creada para aprovecharse pecuniariamente de la miseria de la hiperinflación alemana, sino que fue uno de los organizadores de American Investigation Corporation, un sindicato financiero de gran poder. Los Roosevelt crearon la firma financiera Roosevelt & Son a finales del siglo XVIII, y los Delanos operaron en el ámbito financiero al menos desde mediados del siglo XIX.

Puede que los Roosevelt y los Delano no hayan cosechado la gran riqueza de los Morgan y los Rockefeller, pero eran nombres conocidos y respetados en los salones de las finanzas internacionales. Incluso en la década de 1920 encontramos al tío Frederic Delano en la Junta de la Reserva Federal, y a George Emlen Roosevelt como director de Guaranty Trust, la bête noire de Street si alguna vez hubo una.

También se tiene constancia fidedigna de que el Partido Progresista de Theodore Roosevelt, el primer paso hacia el moderno Estado del bienestar, fue financiado por los intereses de J.P. Morgan; en consecuencia, no debería sorprendernos encontrar a Wall Street respaldando a Roosevelt en 1928, 1930 y 1932.

En resumen, hemos demostrado que Roosevelt era un Wall Streeter, descendiente de prominentes familias de Wall Street y respaldado financieramente por Wall Street. Las políticas aplicadas por el régimen de Roosevelt eran precisamente las que exigía el mundo de las finanzas internacionales. No debería ser nuevo para nosotros que los banqueros internacionales influyen en la política. Lo que parece haberse pasado por alto en la historia de la era Roosevelt es que, no sólo FDR reflejaba sus objetivos, sino que estaba más inclinado a hacerlo que el llamado reaccionario Herbert Hoover. De hecho, Hoover perdió en 1932 porque, según sus propias palabras, no estaba dispuesto a aceptar el Plan Swope, alias NRA, que calificó, no incorrectamente, de "medida fascista".

No podemos decir que Wall Streeter Roosevelt fuera siempre un promotor muy ético en sus flotaciones financieras. Los compradores de sus promociones perdieron dinero, y mucho dinero, como sugiere el siguiente breve cuadro basado en los datos presentados:

Cómo les fue a los inversores con FDR al timón

Empresa asociada a FDR	Precio de emisión de las acciones	Historial de precios posteriores
United European Investors, Ltd	10.000 marcos (unos 13 dólares)	La empresa se liquida, los accionistas ofrecen 7,50 $.
International Germanic Trust Company, Inc.	$170	Subió a 257 $ en 1928, se liquidó en 1930 a 19 $ la acción

Sin embargo, la pérdida de fondos de los accionistas puede deberse a un accidente o a una mala gestión. Muchos financieros honrados han tropezado. Sin embargo, la asociación con personas de conocida mala reputación como Roberts y Gould en United European Investors, Ltd. no fue accidental.

La asociación de FDR con el Consejo Americano de la Construcción me trae a la memoria la *obita dicta* de Adam Smith de que la ley "... no puede impedir que la gente del mismo oficio se reúna a veces, pero no debe hacer nada para facilitar esas reuniones, y mucho menos para hacerlas necesarias".[162] ¿Por qué no? Porque el American Construction Council respondía a los intereses de la industria de la construcción, no a los del consumidor de servicios de construcción.

El negocio de fianzas de Nueva York estaba hecho a la medida de FDR. Como vicepresidente de la Fidelity & Deposit Company de Maryland, FDR sabía precisamente cómo operar en el mundo de los negocios politizados, donde el precio y la calidad del producto en el mercado se sustituyen por "¿A quién conoces?" y "¿Cuál es tu política?".

La cabriola de United European Investors fue un intento de aprovecharse de la miseria de la hiperinflación alemana de 1921-23. La empresa operaba bajo una carta canadiense, sin duda porque los requisitos de registro canadienses eran más indulgentes en aquella época. La observación más llamativa se refiere a los socios de FDR en la U.E.I., entre ellos John von Berenberg Gossler, codirector de HAPAG del canciller alemán Cuno, ¡responsable de la inflación! También estaba William Schall, socio de FDR en Nueva York, que sólo unos años antes había estado implicado en el espionaje alemán en Estados Unidos, en el 120 de Broadway. El elemento Roberts-Gould de United European Investors estaba siendo investigado penalmente; FDR sabía que estaban siendo investigados, pero continuó con sus asociaciones comerciales.

Entonces descubrimos que los antecedentes del New Deal estaban salpicados de destacados financieros. La parte de recuperación económica del New Deal fue una creación de Wall Street -concretamente Bernard Baruch y Gerard Swope de General Electric-en forma del Plan Swope. Así pues, en el capítulo 5 ampliamos la

---

[162] *Adam Smith, An Inquiry Into the Nature and Causes of the Wealth of Nations* (Londres: George Routledge s.f.), p. 102.

idea de la politización de las empresas y formulamos la tesis del socialismo corporativo: que la forma política de dirigir una economía es más atractiva para las grandes empresas porque evita los rigores y la eficacia impuesta de un sistema de mercado. Además, mediante el control o la influencia empresarial en los organismos reguladores y el poder policial del Estado, el sistema político es una forma eficaz de obtener un monopolio, y un monopolio legal siempre conduce a la riqueza. En consecuencia, Wall Street está intensamente interesado en la arena política y apoya a aquellos candidatos políticos capaces de maximizar la cantidad de toma de decisiones políticas bajo cualquier etiqueta y minimizar el grado en que las decisiones económicas de la sociedad se toman en el mercado. En resumen. Wall Street tiene un gran interés en la política porque a través de ella puede hacer que la sociedad trabaje para Wall Street. También puede evitar así las sanciones y los riesgos del mercado.

Examinamos una versión temprana de esta idea: La sociedad planificada de Clinton Roosevelt, publicada en 1841. A continuación, analizamos brevemente la dictadura económica de Bernard Baruch de 1917 y su intención declarada de seguir el curso de una economía planificada en tiempos de paz y seguimos la pista de Baruch y su ayudante económico Hugh Johnson hasta el núcleo mismo de la Administración de Recuperación Nacional. A continuación se prestó cierta atención al Sistema de la Reserva Federal como el ejemplo más destacado de monopolio legal privado y al papel de los Warburg a través del Banco de Aceptación Internacional y la forma en que el banco consiguió que la sociedad se pusiera a trabajar para Wall Street. En un último repaso a los años anteriores al New Deal de FDR revisamos el funcionamiento del Consejo Americano de la Construcción, una asociación comercial cuyo concepto se originó con Herbert Hoover, pero con FDR como presidente. El consejo tenía, como objetivos declarados, la limitación de la producción y la regulación de la industria, un eufemismo para el control de la industria para la maximización de sus propios beneficios.

Luego examinamos las contribuciones financieras de las elecciones de 1928, 1930 y 1932, basándonos en que tales contribuciones son una medida muy precisa de las inclinaciones políticas. En 1928, un porcentaje extraordinario de las mayores contribuciones, las superiores a 25.000 dólares, procedían del círculo de oro de Wall Street. Esas grandes sumas son importantes porque es más que probable que sus contribuyentes sean identificables después de las elecciones, cuando pidan favores a cambio de sus subvenciones anteriores. Descubrimos que nada menos que el 78,83% de las contribuciones de más de 1.000 dólares a la campaña de Al Smith para Presidente procedían de un círculo de una milla centrado en el 120 de Broadway. Del mismo modo, el 51,4%, una cifra menor pero aún significativa, de las contribuciones de Hoover procedían de esta misma zona. Luego demostramos que, tras su elección, Herbert Hoover recibió un ultimátum de Wall Street: o aceptaba el Plan Swope (la NRA) o el dinero y la influencia de Wall Street irían a parar a FDR, que estaba dispuesto a patrocinar ese plan. Para su eterno crédito, Herbert Hoover se negó a introducir esa planificación alegando que era equivalente al Estado fascista de Mussolini. FDR no fue tan quisquilloso.

En la campaña de 1930 de FDR para gobernador de Nueva York, identificamos una importante influencia de Wall Street. Hubo un extraordinario flujo de fondos a través de la County Trust Company, y John J. Raskob, de Du Pont y General Motors, se convirtió en Presidente del Comité Demócrata de Campaña y en un poder entre bastidores en la elección de FDR. El 78% de las contribuciones previas a la convención para la candidatura presidencial de FDR en 1932 procedían de Wall Street.

El Plan Swope era un plan para obligar a la industria estadounidense a formar asociaciones comerciales obligatorias y eximirla de las leyes antimonopolio. Se cebó con una enorme zanahoria asistencialista para acallar los recelos de los sindicatos y otros grupos. El administrador de la Administración Nacional de Recuperación, que se desarrolló a partir del Plan Swope, fue el ayudante de Baruch. El general Hugh Johnson. Los tres mosqueteros, el círculo de ayudantes de Johnson, estaba formado por Gerard Swope, de General Electric, Walter Teagle, de Standard Oil de Nueva Jersey, y Louis Kirstein, de Filene's de Boston. La adhesión a los códigos de la NRA era obligatoria para todas las empresas con más de 50 empleados. El Plan Swope de la NRA fue acogido favorablemente por socialistas como Norman Thomas, cuya principal objeción era únicamente que ellos, los socialistas ortodoxos, no debían dirigir el plan.

Afortunadamente, la NRA fracasó. Las grandes empresas intentaron oprimir al pequeño hombre. Los códigos estaban plagados de abusos e incoherencias. El Tribunal Supremo la sacó de su miseria en la sentencia Schechter Poultry de 1935, aunque su fracaso era evidente mucho antes de la decisión del Tribunal Supremo. Debido al fracaso de la NRA, el llamado Butler Affair de 1934 adquiere un interés peculiar. Según el testimonio del general Smedley Butler ante el Congreso, apoyado por testigos independientes, existía un plan para instalar a un dictador en la Casa Blanca. El presidente Roosevelt debía ser echado a patadas y un nuevo secretario general -se le ofreció el puesto al general Butler- debía hacerse cargo de la economía en nombre de Wall Street. Por descabellada que pueda parecer esta acusación en , podemos aislar tres grandes afirmaciones de hecho:

1.Hubo una confirmación independiente de las declaraciones del general Butler y, en cierta medida, una confirmación involuntaria por parte de uno de los conspiradores.
2.Existía un motivo para que Wall Street iniciara una apuesta tan desesperada: la propuesta NRA-Swope estaba naufragando.
3.La supuesta identidad de los hombres entre bastidores es la misma que la de los identificados en la revolución bolchevique y en la promoción política de FDR.

Desafortunadamente, y para su vergüenza duradera. El Congreso suprimió el núcleo del testimonio de Butler. Además, *The New York Times* primero informó de la historia con imparcialidad, pero luego enterró y distorsionó su cobertura, incluso hasta el punto de hacer un índice incompleto. Nos queda la posibilidad cierta de que el fracaso del plan Baruch-Swope-Johnson de la NRA fuera seguido de una toma de control más encubierta y coercitiva de la industria estadounidense. Este suceso merece toda la atención que estudiosos imparciales puedan prestarle. Obviamente, la historia completa aún no ha salido a la luz.

Una vez más, como en el volumen anterior, encontramos una notable concentración de personas, empresas y acontecimientos en una única dirección: 120 Broadway, Nueva York. Era la dirección de la oficina de FDR como presidente de Fidelity & Deposit Company. Era la dirección de Bernard Baruch y la dirección de Gerard Swope. Los tres principales promotores de la Administración Nacional de Recuperación -FDR, Baruch y Swope- estuvieron en la misma dirección durante toda la década de 1920. Lo más inquietante de todo es que se descubrió que la reunión original del asunto Butler se celebró en 1926 en el Bankers Club, también situado en el 120 de Broadway.

Esta notable concentración de talento e ideas en una sola dirección aún no tiene explicación. Obviamente, se trata de una observación de la que tarde o temprano habrá que dar cuenta. También encontramos una concentración de directores de American International Corporation, el vehículo de la participación de Wall Street en la revolución bolchevique, y grandes contribuyentes a la campaña de Roosevelt.

¿Podemos contemplar esta historia desde una perspectiva más amplia? Las ideas que subyacen al New Deal de Roosevelt no son en realidad las de Wall Street; en realidad se remontan a la época romana. Del 49 al 44 a.C. Julio César tuvo sus proyectos de obras públicas del New Deal; en el 91 d.C. Domiciano tuvo su equivalente del Consejo Americano de la Construcción para frenar la sobreproducción. La caída final de Roma reflejó todos los elementos que reconocemos hoy: gasto público extravagante, inflación rápida y una fiscalidad aplastante, todo ello unido a una regulación estatal totalitaria.[163]

Con Woodrow Wilson, Wall Street consiguió un monopolio bancario central, el Sistema de la Reserva Federal. La importancia del International Acceptance Bank, controlado por el establishment

---

[163] H. J. Haskell, *The New Deal in Old Rome: How Government in the Ancient World Tried to Deal with Modern Problems* (Nueva York: Knopf, 1947), pp. 239-40.

financiero de Wall Street, fue que los bancos de la Reserva Federal utilizaron el poder policial del Estado para crear para sí mismos una máquina perpetua de hacer dinero: la capacidad de crear dinero con sólo pulsar un botón o una tecla de ordenador. Los Warburg, figuras clave del International Acceptance Bank -una máquina de hacer dinero en el extranjero- fueron asesores de la administración Roosevelt y de sus políticas monetarias. El oro fue declarado "reliquia bárbara", abriendo el camino al papel moneda sin valor en Estados Unidos. En 1975, al cierre de esta edición, es evidente que el dólar fiduciario inconvertible va camino de su depreciación definitiva.

¿Reconoció Wall Street el resultado de eliminar el oro como respaldo de la moneda? Por supuesto que sí. Lo dijo Paul Warburg ante una comisión del Congreso: El abandono del patrón oro significa una fluctuación salvaje de las divisas y, por tanto, la destrucción de la libre afluencia de capital y negocios extranjeros. Los países débiles repudiarán -o, para utilizar una expresión más educada, "financiarán sus deudas"- pero no habrá una desmonetización general del oro. Al final de la guerra, el oro no valdrá menos, sino más.[164]

La conclusión inevitable a la que nos obliga la evidencia es que puede existir realmente una élite financiera, como señaló Franklin D. Roosevelt, y que el objetivo de esta élite es la adquisición monopolística de la riqueza. Hemos denominado a esta élite defensores del socialismo corporativo. Prospera en el proceso político, y se desvanecería si estuviera expuesta a la actividad de un mercado libre. La gran paradoja es que el influyente movimiento socialista mundial, que se ve a sí mismo como enemigo de esta élite, es de hecho el generador precisamente de esa politización de la actividad económica que mantiene al monopolio en el poder y que su gran héroe, Franklin D. Roosevelt, fue su instrumento confeso.

---

[164] Senado de los Estados Unidos, Hearings, Munitions Industry, Parte 25, op. cit., p. 8105.

Apéndice A

El Plan Swope

1.Todas las empresas industriales y comerciales (incluidas las filiales) con 50 empleados o más, y que realicen una actividad interestatal, pueden constituir una asociación comercial que estará bajo la supervisión de un organismo federal al que se hará referencia más adelante.

2.Estas asociaciones comerciales pueden describir las prácticas comerciales, la ética empresarial, los métodos de contabilidad estándar y la práctica de costes, los formularios estándar de balance y cuenta de resultados, etc., y pueden recopilar y distribuir información sobre el volumen de negocios realizados, los inventarios de mercancías disponibles, la simplificación y normalización de los productos, la estabilización de los precios, y todas las cuestiones que puedan surgir de vez en cuando en relación con el crecimiento y desarrollo de la industria y el comercio con el fin de promover la estabilización del empleo y dar el mejor servicio al público. Gran parte de este tipo de intercambio de información y datos ya está siendo llevado a cabo por las asociaciones comerciales existentes. Es posible realizar un trabajo mucho más valioso de este tipo.

3.El interés público será protegido mediante la supervisión de las empresas y asociaciones comerciales por la Comisión Federal de Comercio o por una oficina del Departamento de Comercio o por algún organismo federal de supervisión especialmente constituido.

4.Todas las empresas incluidas en el ámbito de aplicación de este plan deberán adoptar sistemas normalizados de contabilidad y costes, así como formularios normalizados de balance y cuenta de resultados. Estos sistemas y formularios pueden diferir según los distintos sectores, pero seguirán un plan uniforme para cada sector adoptado por la asociación profesional y aprobado por el organismo federal de supervisión.

5.Todas las empresas con 25 o más partícipes o accionistas y que residan en más de un estado, deberán enviar a sus partícipes o accionistas y al órgano de control, al menos una vez al trimestre, un estado de sus actividades y beneficios en la forma prescrita. Al menos una vez al año enviarán a los participantes o accionistas y al órgano de supervisión un balance completo y una cuenta de resultados en la forma prescrita. De este modo, se mantendrá informados a los propietarios de las condiciones de la empresa con tal detalle que no pueda criticarse la irregularidad o infrecuencia de los estados o métodos de presentación.

6.El organismo federal de supervisión cooperará con el Departamento de Impuestos Internos y las asociaciones comerciales en el desarrollo para cada industria de formas estandarizadas de balance y estado de resultados, dependiendo del carácter de la empresa, con el fin de conciliar los métodos de presentación de informes de activos e ingresos con la base de valores e ingresos calculados a efectos del impuesto federal.

7.Todas las empresas de las características descritas en el presente plan podrán adoptar inmediatamente las disposiciones del mismo, pero estarán obligadas a hacerlo antes de que transcurran 3 años, a menos que el organismo federal de supervisión prorrogue el plazo. Las empresas similares constituidas con posterioridad a la entrada en vigor del plan podrán adoptarlo de inmediato, pero deberán hacerlo antes de que transcurran 3 años desde la fecha de su constitución, a menos que el organismo federal de supervisión prorrogue el plazo.

8.Para la protección de los trabajadores, todas estas empresas adoptarán los siguientes planes:

A. **Una LEY DE COMPENSACIÓN DE LOS TRABAJADORES**, que forma parte de la legislación necesaria en virtud de este plan, deberá, después de un cuidadoso estudio, seguir el modelo de las mejores características de las leyes que han sido promulgadas por los diversos estados.

B. **SEGURO DE VIDA E INVALIDEZ**. Todos los empleados de las empresas incluidas en este plan podrán, después de dos años de servicio en dichas empresas, y antes de la expiración de cinco años de servicio, estar cubiertos por un seguro de vida e invalidez.

1)   La forma de la póliza será determinada por la asociación a la que pertenezca la empresa y aprobada por el órgano federal de control. La póliza pertenecerá al empleado y podrá ser conservada por él y mantenerse en plena vigencia cuando cambie de empleo o cese de cualquier otro modo de prestar servicios particulares, como se indica más adelante en.

2)   El valor nominal de una póliza será por un importe aproximadamente igual a un año de salario, pero no superior a 5.000 dólares, con la salvedad de que el empleado podrá, si lo desea, aumentar a su costa el importe del seguro suscrito, previa aprobación del Consejo de Administración, que se definirá más adelante.

3)   El coste de este seguro de vida e invalidez será abonado por mitad por el empleado y por mitad por la empresa para la que trabaja, con la siguiente excepción: el coste de la empresa se determinará sobre la base de las primas a la edad real de los empleados menores de 35 años y sobre la base de 35 años de edad para todos los empleados de 35 años o más y será un valor nominal de aproximadamente la mitad de un año de salario, pero limitado a una prima máxima de 2.500 dólares de seguro. El empleado que contrate el seguro a partir de los 35 años pagará el exceso de prima sobre el importe basado en la edad de 35 años. Esto eliminará la necesidad de restringir la contratación de empleados o su traslado de una empresa a otra debido a su avanzada edad, ya que no supondrá una carga indebida de primas elevadas para la empresa.

4)   El seguro de vida y de invalidez puede ser suscrito por una compañía de seguros de vida seleccionada por la asociación profesional y autorizada por el organismo federal de control, o por una compañía organizada por la asociación profesional y autorizada por el organismo federal de control, o bien puede constituirse una única compañía que preste servicios a todas las asociaciones.

5)   La administración del plan de seguro para cada compañía estará bajo la dirección de una Junta de Administradores compuesta por representantes, la mitad elegidos por los empleados afiliados. Los poderes y deberes de la Junta para cada empresa consistirán en formular normas generales relativas a la

elegibilidad de los empleados, etc., pero dichas normas deberán estar en consonancia con el plan general establecido por la Junta General de Administración de la asociación profesional a la que pertenezca la empresa, y aprobado por el organismo federal de supervisión.

6)   Las disposiciones relativas a la continuación de una póliza después de que un trabajador abandone una empresa y se vaya a otra de la misma asociación, o se vaya a una empresa de otra asociación profesional; la continuación de la póliza después de la jubilación por pensión; las disposiciones relativas a los beneficiarios; la invalidez total o parcial; la forma de pago de las primas mediante retenciones en nómina o de otro modo, semanal, mensual o anual, se plasmarán en el plan formulado por la asociación profesional, con la aprobación del organismo federal de control.

7)   Si un trabajador abandona una empresa para trabajar en otra que no esté afiliada a la asociación profesional, si se establece por su cuenta o si abandona una actividad industrial o comercial, puede optar por conservar la parte de la póliza que ha pagado, total o parcialmente, mediante el pago continuado de la parte proporcional del coste total de las primas, o puede recibir una póliza pagada o el valor de rescate en efectivo de la parte por la que ha pagado las primas. El valor de rescate en efectivo de la parte de la póliza pagada por la compañía se abonará a la compañía que pagó las primas.

C. **PENSIONES**. Todos los trabajadores de las empresas incluidas en este plan estarán cubiertos por planes de pensiones de vejez que serán adoptados por las asociaciones profesionales y aprobados por el organismo federal de control. Las principales disposiciones serán las siguientes:

1)   Todos los trabajadores por cuenta ajena pueden, tras dos años de servicio en una empresa incluida en el ámbito de aplicación de este plan, y antes de la expiración de cinco años de servicio, acogerse al plan de pensiones de vejez.

2)   Todos los trabajadores, después de dos años de servicio, pueden, y después de cinco años de servicio están obligados a, destinar al fondo de pensiones un mínimo del 1% de sus ingresos,

pero no más de 50 dólares al año. El trabajador puede, si lo desea, destinar una cantidad mayor, previa aprobación del Consejo de Administración.

3) La empresa estará obligada a reservar una cantidad igual al mínimo indicado anteriormente, es decir, el uno por ciento de los ingresos de los empleados, pero no más de 50 dólares al año por empleado.

4) El porcentaje mínimo arriba indicado será el mismo para todos los trabajadores por cuenta ajena que tengan menos de 35 años de edad en el momento de iniciar los pagos y el porcentaje mínimo para estos trabajadores seguirá siendo el mismo en lo sucesivo. El porcentaje que deben reservar los trabajadores que se incorporen al plan de pensiones con 35 años o más se determinará de manera que les proporcione una prestación de jubilación a la edad de 70 años igual que si hubieran comenzado a percibir el uno por ciento a la edad de 35 años. Estas disposiciones permiten a los trabajadores pasar de una empresa a otra de la misma asociación o de asociaciones diferentes a cualquier edad con una prestación de jubilación que no será inferior a la cuantía mínima de un trabajador que haya entrado en el plan de pensiones a los 35 años.

5) Los importes reservados por el trabajador y la empresa con intereses compuestos semestralmente al cinco por ciento hasta la jubilación a los 70 años, para un trabajador medio típico, proporcionarían una renta vitalicia de aproximadamente la mitad del salario.

6) La administración del plan de pensiones para cada empresa estará bajo la dirección de una Junta de Administradores, formada por representantes, la mitad nombrados por la dirección y la otra mitad elegidos por los trabajadores afiliados. Los poderes y deberes de la Junta para cada empresa consistirán en formular normas generales relativas a la elegibilidad de los empleados, las condiciones de jubilación, etc., pero dichas normas deberán estar en consonancia con el plan general establecido por el Consejo General de Administración de la asociación profesional a la que pertenezca la empresa, y aprobado por el organismo federal de supervisión.

7) Las cantidades recaudadas de los trabajadores y de las empresas se depositarán en el fideicomiso de pensiones organizado por la asociación, cuya gestión estará bajo la

dirección del Consejo General de Administración al que se hace referencia más adelante. En ningún caso dichos fondos quedarán bajo el control de una empresa individual.

8) El fideicomiso de pensiones invertirá todos los fondos y los pondrá a crédito de los trabajadores individuales, incluidos los ingresos obtenidos por el fideicomiso. Si un empleado pasa de una empresa a otra de la misma asociación, los fondos acumulados en su haber continuarán en su haber con la debida constancia de la transferencia. Si un trabajador se traslada a una empresa de otra asociación, los fondos acumulados en su haber se transferirán a su haber en el fondo de pensiones de la asociación a la que se traslade. Si un trabajador se incorpora a una empresa que no esté incluida en el ámbito de aplicación de estas disposiciones o que no pertenezca a una asociación profesional; si se establece por cuenta propia; o si se retira de una actividad industrial o comercial, se le entregará el importe de sus pagos más los intereses al tipo medio devengados por los fondos. Si un empleado fallece antes de alcanzar la edad de jubilación, su beneficiario recibirá el importe de sus pagos más los intereses al tipo medio devengados por los fondos. Cuando un empleado alcance la edad de jubilación, se le entregará en forma de renta vitalicia la totalidad del importe acumulado en su haber, incluidos sus propios pagos y los de la empresa, más los intereses acumulados. Si un trabajador se incorpora a una empresa que no se rige por estas disposiciones o que no es miembro de una asociación profesional; si se establece por su cuenta; o si se retira de la actividad industrial o comercial, puede optar por que la cantidad que le corresponde (es decir, sus propios pagos más los de la empresa y los intereses acumulados) permanezca en el fondo de pensiones para su transferencia, en caso de que vuelva a trabajar para una empresa que se rige por las disposiciones de este plan. Si no vuelve a trabajar para una empresa que se acoja a estas disposiciones, podrá retirar en cualquier momento el importe de sus propias aportaciones más los intereses al tipo medio devengado por los fondos hasta ese momento. Las aportaciones de la empresa y los intereses acumulados acreditados a los trabajadores que fallezcan o, por las razones indicadas anteriormente, reciban o retiren sus propias aportaciones e intereses, serán devueltos a la empresa o empresas que realizaron las aportaciones.

9)   Las normas que regulan el pago de las pensiones en el momento de la jubilación y todas las demás normas que regulan su mantenimiento serán elaboradas por la asociación profesional, aprobadas por el órgano federal de control y observadas por el Consejo General de Administración y los Consejos de Administración de las empresas afiliadas.

D. **SEGURO DE DESEMPLEO**. Todos los empleados que trabajen a destajo, por horas diarias, semanales o mensuales, con un salario normal de 5.000 dólares anuales o menos (aproximadamente 96,15 dólares semanales) estarán cubiertos por el seguro de desempleo.

1)Después de dos años de servicio en una empresa que se acoja a las disposiciones de este plan, todos estos empleados podrán, y después de cinco años de servicio, estar obligados a destinar un mínimo del uno por ciento de sus ingresos, pero no más de 50 dólares al año, a un fondo de seguro de desempleo.
2)La empresa estará obligada a reservar una cantidad igual a la reservada por los trabajadores, según lo establecido anteriormente, es decir, el uno por ciento de los ingresos de cada trabajador, pero no más de 50 dólares al año por cada uno de ellos.
3)Si una empresa regulariza y garantiza el empleo por al menos el 50 por ciento del salario normal pagado cada año a dichos empleados, no será necesario pagar la cuota de la empresa por los empleados cubiertos por dicha garantía, pero los empleados ingresarán un mínimo del uno por ciento de los ingresos, pero no más de 50 dólares al año, en un fondo especial para su propio beneficio.

Si el trabajador abandona la empresa, fallece o se jubila, se le entregará a él o a sus derechohabientes, o se añadirá a su pensión, la cantidad que figure en su haber en el fondo especial más los intereses al tipo medio devengado por el fondo especial.

4)Si una empresa planifica su trabajo de manera que pueda reducir el desempleo, cuando el importe del crédito de dicha empresa en el fondo normal de desempleo sea igual pero no inferior al 5 por ciento de los ingresos anuales normales de los trabajadores cubiertos, la empresa podrá dejar de efectuar pagos al fondo. Los pagos de los empleados continuarán.

La empresa reanudará los pagos cuando su crédito en el fondo de desempleo normal descienda por debajo del 5 % de los ingresos anuales normales de los trabajadores cubiertos.

5)Cuando los pagos semanales efectuados con cargo al fondo en concepto de prestaciones de desempleo asciendan al 2 por ciento o más de los ingresos semanales medios de los trabajadores afiliados, la empresa declarará la situación de emergencia por desempleo y cesarán los pagos normales por parte de los trabajadores y de la empresa. A partir de ese momento, todos los empleados de la empresa (incluidos los altos directivos) que perciban el 50 por ciento o más de su salario medio a tiempo completo pagarán el 1 por ciento de su salario actual al fondo de desempleo. La empresa abonará una cantidad similar al fondo. La emergencia por desempleo se mantendrá hasta el restablecimiento de las condiciones normales, que será determinado por el Consejo de Administración de cada empresa. A partir de ese momento se reanudarán los pagos normales en.
6)Las principales disposiciones para la distribución de los fondos seguirán estas líneas, a menos que sean modificadas por el Consejo de Administración según lo establecido en el apartado 7 de la Sección D del presente documento. Un pequeño porcentaje de los pagos normales de los empleados y de la empresa puede considerarse disponible para ayudar a los empleados participantes que lo necesiten. Un porcentaje mayor de dichos pagos normales podrá considerarse disponible para préstamos a los empleados participantes en cantidades que no excedan de $200 cada uno, con o sin intereses, según lo determine la Junta. El saldo de los fondos estará disponible para pagos por desempleo. Los pagos por desempleo comenzarán después de las dos primeras semanas de desempleo y ascenderán aproximadamente al 50 por ciento de los ingresos medios semanales o mensuales del empleado participante a tiempo completo, pero en ningún caso superarán los 20 dólares semanales. Dichos pagos a los empleados individuales no se

prolongarán más de diez semanas en doce meses consecutivos, a menos que la Junta los prorrogue. Cuando un empleado participante trabaje a tiempo parcial por falta de trabajo y perciba menos del 50% de su salario medio semanal o mensual a tiempo completo, tendrá derecho a percibir pagos con cargo al fondo, por un importe equivalente a la diferencia entre la cantidad que percibe como salario de la empresa y el máximo al que puede tener derecho según lo indicado anteriormente.

7)La custodia e inversión de los fondos y la administración del plan de seguro de desempleo de cada empresa estarán bajo la dirección de un Consejo de Administración compuesto por representantes, la mitad designados por la dirección y la otra mitad elegidos por los trabajadores afiliados. Los poderes y deberes de la Junta serán formular reglas generales relativas a la elegibilidad de los empleados, el período de espera antes de que se paguen los beneficios, los montos de los beneficios y cuánto tiempo continuarán en cualquier año, si los préstamos se harán en tiempo de desempleo o necesidad, si una parte de los fondos se pondrá a disposición de la Junta para aliviar la necesidad derivada de causas distintas del desempleo, etc., pero tales reglas estarán en consonancia con el plan general establecido por el Consejo General de Administración de la asociación comercial de la que la empresa es miembro, y aprobado por el organismo federal de supervisión.

8)Si un empleado abandona la empresa y pasa a trabajar para en otra empresa incluida en las disposiciones de este plan, el importe proporcional restante de sus cotizaciones normales, más los intereses al tipo medio devengado por los fondos, se transferirá a dicha empresa y a su crédito. Si deja la empresa por otras razones, fallece o se jubila, el importe proporcional restante de su cotización normal, más los intereses al tipo medio devengado por los fondos, se le entregará a él o a su beneficiario, o se añadirá a su pensión. Cuando el haber de dicho trabajador se transfiera a otra empresa, o se abone al trabajador o a su beneficiario en virtud de esta disposición, se abonará una cantidad igual a la empresa colaboradora.

ADMINISTRACIÓN GENERAL. Cada asociación profesional constituirá un Consejo General de Administración que constará de nueve miembros, tres elegidos o designados por la asociación, tres elegidos por los trabajadores de las empresas afiliadas y tres, en representación del público, designados por el órgano federal de control. Los miembros de la Junta General, a excepción de los representantes de los trabajadores, son gratuitos. Los representantes de los trabajadores percibirán su salario habitual por el tiempo dedicado a las tareas de la Junta, y todos los miembros percibirán gastos de viaje, que correrán a cargo de la asociación profesional. Los poderes y deberes de esta Junta General serán interpretar los planes de seguro de vida e invalidez, pensión y seguro de desempleo adoptados por la asociación profesional y aprobados por el organismo federal de supervisión, supervisar las Juntas de Administración de cada compañía, formar y dirigir un fideicomiso de pensiones para la custodia, inversión y desembolsos de los fondos de pensiones y, en general, supervisar y dirigir todas las actividades relacionadas con los planes de seguro de vida e invalidez, pensión y seguro de desempleo.

Apéndice B

Patrocinadores de los planes presentados para la planificación económica en Estados Unidos en abril de 1932.[165]

Consejo Americano de Ingeniería, Nueva York.

Federación Americana del Trabajo, Washington.

Contratistas Generales Asociados, Washington.

Charles A. Beard, New Milford, Conn.

Ralph Borsodi, escritor y economista. Nueva York.

Cámara de Comercio de Estados Unidos, Washington.

Stuart Chase, autor y economista. Oficina de Trabajo, Nueva York.

Wallace B. Donham, Decano de la Escuela de Negocios de Harvard.

Orden Fraternal de Águilas (proyecto de ley Ludlow).

Jay Franklin, autor de El Foro.

Guy Greer, economista, The Outlook.

Otto Kahn, banquero. Nueva York.

Senador Robert M. La Follette, Senado de los Estados Unidos.

Lewis L. Lorwin, economista, Instituto Brookings, Washington.

---

[165] Lista recopilada por el Departamento de Comercio de EE.UU.

Paul M. Mazur, banquero de inversiones. Nueva York.

McGraw-Hill Publishing Co., Nueva York.

Consejo de Nueva Inglaterra, Boston.

Conferencia Progresista (proyecto de ley La Follette).

P. Redmond, economista, Schenectady, N.Y.

Sumner Slichter, economista y escritor, Madison Wis.

George Soule, editor, The New Republic.

C. R. Stevenson, de Stevenson, Jordan y Harrison, Nueva York.

Gerard Swope, presidente de General Electric Co.

Plan Regional de Wisconsin, Legislatura del Estado, Madison, Wis.

Federación Cívica Nacional, Nueva York.

Bibliografía seleccionada

Fuentes inéditas

Archivos de Franklin D. Roosevelt en Hyde Park, Nueva York

Fuentes publicadas

Archer, Jules. *The Plot to Seize the White House*, (Nueva York: Hawthorn Books, 1973)

Baruch, Bernard M., Baruch, *The Public Years*, (Nueva York: Holt, Rinehart and Winston, 1960)

Bennett, Edward W., *Germany and the Diplomacy of the Financial Crisis*, 1931, (Cambridge: Harvard University Press, 1962)

Bremer, Howard, *Franklin Delano Roosevelt*, 1882-1945, (Nueva York; Oceana Publications, Inc., 1971),

Burton, David H., *Theodore Roosevelt*, (Nueva York: Twayne Publishers, Inc., 1972)

Davis, Kenneth S., *FDR, The Beckoning of Destiny 1882-1928, A History*, (Nueva York: G. P. Putnam's Sons, 1971)

Dilling, Elizabeth, *The Roosevelt Red Record and Its Background*, (Illinois: por la autora, 1936)

Farley, James A., *Behind the Ballots, The Personal History of a Politician*, (Nueva York; Harcourt, Brace and Company, 1938)

Filene, Edward A., *Successful Living in this Machine Age*, (Nueva York: Simon and Schuster, 1932)

Filene, Edward A., The Way Out, A Forecast of Coming Changes in American Business and Industry, (Nueva York: Doubleday, Page & Company, 1924).

Flynn, John T., *The Roosevelt Myth*, (Nueva York: The Devin-Adair Company, 1948)

Freedman, Max, *Roosevelt and Frankfurter*, Their Correspondence-1928-1945, (Boston, Toronto: Little, Brown and Company, 1967).

Freidel, Frank, *Franklin D. Roosevelt, The Ordeal*, (Boston: Little, Brown and Company, 1952)

Hanfstaengl, Ernst, *Unheard Witness*, (Nueva York: J.B. Lippincott Company, 1957)

Haskell, H.J., The New Deal in Old Rome, How Government in the Ancient World Tried to Deal with Modern Problems (Nueva York: Alfred A. Knopf, 1947.)

Hoover, Herbert C., *Memorias. The Great Depression, 1929-1941*, (Nueva York: Macmillan Company, 1952), Vol. 3.

Howe, Frederic C., *The Confessions of a Monopolist*, (Chicago; The Public Publishing Company, 1906)

Hughes, T.W., *Cuarenta años de Roosevelt*, (1944...T.W. Hughes)

Ickes, Harold L., Administrator, *National Planning Board Federal Emergency Administration of Public Works*, (Washington, D.C. Government Printing Office, 1934). Informe final 1933-34.

Johnson, Hugh S., *The Blue Eagle from Egg to Earth*, (Nueva York: Doubleday, Doran & Company, Inc., 1935)

Josephson, Emanuel M., *El Manifiesto Comunista de Roosevelt.* Incorporating a reprint of *Science of Government Founded on Natural Law*, by Clinton Roosevelt, (Nueva York: Chedney Press, 1955).

Kahn, Otto H., *Of Many Things*, (Nueva York: Boni & Liveright, 1926)

Kolko, Gabriel, The Triumph of Conservatism, A Reinterpretation of American History, (Londres: Collier-Macmillan Limited, 1963).

Kuczynski, Robert P., *Bankers' Profits from German Loans*, (Washington, D.C.: The Brookings Institution, 1932)

Laidler, Harry W., *Concentration of Control in American Industry*, (Nueva York: Thomas Y. Crowell Company, 1931)

Lane, Rose Wilder, *The Making of Herbert Hoover*, (Nueva York: The Century Co., 1920)

Leuchtenburg, William E., *Franklin D. Roosevelt and the New Deal 1932-1940*, (Nueva York, Evanston y Londres: Harper & Row, 1963).

Moley, Raymond, *The First New Deal* (Nueva York: Harcourt Brace & World, Inc., s.f.)

Nixon, Edgar B., Editor, *Franklin D. Roosevelt and Foreign Affairs*, (Cambridge: The Belknap Press of Harvard University Press, 1969), Volumen I: Enero de 1933-Febrero de 1934. Biblioteca Franklin D. Roosevelt. Hyde Park, Nueva York.

Overacker, Louise, *Money in Elections*, (Nueva York: The Macmillan Company, 1932)

Pecora, Ferdinand, *Wall Street Under Oath, The Story of our Modern Money Changers*, (Nueva York: Augustus M. Kelley Publishers, 1968)

Peel, Roy V., y Donnelly, Thomas C., *The 1928 Campaign An Analysis*, (Nueva York: Richard R. Smith, Inc., 1931)

Roos, Charles Frederick, *NRA Economic Planning*, (Bloomington, Indiana: The Principia Press, Inc., 1937)

Roosevelt, Elliott y Brough, James, *An Untold Story, The Roosevelts of Hyde* Park, (Nueva York: G.P. Putnam's Sons, 1973)

Roosevelt, Franklin D., *The Public Papers and Addresses of Franklin D. Roosevelt*, (Nueva York: Random House, 1938), Volumen Uno.

Roosevelt, Franklin D., *The Public Papers and Addresses of Franklin D. Roosevelt*, (Nueva York: Random House, 1938), Vol. 4.

Schlesinger, Arthur M., Jr., *The Age of Roosevelt, The Crisis of the Old Order 1919- 1933*, (Boston: Houghton Mifflin Company, 1957)

Seldes, George, *Mil americanos*, (Nueva York: Boni & Gaer, 1947).

Spivak, John L. *Un hombre en su tiempo*, (Nueva York: Horizon Press, 1967)

Stiles, Leia, *The Man Behind Roosevelt, The Story of Louis McHenry Howe*, (Nueva York: The World Publishing Company, 1954)

Congreso de los Estados Unidos, Cámara de Representantes. Comité Especial de Actividades Antiamericanas. *Investigación de Actividades de Propaganda Nazi e Investigación de Ciertas Otras Actividades de Propaganda*. 29 de diciembre de 1934. (73° Congreso, 2ª sesión. Audiencias n° 73-D. C.-6). (Washington, Government Printing Office; 1935)

Congreso de los Estados Unidos, Senado. Comisión especial para Investigar las actividades de los grupos de presión. *Lista de contribuciones*. Informe de conformidad con S. Res. 165 y S. Res. 184. (74° Congreso, 2ª sesión). Washington, Government Printing Office, 1936)

Congreso de los Estados Unidos. Senado. Audiencias ante un subcomité del comité de asuntos militares. *Movilización Científica y Técnica*. 30 de marzo de 1943. (78° Congreso, 1ª sesión. S. 702). Parte 1. (Washington, Government Printing Office, 1943)

Congreso de los Estados Unidos. Cámara de Representantes. Special

Committee on Un-American activities (1934) *Investigation of Nazi and other propaganda*, (74th Congress, 1st session. Report No. 153) (Washington, Government Printing Office)

Congreso de los Estados Unidos. Senado, Audiencias ante el Comité de Finanzas. *Recuperación Industrial Nacional*. S. 1712 y H.R. 5755, 22, 26, 29, 31 de mayo y 1 de junio de 1933. (73rd Congress, 1st session) (Washington, Government Printing Office, 1933)

Congreso de los Estados Unidos. Senado. Comisión especial que investiga los gastos de la campaña presidencial. *Gastos de la campaña presidencial*. Report pursuant to S. Res. 234, Feb 25 (calendar day, February 28), 1929. (70° Congreso, 2ª sesión. Senate Rept. 2024). (Washington, Government Printing Office, 1929)

Warren, Harris, Gaylord, *Herbert Hoover and the Great Depression*, (Nueva York: Oxford University Press, 1959)

Wolfskill, George, The Revolt of the Conservatives, A History of The American Liberty League 1934-1940, (Boston: Houghton Mifflin Company, 1962).

Otros títulos

OMNIA VERITAS.
Omnia Veritas Ltd presenta:
ILLUMINATI 4
GUERRA&GENOCIDIO
"Nosotros, los judíos, somos los destructores y
seguiremos siendo los destructores. Nada de lo que
podáis hacer satisfará nuestras exigencias y
necesidades. Siempre destruiremos porque
queremos un mundo que nos pertenezca".
(Maurice Samuels, You Gentiles, 1924)
Henry Makow, Ph.D
ILLUMINATI 4
GUERRA&GENOCIDIO
Henry Makow, Ph.D
Los satanistas desatan guerras para matar a los goyim

OMNIA VERITAS
Omnia Veritas Ltd presenta:
ALBERT SLOSMAN
La trilogía de los orígenes
I
EL GRAN CATACLISMO
La historia de los antepasados de los primeros faraones...

OMNIA VERITAS
Omnia Veritas Ltd presenta:
ALBERT SLOSMAN
El libro del más
allá de la Vida
El libro del más
allá de la Vida
La espiritualidad cuyo origen se pierde en la noche de los tiempos...

OMNIA VERITAS
Omnia Veritas Ltd presenta:
ALBERT SLOSMAN
El zodiaco de Dendera
Albert Slosman
El zodiaco de Dendera
La unión necesaria entre el cielo y la tierra...

OMNIA VERITAS
Omnia Veritas Ltd presenta:
ALBERT SLOSMAN
La astronomía según los Egipcios
Albert Slosman
La astronomía según los Egipcios
Armonizar al Creador con sus criaturas y su creación...

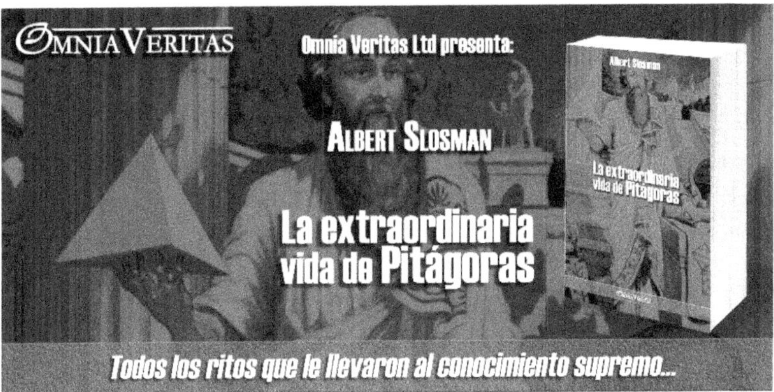
OMNIA VERITAS
Omnia Veritas Ltd presenta:
ALBERT SLOSMAN
La extraordinaria vida de Pitágoras
Albert Slosman
La extraordinaria vida de Pitágoras
Todos los ritos que le llevaron al conocimiento supremo...

OMNIA VERITAS
Omnia Veritas Ltd presenta:
ALBERT SLOSMAN
La Gran Hipótesis
Esbozo de una historia del monoteísmo desde los orígenes al fin del mundo
Albert Slosman
La Gran Hipótesis
Un intento de evitar que las generaciones futuras renueven un gran cataclismo...

OMNIA VERITAS
Omnia Veritas Ltd presenta:
ALBERT SLOSMAN
LOS SUPERVIVIENTES DE LA ATLÁNTIDA
Albert Slosman
LOS SUPERVIVIENTES DE LA ATLÁNTIDA
... ningún historiador ha investigado a los sobrevivientes de este Edén perdido...

OMNIA VERITAS
Omnia Veritas Ltd presenta:
ALBERT SLOSMAN
Moisés el egipcio
Albert Slosman
Moisés el egipcio
El culto de Ptah simbolizó la creación de todas las cosas y todos los seres vivos

OMNIA VERITAS
Omnia Veritas Ltd presenta:
EUSTACE MULLINS
EL ORDEN MUNDIAL
NUESTROS GOBERNANTES SECRETOS
Un estudio sobre la hegemonía del parasitismo
EL ORDEN MUNDIAL
LA AGENDA DEL ORDEN MUNDIAL: DIVIDE Y VENCERÁS

OMNIA VERITAS
EUSTACE MULLINS
LA MALDICIÓN DE CANAÁN
Una demonología de la historia
EUSTACE MULLINS
LA MALDICIÓN DE CANAÁN
El gran movimiento de la historia moderna ha sido ocultar la presencia del mal en la tierra

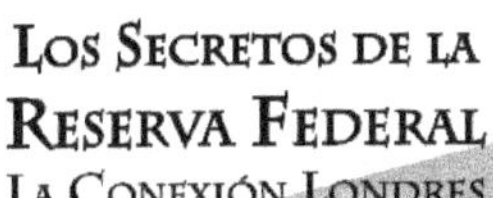

OMNIA VERITAS
UNITED STATES FEDERAL RESERVE SYSTEM
Omnia Veritas Ltd presenta:
LOS SECRETOS DE LA RESERVA FEDERAL
LA CONEXIÓN LONDRES
POR
EUSTACE MULLINS
La historia americana del vigésimo siglo ha grabado los logros asombrosos de los banqueros de la Reserva Federal
LOS SECRETOS DE LA RESERVA FEDERAL
LA CONEXIÓN LONDRES
EUSTACE MULLINS
AQUÍ ESTÁN LOS HECHOS SIMPLES DE LA GRAN TRAICIÓN

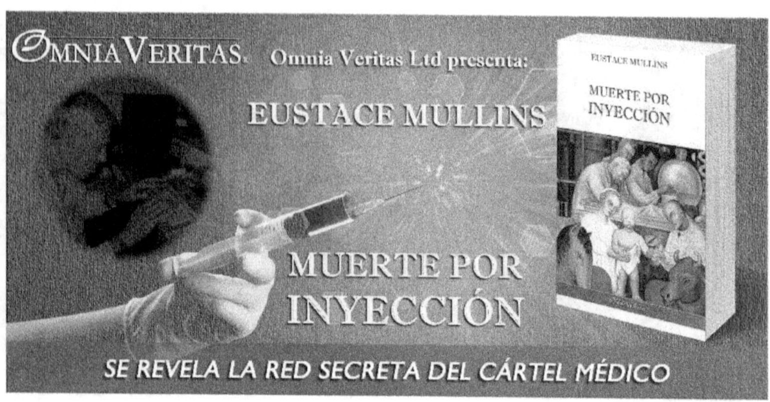
OMNIA VERITAS.
Omnia Veritas Ltd presenta:
EUSTACE MULLINS
MUERTE POR INYECCIÓN
SE REVELA LA RED SECRETA DEL CÁRTEL MÉDICO
EUSTACE MULLINS
MUERTE POR INYECCIÓN

OMNIA VERITAS.
OMNIA VERITAS LTD PRESENTA:
NUEVA HISTORIA DE LOS JUDÍOS
por EUSTACE MULLINS
A lo largo de la historia de la civilización, un problema específico ha permanecido constante para la humanidad...
EUSTACE MULLINS
NUEVA HISTORIA DE LOS JUDÍOS
Un pueblo irritó a las naciones que lo habían acogido en todas las partes del mundo civilizado

OMNIA VERITAS.
Omnia Veritas Ltd presenta:
SANGRE Y ORO
HISTORIA DEL CONSEJO DE RELACIONES EXTERIORES
Una obra exclusiva inédita de EUSTACE MULLINS
El CFR, fundado por internacionalistas e intereses bancarios, ha desempeñado un papel importante en la configuración de la política exterior de EE.UU.
EUSTACE MULLINS
SANGRE Y ORO
HISTORIA DEL CONSEJO DE RELACIONES EXTERIORES
Las revoluciones no las hace la clase media, sino la oligarquía de arriba...

OMNIA VERITAS
Omnia Veritas Ltd presenta:
Nunca en la historia de la humanidad se había producido una circunstancia como la que estudiaremos...
por VICTORIA FORNER
CRIMINALES de PENSAMIENTO
la verdad no es defensa
Un hecho histórico se ha convertido en dogma de fe

OMNIA VERITAS
Omnia Veritas Ltd presenta:
Vladimir Putin y Eurasia
El advenimiento providencial del "hombre predestinado", el "concepto absoluto" Vladimir Putin, encarnando la "Nueva Rusia"
por JEAN PARVULESCO
Un libro singularmente peligroso, que no debe ponerse en todas las manos...

OMNIA VERITAS
Omnia Veritas Ltd presenta:
LÉON DEGRELLE
TINTÍN MI COMPAÑERO
por LÉON DEGRELLE
¡Imagínense el escándalo! ¡Degrelle, el 'fascista'!

OMNIA VERITAS
OMNIA VERITAS LTD PRESENTA:
JULIUS EVOLA
METAFÍSICA DEL SEXO
«Todo lo que en la experiencia del sexo y del amor comporta un cambio de nivel de la conciencia ordinaria...»
La investigación de los principios y de las significaciones últimas...
JULIUS EVOLA
METAFÍSICA DEL SEXO

OMNIA VERITAS
OMNIA VERITAS LTD PRESENTA:
JULIUS EVOLA
REVUELTA CONTRA EL MUNDO MODERNO
«Por todas partes, en el mundo de la Tradición, este conocimiento ha estado siempre presente como un eje inquebrantable en torno al cual todo lo demás estaba jerárquicamente organizado.»
Hay un orden físico y un orden metafísico
JULIUS EVOLA
REVUELTA CONTRA EL MUNDO MODERNO

OMNIA VERITAS
www.omnia-veritas.com

www.ingramcontent.com/pod-product-compliance
Lightning Source LLC
Chambersburg PA
CBHW050002070726
47592CB00018B/332